GESTÃO DE VENDAS

Uma abordagem introdutória

Transformando o profissional de vendas
em um gestor de vendas

Idalberto Chiavenato

Mestre (MSC) e Doutor (PhD) em Administração
de Empresas pela City University Los Angeles

GESTÃO DE VENDAS

Uma abordagem introdutória

Transformando o profissional de vendas
em um gestor de vendas

3ª edição

Manole

Editor gestor: Walter Luiz Coutinho
Editora: Karin Gutz Inglez
Produção editorial: Juliana Morais, Cristiana Gonzaga S. Corrêa e Lia Fugita
Capa: Rafael Zamantauskas
Projeto gráfico e Diagramação: Lira Editorial

Dados Internacionais de Catalogação na Publicação (CIP)
(Câmara Brasileira do Livro, SP, Brasil)

Chiavenato, Idalberto
Gestão de vendas : uma abordagem introdutória: transformando o profissional de vendas em um gestor de vendas / Idalberto Chiavenato. – 3. ed. – Barueri, SP : Manole, 2014.

Bibliografia.
ISBN 978-85-204-3921-0

1. Administração de vendas 2. Clientes - Contatos 3. Clientes - Satisfação 4. Marketing 5. Negociação em vendas 6. Vendas e vendedores I. Título.

14-05468 CDD-658.81

Índices para catálogo sistemático:
1. Vendas: Administração 658.81

3ª Edição – 2014
1ª Reimpressão – 2014

Direitos adquiridos pela:
Editora Manole Ltda.
Avenida Ceci, 672 – Tamboré
06460-120 – Barueri – SP – Brasil
Tel.: (11) 4196-6000 – Fax: (11) 4196-6021
www.manole.com.br
info@manole.com.br

Impresso no Brasil/*Printed in Brazil*

Este livro contempla as regras do Acordo Ortográfico da Língua Portuguesa de 1990, que entrou em vigor no Brasil em 2009.

À Rita,

Esta mulher incrível e maravilhosa,
que se tornou minha esposa,
minha musa inspiradora e empreendedora,
minha estrela-guia,
dedico este pequeno livro com todo o amor.

Sumário

Prefácio

O que faz uma empresa sair na frente das outras e disparar ao encontro de resultados incríveis e excepcionais? O que faz uma empresa encantar seus clientes e oferecer-lhes um produto ou serviço cujo valor agregado ultrapassa de longe as suas expectativas e se distancia dos produtos dos concorrentes? O que faz uma empresa granjear respeito e admiração e alcançar renome e imagem? Estamos falando de venda e de todos os aspectos que vêm antes, durante e depois, em termos de satisfação e de entrega de valor para o consumidor. Para que esses objetivos sejam atingidos, é necessário que a empresa tenha uma excelente gestão de vendas, feita por uma equipe integrada e coesa. Aliás, a gestão de vendas é hoje uma das mais desafiantes áreas da administração de empresas, seja pelo dinamismo de sua atuação, pela sua externalidade diante do mercado, ou pela constante necessidade de criatividade e inovação para enfrentar as mudanças que ocorrem no mundo dos negócios.

Nessas circunstâncias, o papel do profissional de vendas está passando por uma enorme expansão. Não se trata mais de simplesmente intermediar as transações entre a empresa e seus clientes. Isso é muito pouco em função das transformações que têm ocorrido no mercado. O cliente de hoje – seja uma empresa ou uma pessoa física que pretende adquirir algo – tem necessidades, aspirações e expectativas que transcendem e ultrapassam o tradicional processo de venda e compra. O novo consumidor dispõe de diversas ferramentas para pesquisar o mercado, fazer comparações lógicas e tomar decisões racionais.

Em mercados em situação de oferta – em que as empresas disputam sua participação aumentando cada vez mais a concorrência –, o cliente se torna muito mais exigente, pois tem múltiplas opções à sua disposição. Em função disso, ele busca aquela que lhe permite maior valor agregado e maior satisfação na experiência de comprar algo. Uma questão de custo/benefício. O papel do gestor de vendas se torna fundamental nessa nova relação, tanto no sentido de prover a satisfação do cliente quanto no de agregar valor ao processo de compra e torná-lo uma experiência incrível, que vale a pena repetir várias vezes. Cada vendedor precisa deixar de ser um simples elemento de intermediação para se tornar um verdadeiro gestor de vendas, capaz de entender as necessidades e as expectativas do cliente e oferecer muito mais do que ele espera, ultrapassando as suas expectativas e tornando-o um cliente fiel e plenamente satisfeito com sua escolha. Para tanto, é indispensável conhecer com profundidade a empresa e seus produtos e serviços, o mercado e suas complexidades e, mais do que tudo, o cliente, suas características e o que tem valor para ele, para entregar-lhe aquilo que ele realmente deseja comprar, dentro das condições que lhe pareçam mais adequadas.

Assim, transformar o ato de "simplesmente vender" em uma ação mais ampla de gestão de vendas é a melhor maneira de enfrentar os novos tempos e as condições que a globalização e a competitividade estão trazendo para o mundo dos negócios. O gestor de vendas está se transformando em um verdadeiro consultor e em um excelente estrategista de negócios, com novas competências e novas ferramentas de trabalho.

Idalberto Chiavenato
www.manoleeducacao.com.br/chiavenato

1

GESTÃO DE VENDAS: CONCEITUAÇÃO E AMPLITUDE

1. Empresas
2. Tipos de empresas
3. As empresas e seus recursos
4. Conceito de gestão de vendas
5. Estrutura organizacional da gestão de vendas
6. Questões para revisão
7. Exercícios

Para que existe uma empresa? Para produzir? Para prestar algum serviço? Para oferecer empregos à população em geral? Para fazer filantropia? Para obter lucros e compensar o capital utilizado e o esforço aplicado? Qual é, afinal, a finalidade de uma empresa? Qual é o negócio da empresa? Este é o ponto de partida para qualquer discussão.

O mundo de hoje é constituído por organizações. Todas as necessidades humanas – roupas, alimentos, habitação, transporte, lazer, etc. – somente são satisfeitas por meio das organizações. As organizações oferecem produtos ou serviços indispensáveis ao ser humano. Assim, o homem depende delas para a satisfação de suas necessidades fundamentais. Na realidade, as pessoas vivem a maior parte de seu tempo dentro delas. As organizações são formadas por pessoas e recursos que interagem entre si para alcançar determinados objetivos e resultados. Existe uma enorme diversidade de organizações: igreja, exército, hospitais, comércio, indústrias, bancos, financeiras, entidades filantrópicas, clubes, *shopping centers*, etc.

Um dos principais tipos de organização é a empresa, que está voltada para a produção de bens ou serviços e para a colocação dessa produção no mercado. No fundo, a atividade de cada empresa – qualquer que seja o seu negócio – é, fundamentalmente, produzir alguma coisa e oferecer ao mercado o resultado dessa produção. Em outras palavras, criar, produzir, entregar valor e capturar parte desse valor como retorno do seu investimento. Isto é, obter lucro. Na verdade, o lucro não é exatamente um objetivo, mas uma consequência desejável e imprescindível da excelência do negócio.

EMPRESAS

As empresas são organizações constituídas por recursos e pessoas dotadas de competências. Assim, são destinadas a alcançar determinados objetivos e resultados. Toda empresa almeja um objetivo ou resultado imediato: produzir algo para satisfazer necessidades do mercado. À medida que as necessidades do mercado se modificam, também deve ser mudado aquilo que a empresa produz. E é por meio do resultado das operações da empresa – o produto ou serviço que ela oferece – que se efetua o comércio. Em outras palavras, é graças às empresas que existe o comércio da forma como o conhecemos atualmente. Cada empresa se dedica a um negócio específico. E o que é um negócio? É um intercâmbio, uma troca efetuada formalmente, por meio de um pedido ou de um contrato. Para tanto, a empresa precisa produzir alguma coisa e ter uma clientela que tenha interesse em adquirir o que ela produz. E é para isso que existe a atividade de vendas: para integrar os interesses da empresa que produz algo com os interesses da clientela que deseja comprar. Assim, as vendas são a intermediação entre a oferta, por parte do produtor, e a procura, por parte da clientela.

TIPOS DE EMPRESAS

As empresas são entidades extremamente heterogêneas. A rigor, não existem duas empresas semelhantes. Cada empresa possui um tamanho, uma estrutura organizacional específica, uma cultura própria e singular, características individualizadas, e pessoas, produtos ou serviços, mercados e resultados diferentes. Para facilitar a compreensão dessa enorme variedade de formas e tamanhos, as empresas podem ser classificadas de acordo com o tipo de produção e com sua propriedade. Vejamos rapidamente cada uma dessas duas classificações.

Classificação quanto ao tipo de produção

Quanto ao que produzem, as empresas podem ser classificadas em:

1. **Primárias ou extrativas:** empresas que se dedicam à extração de matérias-primas básicas da natureza. Sua produção consiste na exploração da natureza. É o caso das empresas que se dedicam a agricultura, pesca, mineração, prospecção e extração de petróleo, etc. O produto das empresas extrativas é o insumo básico que as empresas secundárias utilizam.
2. **Secundárias ou transformadoras:** empresas que se dedicam ao processamento e à transformação de insumos ou matérias-primas em produtos acabados. Sua produção consiste em bens ou mercadorias. É o caso das indústrias em geral, sejam produtoras de bens de consumo ou de bens de produção. O produto das empresas secundárias pode ser destinado ao consumo – por parte do mercado consumidor – ou à produção – como insumo básico ou matéria-prima para as demais empresas.
3. **Terciárias ou prestadoras de serviços:** empresas que se dedicam à produção ou à prestação de serviços especializados. Sua produção consiste em uma incrível variedade de atividades. É o caso do comércio em geral (lojas, supermercados, *shopping centers*, etc.); bancos e financeiras; serviços de comunicação (imprensa, rádio, televisão, telefonia, etc.); empresas de propaganda, consultoria ou assessoria (legal, contábil, de projetos, organizacional, de engenharia, de treinamento, etc.); e escolas (desde a educação fundamental até a universitária) e hospitais.

Em cada empresa, a atividade de venda é diferente: o produto, o serviço, o mercado e a finalidade são extremamente variados.

Classificação quanto à propriedade

Quanto à sua propriedade, as empresas podem ser classificadas em:

1. **Públicas:** empresas de propriedade do Estado. Seu objetivo fundamental é a prestação de serviços públicos à comunidade, como: serviços bancários e de financiamento (Banco Central, Banco do Brasil, Banco Nacional de Desenvolvimento Econômico e Social – BNDES); geração e distribuição de energia elétrica (CESP, CEMIG, etc.); serviços de transporte ferroviário e transporte urbano (como o Metrô e as companhias municipais de transporte coletivo), de construção e pavimentação de estradas (DER, DNER, etc.); entre outros. Constituem o setor público de nossa economia.
2. **Privadas:** empresas cuja propriedade pertence a particulares, isto é, à iniciativa privada. Seu objetivo fundamental é produzir bens ou prestar serviços especializados, a fim de obter lucro para remunerar o capital investido pelos proprietários ou acionistas.
3. **Organizações não governamentais (ONG):** são as chamadas "organizações do terceiro setor", que estão proliferando nos dias de hoje. Entidades como Greenpeace, Fundação Roberto Marinho, Fundação Ayrton Senna, Fundação Bradesco, Cruz Vermelha, etc. São organizações que ganham, a cada dia, uma força maior nos destinos das comunidades e do próprio país. Em geral, são organizações filantrópicas que atuam em diversas áreas, na busca de soluções inovadoras para os problemas da atualidade.

As duas classificações de empresas – quanto ao tipo de produção e quanto à propriedade – podem ser aglutinadas como na Figura 1.

Ganhar dinheiro não basta[1]

O problema das empresas de hoje não é a motivação pelo lucro; o problema é como isso tem sido compreendido e difundido. Há um mito que ainda hoje persiste: o de que o propósito maior de uma organização é maximizar os lucros para os investidores. A maximização dos lucros não é e nem deve ser um objetivo, mas um resultado. A melhor maneira de maximizar lucros no longo prazo é não fazer disso a meta primordial da empresa. Para Ratan Tata, CEO do Tata Group, a lucratividade é como a felicidade: um subproduto de outras coisas. A felicidade pode vir, por exemplo, de um trabalho com um significado

---

1 Tata, Ratan et al. Ganhar dinheiro não basta. HSM Management, São Paulo, nov/dez. 2013. p. 136-7.

Tipos de empresa	Empresas públicas	Empresas privadas
Primárias ou extrativas	Prospecção e extração de petróleo (Petrobrás)	Agricultura em geral Mineração em geral
Secundárias ou transformadoras	Refinação de petróleo (Petrobrás)	Indústrias em geral
Terciárias ou prestadoras de serviços	Distribuição de combustível (postos de gasolina) Petrobrás Bancos estatais Escolas públicas	Comércio em geral Empresas de propaganda Consultorias em geral Bancos particulares Escolas particulares

Figura 1 Classificação das empresas.

maior, ou de relacionamentos profundos. Mas aqueles que se concentram obsessivamente na própria felicidade são geralmente narcisistas e, ao contrário, acabam de forma infeliz. De modo semelhante, as empresas precisam de um propósito que transcenda a busca do lucro; precisam de estratégias de sustentabilidade que reconheçam que é possível ganhar dinheiro fazendo coisas boas.

O propósito não diz respeito à estratégia corporativa ou às táticas empregadas, que são apenas meios para alcançar um determinado fim. O propósito também não significa responsabilidade social, que é somente uma ferramenta para fazer a gestão da reputação da empresa. O propósito não é nem mesmo a missão da organização, que pode ser nada mais do que a aspiração de dominar determinado mercado.

O propósito é um chamamento moral e espiritual para a ação; é o que a empresa defende. Infelizmente, muitos grupos tradicionais do setor industrial foram erguidos em torno de motivações não intrínsecas, como a recompensa financeira, o reconhecimento ou o medo da repreensão e da perda do emprego. Já se sabe que esse tipo de motivação é capaz de levar só até certo ponto. Por isso, introduzir motivações intrínsecas no tecido da cultura organizacional é crucial. Há inúmeras evidências de que funcionários de empresas de todo o mundo estão ansiosos por levar seus valores para o âmbito do trabalho. No entanto, eles não se sentem confortáveis para isso, uma vez que esses valores não parecem ter a "cara dos negócios".

Chegou a hora de as empresas transformarem suas operações na direção da sustentabilidade. E isso deve ser feito estrategicamente, incubando e levando ao mercado negócios socialmente inclusivos e tecnologias benéficas para o meio ambiente, sobretudo nos países em desenvolvimento.
É urgente a necessidade de práticas empresariais sustentáveis e de tecnologias que sejam lucrativas para as empresas e, ao mesmo tempo, ofereçam benefícios econômicos, sociais e ambientais para o mundo em desenvolvimento, assim como para os países já desenvolvidos. É urgente também que as empresas tenham um propósito maior do que simplesmente ganhar dinheiro.

As classificações quanto ao tipo de produção e quanto à propriedade servem para indicar as principais características das empresas e determinar suas semelhanças e diferenças. Isto é importante para se avaliar e se comparar as experiências das empresas, quando elas são bem ou malsucedidas. No primeiro caso, para descobrir suas virtudes e tentar imitá-las, aproveitando seus modelos bem sucedidos. No segundo caso, para descobrir seus defeitos e então tentar evitá-los, aproveitando o aprendizado alheio.

Por que classificar as empresas?

Mas existe uma razão maior para as classificações das empresas. Há incríveis diferenças em vender tratores, manteiga, serviços bancários, transporte aéreo ou liquidificadores. Cada um desses produtos ou serviços exige uma estrutura organizacional específica, além de um sistema de produção e vendas completamente diferente. A compreensão exata de cada uma dessas classes de empresas é que permite saber como melhor estruturar um departamento de vendas adequado e capaz de funcionar de maneira eficiente e eficaz. A primeira coisa que um profissional de vendas faz quando ingressa em uma empresa é entender qual a classe da empresa em que vai trabalhar e como ela está estruturada para atender ao mercado por meio de seus produtos ou serviços. Somente depois dessa tomada de conhecimento é que ele estará em condições de realizar um bom trabalho de vendas.

Qual é o nosso negócio?

A primeira definição que uma empresa deve fazer é exatamente esta: em qual negócio nós estamos? As demais definições vêm a seguir. Quem é nosso cliente? Quais são as suas características e necessidades? O que é de valor para nosso cliente? Como podemos agregar valor ao cliente? Se essas definições não forem corretas, claras e objetivas, o negócio estará vagando a esmo e a empresa estará caminhando sem rumo.

Qual é o nosso negócio?

Peter Drucker tinha um faro incrível para identificar um negócio. Certa vez, um grupo de dirigentes de uma empresa se reuniu com ele para esclarecer o negócio da companhia. Aparentemente, tratava-se de uma empresa especializada em limpeza de escritórios. Logo no início, Drucker perguntou a cada um dos diretores qual era o negócio da empresa. Um deles disse que era limpeza de escritórios; outro referiu-se a higienização; o terceiro falou em melhoria do aspecto físico; e o último, em embelezamento de escritórios. No fundo, cada um tinha sua opinião própria e exclusiva a respeito do negócio de sua empresa: uma bela confusão. Drucker salientou que a empresa nada mais fazia do que empregar funcionários sem muita formação educacional e engajá-los em uma atividade específica que eles podiam executar sem necessidade de maiores estudos ou competências. O negócio da empresa seria, então, a aglutinação de pessoas sem grandes conhecimentos ou habilidades, para realizar um trabalho que pouca gente teria condição ou mesmo vontade de fazer. Pode? Os diretores voltaram para suas casas "com a pulga atrás da orelha".

Para definir o negócio da empresa, é fundamental saber quem é o cliente, o que ele deseja, o que tem valor para ele e como a empresa pode criar e agregar valor para entregá-lo. Isso requer muita reflexão, pois, se a empresa oferecer ao cliente qualquer coisa que ela saiba fazer, provavelmente não chamará a sua atenção, nem despertará nele o mínimo desejo de comprar.

AS EMPRESAS E SEUS RECURSOS

As empresas não existem ao acaso. Elas perseguem objetivos. De um ponto de vista amplo, o objetivo é o próprio destino da empresa. Mais especificamente, é uma meta a ser alcançada, e, para alcançá-la, existem vários meios. É o que se chama de equifinalidade: os objetivos organizacionais podem ser alcançados de várias maneiras diferentes, algumas adequadas e outras não. O segredo é encontrar o caminho certo para alcançar metas e objetivos e entregar resultados espetaculares.

Quanto ao objetivo final que perseguem, as empresas podem ser classificadas em lucrativas e não lucrativas:

1. **Lucrativas:** empresas cujo objetivo final é o lucro. O desempenho dessas empresas costuma ser avaliado em função do lucro obtido em cada exercício anual. O lucro é o excedente entre a receita obtida e a despesa efetuada em uma determinada operação. Ele representa a remuneração do empreendedor que assume os riscos do negócio.
2. **Não lucrativas:** aquelas cujo objetivo final é a prestação de algum serviço de utilidade pública. O lucro é secundário. Tanto que o seu desempenho é avaliado em função do serviço público prestado à comunidade.

Para alcançar esses objetivos finais ou mediatos (lucro ou prestação de algum serviço de utilidade pública), as empresas definem objetivos de curto, médio e longo prazo. Os objetivos imediatos – de curto prazo – quase sempre são o volume mensal de produção e o volume mensal de vendas. Assim, produzir e vender representam as atividades imediatas básicas de quase todos os tipos de empresa. Os objetivos de médio prazo quase sempre são o volume anual de produção e o volume anual de vendas. E os objetivos de longo prazo residem na maior participação da empresa no mercado.

As empresas são organizações sociais que utilizam recursos para atingir seus objetivos. Os recursos são meios pelos quais as empresas se valem para realizar as suas operações; são insumos que as empresas obtêm do ambiente e que lhes permitem produzir seus bens ou serviços. Há uma multiplicidade de recursos empresariais: podem ser máquinas, equipamentos, matérias-primas, dinheiro, pessoas, etc. No entanto, para efeito didático, abordaremos aqui cinco recursos empresariais básicos:

1. **Recursos materiais:** também chamados recursos físicos. São edifícios, prédios, terrenos, instalações, máquinas, equipamentos, matérias-primas, materiais, etc. São os recursos necessários para as operações cotidianas da empresa, isto é, para a produção de bens ou de serviços.
2. **Recursos financeiros:** dinheiro sob a forma de capital, créditos, empréstimos, financiamentos, receitas e toda forma de numerário disponível.

Os recursos financeiros garantem os meios para a aquisição de todos os demais recursos empresariais.

3. **Recursos humanos:** pessoas que participam da empresa, qualquer que seja o seu nível hierárquico ou sua atividade profissional. São todos os funcionários, desde o diretor/presidente até o mais humilde dos operários. Constituem o único recurso vivo e inteligente das empresas, capaz de manipular e utilizar todos os demais recursos empresariais, graças a habilidades, conhecimentos e experiências que trazem para a organização.
4. **Recursos mercadológicos:** meios pelos quais a empresa localiza, contata e influencia os seus clientes ou usuários. Envolvem todas as atividades de análise e pesquisa de mercado, previsão de vendas, organização de vendas, promoção e propaganda, desenvolvimento de produtos/serviços, etc. Não fossem os recursos mercadológicos, de nada adiantariam os demais recursos da empresa, pois se esta fosse despojada de seus clientes ou usuários, perderia fatalmente a sua própria razão de existir. Os recursos mercadológicos são também chamados recursos comerciais, quando envolvem apenas as atividades diretamente relacionadas com as operações de vendas. Correspondem ao termo *marketing*, utilizado pelos norte-americanos.
5. **Recursos administrativos:** todos os meios pelos quais as atividades empresariais são planejadas, organizadas, dirigidas e controladas a fim de atingir os objetivos propostos. Incluem todos os processos de tomada de decisão, coordenação e integração da empresa. Correspondem ao termo *management*, utilizado pelos norte-americanos.

Cada um dos recursos empresariais é uma área de especialidade da administração, e, na empresa, cada um é administrado por uma determinada área. Os recursos materiais ou físicos são administrados pela área da produção ou de operações (gestão da produção). Os recursos financeiros são administrados pela área financeira (gestão financeira); os recursos humanos, pela área de pessoal (gestão de recursos humanos ou de talentos); os recursos mercadológicos, pela área de marketing ou de comercialização (gestão de marketing). E, por fim, os recursos administrativos são geridos pela presidência ou pela direção-geral (administração geral). A Figura 2 permite uma visão resumida da administração dos recursos empresariais. O quadro da Figura 2 pode ser transformado em um organograma, em que cada área da empresa é dirigida por um diretor correspondente. Vejamos

Recursos empresariais	Especialidades da administração	Área de especialização na empresa
Físicos ou materiais	Administração da produção	Produção ou operações
Financeiros	Administração financeira	Finanças
Humanos	Administração de recursos humanos	Recursos humanos
Mercadológicos	Administração de marketing	Marketing
Administrativos	Administração-geral	Presidência ou diretoria-geral

Figura 2 Recursos empresariais e as respectivas áreas da empresa.

como ficam as coisas em um organograma bem resumido (Figura 3). O diretor ou presidente coordena o trabalho de quatro diretores: o diretor industrial (para cuidar da produção ou das operações), o diretor financeiro (para cuidar das finanças), o diretor de recursos humanos (para cuidar das pessoas) e o diretor de marketing (para cuidar da comercialização dos bens ou serviços).

Definidos os recursos empresariais e as diversas áreas da empresa, poderemos focalizar o conceito de gestão de vendas.

A variedade de títulos nas empresas

As empresas utilizam a denominação "marketing" com diferentes conotações. Em geral, utiliza-se a denominação diretor de marketing quando a área envolve análise e pesquisa de mercado, propaganda, promoção de vendas, gerenciamento do produto, logística e distribuição, e assistência técnica, podendo envolver também outras atividades, conforme as necessidades da empresa. Já a denominação diretor comercial é utilizada quando a área envolve especificamente a administração de vendas, podendo, eventualmente,

---

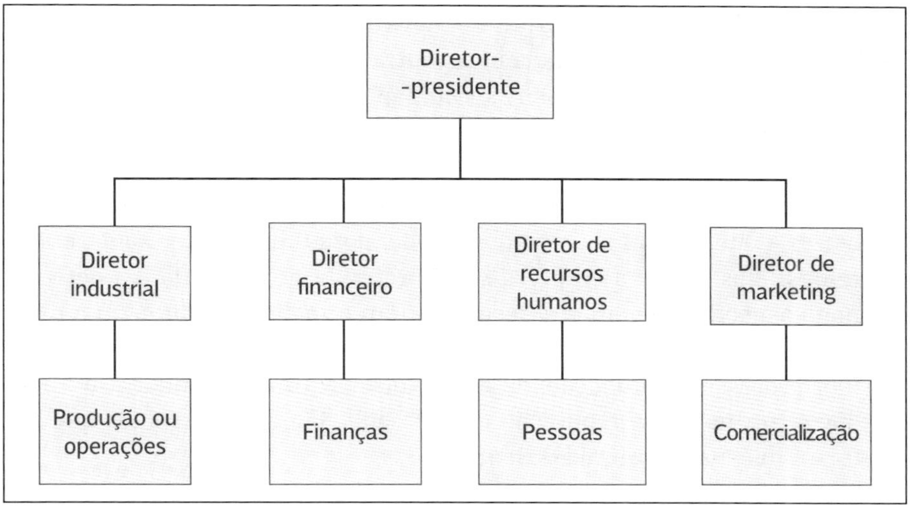

Figura 3 Estrutura organizacional básica de uma empresa.

---

incluir promoção de vendas e propaganda. Neste caso, o leque de atividades costuma ser mais restrito, por não envolver as demais atividades da área de marketing. Essa é basicamente a diferença entre um executivo de marketing e um executivo comercial ou de administração de vendas, seja diretor, gerente, chefe ou supervisor. A gestão de vendas (GV) é um segmento da área de marketing que pode estar subordinado à área de marketing ou à área comercial, dependendo da nomenclatura adotada pela empresa. Não há uma padronização das denominações de posições ou funções nas empresas.

As empresas e suas competências

Os recursos empresariais são importantes e imprescindíveis. Contudo, em sua maioria, são inertes, passivos e sem vida própria, como os recursos materiais e financeiros. Precisam de alguma forma de inteligência humana para serem ativados, aplicados e integrados aos processos produtivos da empresa. Em outras palavras, a empresa precisa criar e construir competências capazes de aplicar rentavelmente seus recursos. Assim, não basta ter os melhores ou os maiores recursos. É preciso ter competências para torná-los eficazes e rentáveis. E o que são competências? Elas representam aquilo que a empresa sabe fazer melhor do que os concorrentes. Neste caso, as competências constituem a vantagem competitiva que faz com que a empresa seja líder no mercado, criando, inovando e disparando na frente das demais, sendo imitada e copiada pelas outras.

Em geral, as empresas bem-sucedidas apresentam quatro níveis de competências:[2]

1. **Competências organizacionais:** competências essenciais – *core competences* – que a empresa, como um todo, possui diante dos seus concorrentes. Elas fazem a empresa ser a preferida no mercado em determinado aspecto. Existem empresas que têm o melhor produto, ou o mais barato, ou o de melhor qualidade, ou o mais durável. Ou que têm o melhor processo de produção, ou a melhor estrutura de vendas. Ou ainda que têm imagem e reputação no mercado. São esses aspectos que distanciam cada empresa das demais.
2. **Competências funcionais:** competências específicas de cada área da empresa. Assim, a área de marketing tem suas competências próprias (lidar com o mercado, com a clientela, com os concorrentes); enquanto a área de finanças tem as suas (lidar com o capital financeiro e com os acionistas do negócio); a área de produção e operações desenvolve as suas (excelência operacional quanto à fabricação dos produtos e à prestação de serviços); e a área de recursos humanos, as suas (lidar com e desenvolver o capital humano da empresa). No conjunto, todas essas competências funcionais devem estar estreitamente conjugadas e interligadas no sentido de produzir resultados alavancadores para a empresa.
3. **Competências gerenciais:** competências dos executivos ou gestores que ocupam posições de comando na organização, envolvendo o presidente, os diretores, os gerentes e os supervisores. Envolvem competências de liderança, comunicação, motivação, construção de equipes, gestão de conflitos, foco em resultados, etc.
4. **Competências individuais:** competências dos colaboradores que trabalham no nível de execução da empresa. Em geral, envolvem a capacidade de aprender sempre e de aplicar o conhecimento obtido, o relacionamento interpessoal, o espírito de equipe, a iniciativa própria, o foco em objetivos e resultados, o espírito empreendedor, etc.

---

2 Chiavenato, Idalberto. Gestão de pessoas: o novo papel dos recursos humanos nas organizações. 4. ed. Barueri: Manole, 2014.

A conjunção dessas competências proporciona um efeito multiplicador que denominamos sinergia. Sinergia (do grego *sin* = juntos + *ergos* = esforço) significa ato ou esforço coletivo.

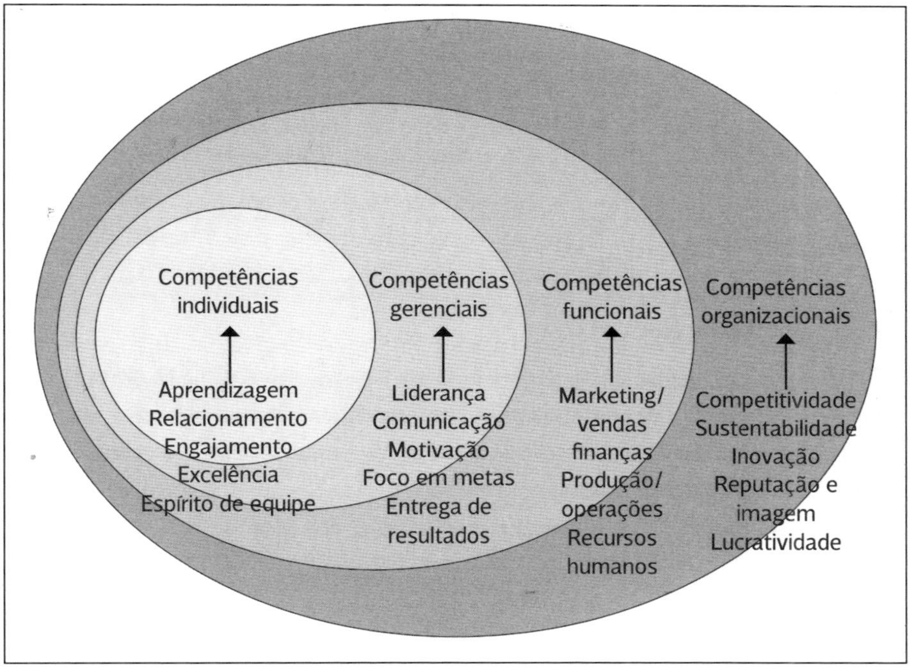

Figura 4 O poder das competências.

CONCEITO DE GESTÃO DE VENDAS

A gestão de vendas (GV) envolve o planejamento, a organização, a direção e o controle das atividades de vendas, incluindo recrutamento, seleção, treinamento, remuneração, previsão de vendas, definição de cotas e definição de zonas de vendas, na medida em que essas atividades se aplicam diretamente ao pessoal de vendas.

Muitas empresas incluem na GV atividades de promoção de vendas, propaganda e distribuição e logística. Assim, o conceito e a abrangência da GV dependem muito da empresa, do seu tamanho, dos produtos ou serviços que ela oferece, do mercado que ela cobre e de sua organização e cultura internas.

Gestão de vendas	Previsão de vendas Recrutamento e seleção de vendedores Treinamento de vendedores Supervisão de vendas Remuneração de vendedores Definição de cotas de vendas Zoneamento de vendas Promoção de vendas Distribuição e logística

Figura 5 Leque de atividades da Gestão de Vendas.

Conceito e abrangência da GV

Adotamos o conceito mais amplo da GV para incluir uma visão abrangente do mercado, da promoção de vendas e da propaganda, bem como da distribuição e da logística, e para assim proporcionar uma compreensão ampliada da GV, mesmo sabendo que nem sempre essas atividades estejam subordinadas a ela. Na realidade, a promoção de vendas, a propaganda e a distribuição costumam pertencer à área de marketing.

A GV pode ser entendida como um processo sistêmico que abrange a previsão de vendas que se espera realizar; a organização de vendas adequada à realização dessa previsão, com foco na clientela e no mercado; e a pós-venda. Alguns meios auxiliares para facilitar e incrementar as vendas são a promoção de vendas, a propaganda e a distribuição dos produtos/serviços, bem como todas as demais áreas do marketing. Assim, a previsão de vendas funciona como base para organizar o esquema de vendas a fim de atender a clientela que existe no mercado. A promoção de vendas e a propaganda visam a comunicar ao mercado, e mais especificamente à clientela, as características e as vantagens do produto/serviço a ser vendido. A distribuição e a logística se encarregam de fazer fluir o produto/serviço desde a empresa produtora até o consumidor final. A Figura 6 mostra a GV como um processo sistêmico.

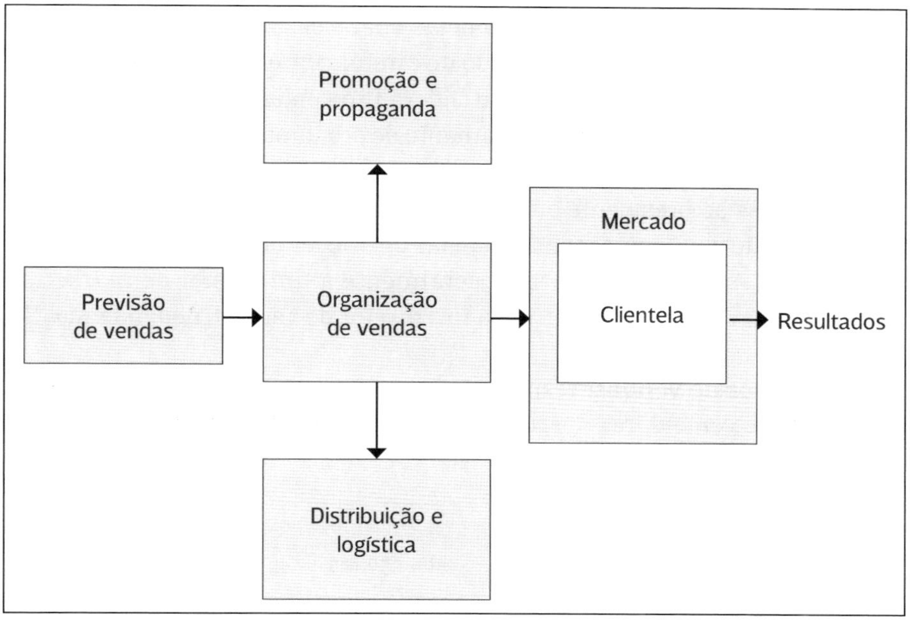

Figura 6 Gestão de vendas como um processo sistêmico.

O que significa vender?

Vender é uma ciência, uma técnica ou uma arte? É provável que seja tudo isso. É preciso estudar, saber aplicar técnicas e conceitos e produzir um trabalho criativo e inovador. A venda realmente deve ser entendida como uma ciência (com princípios e conceitos), uma técnica (uma maneira especial de fazer) e uma arte (algo criativo e inovador, capaz de encantar as pessoas). Na prática, vender é entregar valor e fazer valer a pena o investimento feito pelo comprador, tornando a compra algo que ele pretenda realizar novamente.

Quem é o gestor de vendas?

Em termos mais amplos, o presidente ou diretor-geral da empresa é o responsável final por todas as operações relacionadas com marketing, vendas, produção e operações, finanças e recursos humanos da empresa, perante os *stakeholders*. O gestor de vendas pode estar situado em três diferentes níveis de abrangência:

1. **Diretor de vendas:** responsável pelas operações de vendas da empresa como um todo. Pode ser chamado de diretor comercial, dependendo das operações da empresa. Em geral, lidera um conjunto de vários departamentos de vendas, como departamento de produtos farmacêuticos, departamento de produtos veterinários, departamento de produtos químicos. Reporta-se ao presidente ou diretor-geral da empresa.
2. **Gerente de vendas:** responsável pelas operações de vendas de um departamento específico. Reporta-se geralmente a um diretor de marketing ou diretor comercial, ou ainda a um diretor de vendas, dependendo das operações da empresa.
3. **Supervisor de vendas:** responsável pelas operações de vendas de uma equipe de vendedores de um ou mais produtos, respondendo a um gerente de vendas.

Posição	Nível	Abrangência	Responsabilidade
Diretor de vendas	Estratégico e corporativo	Organizacional	Por todos os departamentos de vendas da empresa
Gerente de vendas	Tático	Departamental	Por um departamento de vendas da empresa
Supervisor de vendas	Operacional	Operacional	Pela equipe de vendas de um departamento de vendas

Figura 7 Possíveis posições de um gestor de vendas.

Em qualquer uma dessas situações, o gestor de vendas assume a posição de colocar no mercado os produtos ou serviços da empresa. Ele é o responsável pelo sucesso na entrega ao cliente daquilo que faz sentido para o negócio: seu produto ou serviço. Desse modo, o sucesso da empresa depende substancialmente da eficiência e da eficácia do trabalho do gestor de vendas.

ESTRUTURA ORGANIZACIONAL DA GESTÃO DE VENDAS

A estrutura organizacional representa a maneira como os órgãos e os cargos são dispostos e arranjados para o seu funcionamento conjugado e articulado em direção aos objetivos propostos. A estrutura organizacional define quais os órgãos (divisões, departamentos, seções, etc.) e quais os cargos (diretores, gerentes, supervisores, etc.) necessários para a empresa funcionar a contento. Na realidade, a estrutura organizacional representa a plataforma intangível que proporciona conectividade entre os órgãos e as pessoas dentro da empresa.

Para discutirmos a estrutura organizacional da GV, precisamos partir da estrutura organizacional da área de marketing, já que a GV está quase sempre subordinada a ela. Obviamente, a área de marketing varia de uma empresa para outra, pois depende do produto ou do serviço que a empresa comercializa e do mercado que ela abrange. O produto pode ser um bem de consumo durável, um bem de consumo perecível ou ainda um bem de produção. O mercado abrangido pode ser local, regional, estadual, nacional ou internacional. O mercado externo envolve exportação. Assim, cada empresa estrutura sua área de marketing dependendo do produto/serviço que comercializa e do mercado que pretende abranger. Para proporcionar uma ideia genérica da área de marketing, a Figura 8 mostra o exemplo de uma empresa fictícia.

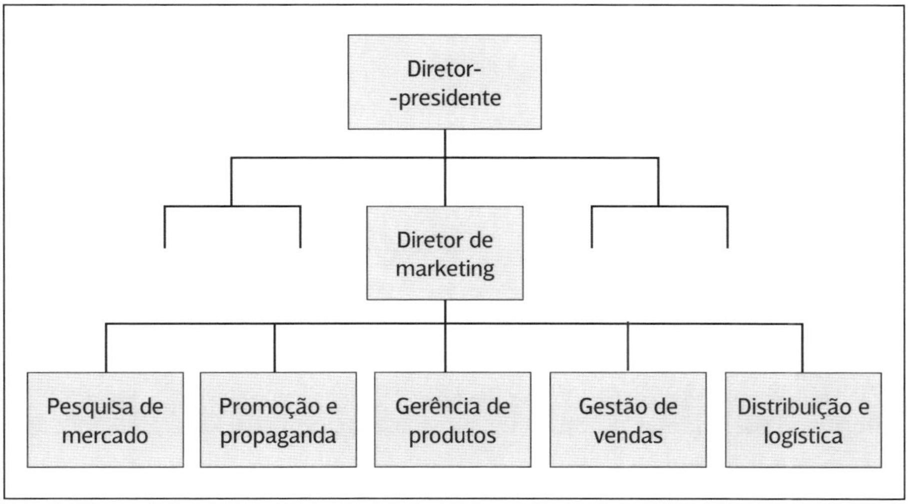

Figura 8 Estrutura organizacional tradicional da área de marketing.

A estrutura organizacional pode obedecer a vários critérios de departamentalização, de acordo com os objetivos da empresa. A departamentalização ou divisionalização é a maneira pela qual uma empresa separa os seus departamentos ou divisões para constituir a sua estrutura organizacional.[3] Na realidade, a departamentalização ou divisionalização é a forma pela qual a empresa divide o trabalho e especializa os seus órgãos para poder alcançar os seus objetivos da maneira mais eficaz. A GV, como qualquer outro órgão da empresa, também é departamentalizada ou divisionalizada.

Existem vários tipos de departamentalização: funcional, por produtos ou serviços, regional, por clientela e mista, que procura combinar características dos outros tipos. Vejamos os vários tipos de departamentalização que o órgão da GV pode assumir.[4]

Departamentalização funcional

É a divisão de trabalho por funções ou por atividades. Cada órgão se especializa em uma determinada atividade ou função, e executa somente essa atividade ou função. Quando a GV está departamentalizada por funções, ela costuma ter a seguinte estrutura organizacional:

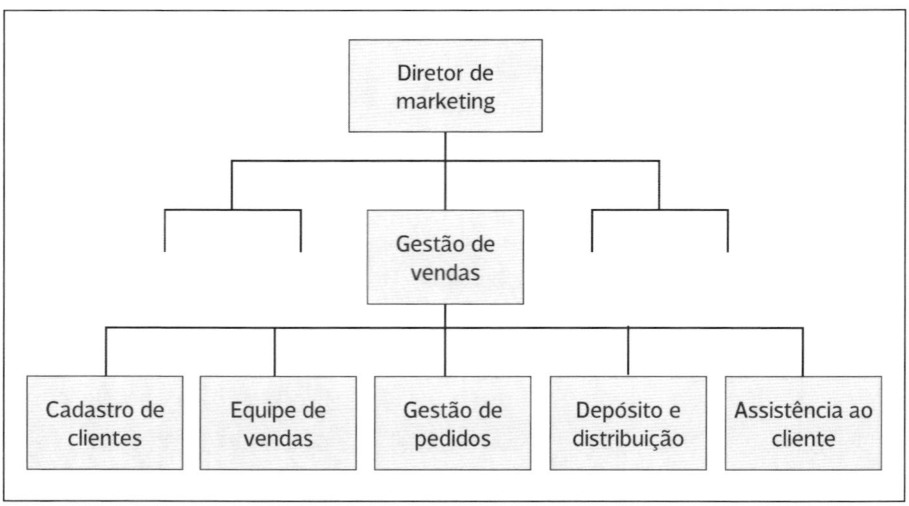

Figura 9 Departamentalização por funções da GV.

3 Chiavenato, Idalberto. Introdução à teoria geral da administração. 9. ed. Barueri: Manole, 2014.

4 Chiavenato, Idalberto. Teoria geral da administração: abordagens prescritivas e normativas. v.1. 7. ed. Barueri: Manole, 2013.

A departamentalização funcional é uma forma introversiva de a empresa se estruturar: ela está voltada para dentro de si própria e preocupa-se com os seus próprios órgãos internos e com o seu próprio funcionamento. Na departamentalização funcional, cada órgão se especializa em uma determinada atividade.

Sua vantagem é definir exatamente o que cada órgão deve fazer e qual o seu objetivo na organização. Ao reunir especialistas em um único órgão, esse tipo de departamentalização permite o intercâmbio de ideias e experiências entre profissionais de um mesmo campo de especialização.

No entanto, a departamentalização funcional apresenta uma forte desvantagem: ao se especializar, cada órgão fica focado em sua própria atividade, e passa a ignorar os objetivos dos demais órgãos e do conjunto da organização, exigindo da direção da empresa um grande esforço de coordenação dos órgãos envolvidos, para evitar dispersão de energias.

A departamentalização funcional é o tipo de estrutura organizacional mais utilizado nas empresas, graças à sua simplicidade e à sua facilidade de implantação.

Departamentalização por produtos

É o tipo de departamentalização utilizado por empresas que trabalham com vários produtos, cada qual exigindo uma administração específica em diferentes mercados. Na departamentalização por produtos, a ênfase é colocada em cada um dos produtos e em sua comercialização. É o caso, por exemplo, de um laboratório químico hipotético retratado no organograma apresentado na Figura 10.

A vantagem da departamentalização por produtos é que cada órgão da GV se concentra totalmente na administração de um produto específico ou de um grupo específico de produtos, reunindo profissionais de diferentes especialidades. Em vez de se preocupar com o funcionamento de cada órgão da sua estrutura, a empresa está voltada para cada produto ou para cada linha de produtos. A estrutura organizacional é que se ajusta ao produto, passando a ser um meio para sua comercialização.

A vantagem da departamentalização por produtos é fazer com que cada órgão da GV se especialize na administração do seu produto, proporcionando uma perfeita identificação dos resultados nas vendas e facilitando a definição de responsabilidades. Além disso, quando a empresa tem vários

Figura 10 Departamentalização por produtos da GV.

produtos ou linhas de produtos, cada órgão passa a concorrer com os outros quanto aos resultados de vendas, trazendo competição sadia e construtiva.

Todavia, a departamentalização por produtos pode trazer algumas desvantagens, já que cada órgão da GV se especializa na administração do seu produto, esquecendo-se dos demais produtos comercializados pela empresa. Outra desvantagem é a duplicidade de alguns órgãos: quando a empresa tem vários departamentos de produtos, cada um deve ter uma seção de vendas, uma seção de propaganda, uma seção de promoção, etc. A solução seria a criação de alguns órgãos de *staff* e assessoria para atender aos diversos departamentos de produtos.

Departamentalização por produtos

A departamentalização por produtos foi implantada com grande sucesso na General Motors, a GM americana, por volta de 1920, e ali perdura até os nossos dias. Na época, com a aquisição de diversas fábricas de automóveis, a solução para a expansão da empresa – que foi, durante décadas, a maior empresa do mundo – foi a criação de inúmeras divisões autônomas e independentes, como: Chevrolet, Pontiac, Cadillac, Delco-Remy, etc. Cada divisão tinha os seus próprios órgãos de engenharia, manufatura, finanças e comercialização, e sua administração era descentralizada. Ao descentralizar a empresa

---

para concentrar-se nos diferentes produtos, a direção obteve elevado grau de eficiência e de eficácia nas operações e nas vendas, o que a elevou rapidamente à condição de maior empresa do mundo moderno, que manteve durante mais de três décadas. A ideia era gerar competição entre seus próprios produtos, reduzindo a competição externa.

A departamentalização por produtos ou por serviços também pode ser utilizada por empresas de serviços, como: bancos (departamento de cobrança, câmbio, contas correntes de pessoa física, contas correntes de pessoa jurídica, etc.); escolas (ensino fundamental, ensino médio, nível universitário, pós-graduação, cursos de música, de violão, de piano, de canto, etc.); lojas (departamentos de moda feminina, de roupas masculinas, de brinquedos, de perfumaria, de limpeza, etc.); seguradoras (departamentos de seguros de vida, de acidentes pessoais, de incêndio, de roubo, de lucros cessantes, etc.); e todas as empresas que lidam com serviços diferenciados.

Departamentalização regional

É também denominada departamentalização por localização geográfica, e é utilizada por empresas que cobrem extensa área territorial. Cada região geográfica passa a ser administrada de forma específica, como se fosse um mercado diferenciado, com seus clientes e suas necessidades próprias. A empresa se organiza em função dos mercados regionais que pretende abranger e servir. É o caso da grande maioria dos bancos nacionais, das grandes cadeias de lojas, dos grandes supermercados, etc.

A departamentalização regional ou geográfica pode ser utilizada em nível urbano (por bairros), em nível estadual (por cidades), em nível nacional (por estados) ou em nível internacional (por países). É uma abordagem extrovertida da estrutura de uma empresa: a estrutura se amolda ao mercado territorial ao qual pretende dar cobertura. Isso demonstra a preocupação da empresa com seu mercado e com as diferentes características regionais.

As principais vantagens da departamentalização regional são a aproximação da empresa com o seu mercado, no sentido de melhor explorá-lo e servi-lo, e a descentralização de suas operações.

No entanto, a departamentalização regional pode também apresentar algumas desvantagens, como a duplicação de órgãos em cada região, o custo operacional elevado e as dificuldades de comunicação rápida e eficiente.

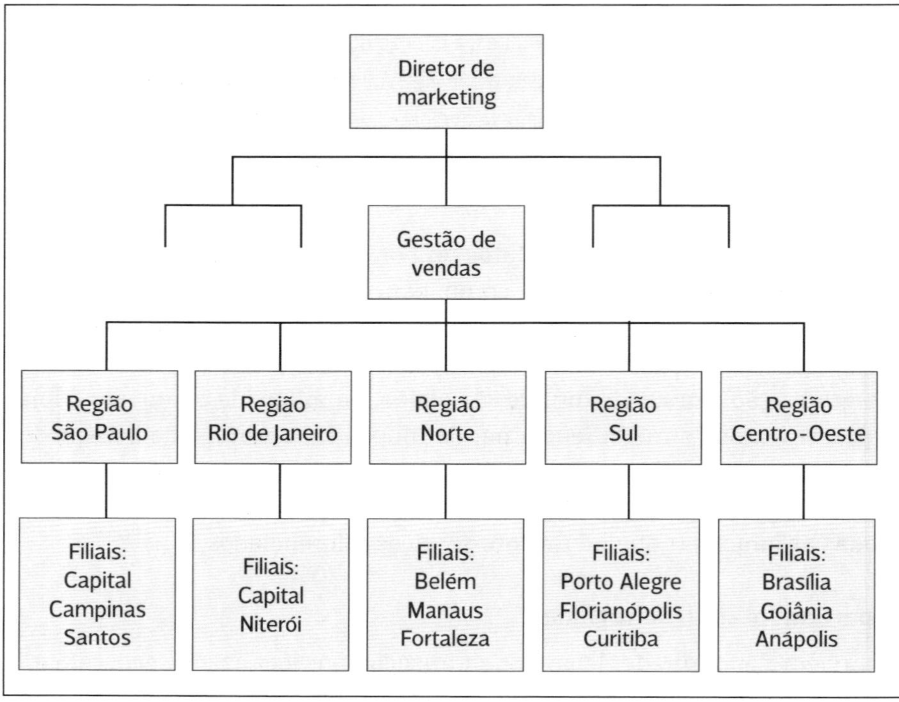

Figura 11 Departamentalização regional da GV.

Cada departamento regional precisa ter uma seção de vendas, uma seção de almoxarifado, uma seção de pessoal e uma seção de finanças para poder funcionar adequadamente.

Departamentalização por clientela

É a departamentalização voltada para diferentes tipos de clientes, consumidores ou usuários. A empresa se amolda ao mercado de clientes e sua própria organização é estruturada tendo em vista os diferentes tipos de clientes a serem tratados de maneira individualizada e diferenciada.

Departamentalização por clientes

Surgiu com as chamadas "lojas de departamentos", como a Sears Roebuck, quando se implantou no Brasil. Posteriormente, a maior parte das lojas de departamentos, como as Casas Bahia e as Lojas Americanas, passou a utilizar a departamentalização por clientela.

Nesse tipo de departamentalização, a empresa segrega seus clientes de acordo com certas características, como sexo (departamento masculino, departamento feminino), idade (departamento infantil, departamento juvenil) ou poder aquisitivo (departamentos para clientes de classes A, B ou C).

Figura 12 Departamentalização por cliente da GV.

A principal vantagem da departamentalização por clientes reside na sua adequação aos diferentes segmentos do mercado consumidor, no sentido de atender às suas diferentes necessidades e características. É a departamentalização típica das empresas orientadas para o mercado consumidor, às quais os norte-americanos dão o nome de *marketing minded*.

As desvantagens da departamentalização por clientela residem na duplicação de órgãos para cada departamento, o que eleva seus custos operacionais. Cada departamento de cliente (p. ex., masculino, feminino e infantil) precisa ter seções de vendas, de almoxarifado, de finanças, de pessoal, etc. Isso geralmente significa que, se a empresa tem três departamentos de clientes, ela precisa agrupar também as seções de almoxarifado, finanças e pessoal, para evitar a duplicação.

Escolha de alternativas de departamentalização

Obviamente, cada empresa escolhe o tipo de departamentalização mais adequado às suas necessidades e conveniências. Muitas vezes, a departamentalização escolhida é do tipo misto, para atender às características funcionais, regionais, de produtos/serviços ou de clientela. Tudo é possível. Algumas empresas adotam um tipo de departamentalização e, posteriormente, o modificam por meio de uma reorganização interna, para se adaptar às mudanças do mercado, do produto ou da estratégia empresarial. De qualquer forma, a estrutura organizacional adotada pela empresa significa a maneira como ela se organiza para alcançar os objetivos e os resultados almejados. Por isso, é importante saber interpretar a estrutura organizacional e as alternativas de departamentalização, para se conhecer o funcionamento e as metas de uma empresa.

O departamento de vendas deve ser estruturado cuidadosamente para funcionar de forma eficiente. Esse deve ser o primeiro passo para fazer valer a GV. Afinal, a estrutura organizacional funciona como a plataforma que sustenta o sistema empresarial.

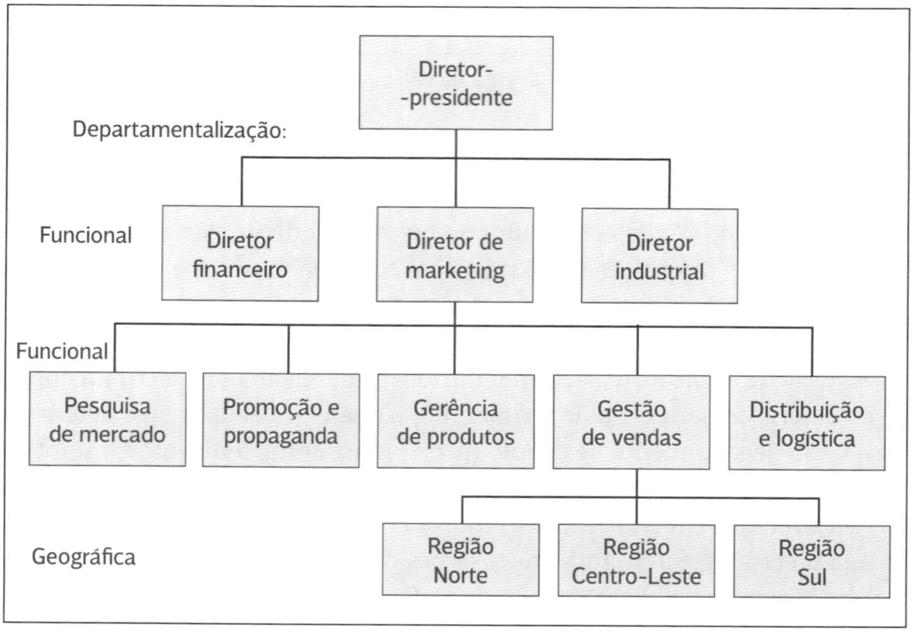

Figura 13 Diferentes alternativas de departamentalização.

Como organizar uma empresa?

Como decidir sobre a melhor forma de departamentalização? Isso depende do que se pretende fazer. Se a empresa estiver orientada para a clientela, esta pode ser a referência básica para sua estruturação. Se a empresa estiver preocupada com suas funções internas, e pretende aglutiná-las para obter o melhor desempenho possível, a estruturação deve ser funcional. Se a empresa é multiprodutos e pretende focalizar seus produtos no mercado, então a departamentalização por produtos seria a melhor indicação. Entretanto, as coisas não são tão simples assim. O importante é privilegiar todos esses aspectos – funções, produtos e serviços, clientes, área geográfica – no conjunto, e é aí que surge a complexidade. Satisfazer todos esses aspectos: este é o principal desafio da organização empresarial.

Em resumo, a GV é a área que faz a intermediação entre a empresa e o cliente. É a área que entrega valor ao cliente quando este percebe que seu investimento em dinheiro lhe traz um retorno ou ganho superior. É a área que encanta e fideliza o cliente quando este se sente plenamente satisfeito com a compra que decidiu fazer. É a área que traz prestígio e reputação no mercado graças ao tratamento e à consultoria ao cliente. Enfim, a GV proporciona sucesso ao negócio na medida em que promove as saídas de seus produtos ou serviços e garante as respectivas entradas de faturamento e de fundos provenientes das vendas.

QUESTÕES PARA REVISÃO

1. O que são organizações?
2. Qual o papel das organizações no mundo moderno?
3. Conceitue empresa.
4. Quais as possíveis classificações de empresas?
5. O que são empresas primárias ou extrativas?
6. O que são empresas secundárias ou transformadoras?
7. O que são empresas terciárias ou prestadoras de serviço?
8. O que são empresas públicas?
9. O que são empresas privadas?
10. O que é lucro?
11. Caracterize uma empresa lucrativa.
12. Caracterize uma empresa não lucrativa.
13. O que é um objetivo final ou mediato?
14. O que é um objetivo imediato?
15. Qual o principal objetivo imediato das empresas?
16. O que são recursos empresariais?
17. Quais são os recursos empresariais básicos?
18. Conceitue recursos físicos ou materiais.
19. Conceitue recursos financeiros.
20. Conceitue recursos humanos.
21. Conceitue recursos mercadológicos.
22. Conceitue recursos administrativos.
23. Conceitue competências e vantagem competitiva.
24. Explique algumas competências organizacionais.
25. Explique as competências da área de marketing.
26. Explique as competências gerenciais.
27. Explique as competências individuais.
28. Atribua a cada um dos recursos empresariais básicos uma especialidade da gestão.
29. Atribua a cada um dos recursos empresariais básicos uma área da empresa.
30. Elabore um organograma básico com as diversas áreas da empresa.
31. O que significa marketing?
32. Qual a diferença entre um diretor de marketing e um diretor comercial?
33. Elabore um organograma básico da área de marketing.

34. Conceitue gestão de vendas (GV).
35. Qual a abrangência do conceito restrito de GV?
36. Qual a abrangência do conceito amplo de GV?
37. Descreva a GV como um processo sistêmico.
38. Elabore uma estrutura organizacional da GV.
39. O que significa departamentalização ou divisionalização?
40. Conceitue departamentalização funcional.
41. Quais as vantagens e as desvantagens da departamentalização funcional?
42. Conceitue departamentalização por produtos ou serviços.
43. Quais as suas principais características?
44. Quais as vantagens e as restrições da departamentalização por produtos ou serviços?
45. Conceitue departamentalização geográfica ou regional.
46. Quais são as suas principais características?
47. Quais são as suas vantagens e limitações?
48. Conceitue departamentalização por clientela.
49. Quais são as suas vantagens e limitações?
50. Quais são as suas principais características?
51. O que é departamentalização mista?
52. Como as empresas escolhem o tipo de departamentalização?
53. Por que se deve conhecer a estrutura organizacional de uma empresa?

EXERCÍCIOS

1. Faça um levantamento de algumas empresas conhecidas e classifique-as de acordo com o quadro de dupla entrada a seguir:

Tipos de empresa	Empresas públicas	Empresas privadas
Primárias ou extrativas		
Secundárias ou transformadoras		
Terciárias ou prestadoras de serviços		

2. Verifique algumas empresas que você conhece e elabore a estrutura organizacional de cada uma delas, demonstrando como elas estão organizadas, quais as principais áreas e quais os principais recursos empresariais envolvidos.
3. Verifique algumas empresas que você conhece e elabore a estrutura organizacional de cada uma delas, demonstrando como elas estão organizadas na área de gestão de vendas e explicando o tipo de departamentalização adotado. Faça, a seguir, uma avaliação crítica, demonstrando as vantagens e as limitações encontradas.
4. Verifique algumas empresas que você conhece e mostre as competências organizacionais que elas apresentam.
5. Faça o mesmo com relação às competências funcionais de marketing.
6. Agora, faça o mesmo quanto às suas exigências de competências gerenciais.
7. Por fim, faça o mesmo quanto às suas exigências de competências individuais.

2

MARKETING COMO PLATAFORMA DE VENDAS

Vender é parte de um conjunto de atividades e processos organizacionais que busca intensificar cada vez mais o relacionamento entre a organização e sua clientela. Vender – e vender bem – significa colocar toda a organização a serviço do cliente, antes, durante e depois do processo de venda propriamente dito. Isso tem um significado importante: a ação de vender deve ter toda a organização como retaguarda e apoio ao processo de satisfazer e encantar o cliente. Isso significa que, desde o presidente da empresa até o seu mais humilde funcionário, todos devem estar dispostos a colaborar e contribuir para que o cliente seja o foco principal na complexa articulação organizacional.

Vender é um intrincado processo de localizar o cliente, conhecê-lo bem, abordá-lo, servi-lo e persuadi-lo a fechar um negócio. Para tanto, é necessário saber quem é esse cliente, onde ele está, do que ele necessita e quanto está disposto a pagar pelo que pretende adquirir. Mais do que isso, vender é oferecer um produto ou serviço que tenha valor significativo para o cliente, isto é, que lhe seja útil e vantajoso para que ele tome a decisão de comprá-lo, pesando os custos e benefícios de sua decisão, ou seja, o investimento na compra e o retorno a obter desse investimento. Além disso, o ato da venda se apoia em um produto ou serviço planejado, concebido e criado pela empresa como possível solução para atender aos problemas e às necessidades do cliente. E, para que a venda seja eficiente e eficaz, torna-se necessária uma complexa conjugação de esforços para que o cliente se sinta confortável e seguro na sua decisão de comprar, e esteja plenamente satisfeito com essa decisão, a ponto de repeti-la várias vezes. Todos esses esforços conjugados envolvem: definição de preços competitivos, para que o cliente aceite trocar seu dinheiro pelo produto; promoção e propaganda, para divulgar e promover o produto; distribuição do produto, para que ele chegue prontamente às mãos do cliente; e um sem número de outras providências. Estamos obviamente falando de esforços de marketing, e a venda é uma parte importante do complexo de marketing da empresa. Na verdade, a venda bem-sucedida representa o estágio mais importante, crítico e definitivo das ações de marketing. Ela significa o sucesso de todas as ações integradas de marketing da empresa. O marketing somente é bem-sucedido quando as vendas acompanham ou superam seus objetivos desejados. Nesse sentido, o cliente precisa ser tratado como um rei. Assim, viva sua majestade, o cliente!

A empresa é um conjunto de processos básicos[1]

A empresa é um conjunto integrado de vários processos:

1. Ela cria algo que pode ter valor...
2. ... e transforma essa ideia criativa em algo de valor.
3. Ela produz esse algo que tem valor...
4. ... e entrega algo de valor...
5. ... que as pessoas querem ou necessitam...

---

1 Adaptado de: Kaufman, Josh. Manual do CEO. São Paulo: Saraiva, 2012. p. 48.

6. ... a um preço que elas estão dispostas a pagar...
7. ... para satisfazer as necessidades e expectativas de seus clientes...
8. ... de forma que a empresa gere lucro suficiente para fazer valer a pena para seus proprietários manterem suas operações.

Cada um desses oito processos pode ser, respectivamente, denominado:

1. **Criatividade e inovação**: descobrir aquilo de que as pessoas precisam ou querem para se encarregar de sua criação, produção e entrega. Um empreendimento que não cria valor para os outros é apenas um *hobby*.
2. **Desenvolvimento de produtos**: transformar a ideia criativa em um produto ou serviço. Um produto que não cria valor é uma brincadeira cara e custosa.
3. **Produção**: produzir algo de valor para o mercado, a fim de satisfazer necessidades e aspirações da clientela. Um produto que não atende a essas necessidades e aspirações é algo inútil.
4. **Marketing**: chamar a atenção e desenvolver a demanda para aquilo que foi criado e produzido. Um empreendimento que não chama a atenção é puro fracasso.
5. **Vendas**: transformar clientes potenciais em clientes pagantes. Um empreendimento que não vende o valor que cria e produz é uma organização sem fins lucrativos e sem qualquer finalidade financeira.
6. **Marketing**: oferecer aos clientes algo de valor, que valha a pena comprar ou em que valha a pena investir. Um empreendimento que não oferece valor não merece investimento do cliente.
7. **Entrega de valor**: dar aos clientes o que foi prometido e assegurar-se de que eles estejam plenamente satisfeitos. Um empreendimento que não cumpre o que promete é uma fraude enganosa.
8. **Finanças**: gerar dinheiro suficiente para manter as operações e para que os esforços valham realmente a pena. Um empreendimento que não gera dinheiro suficiente para manter as operações logo fechará as portas.

E onde ficam os colaboradores? São eles – por meio dos recursos que utilizam – que proporcionam, com suas competências, a realização de todos esses processos que criam, agregam, produzem, entregam e capturam valor para as organizações.

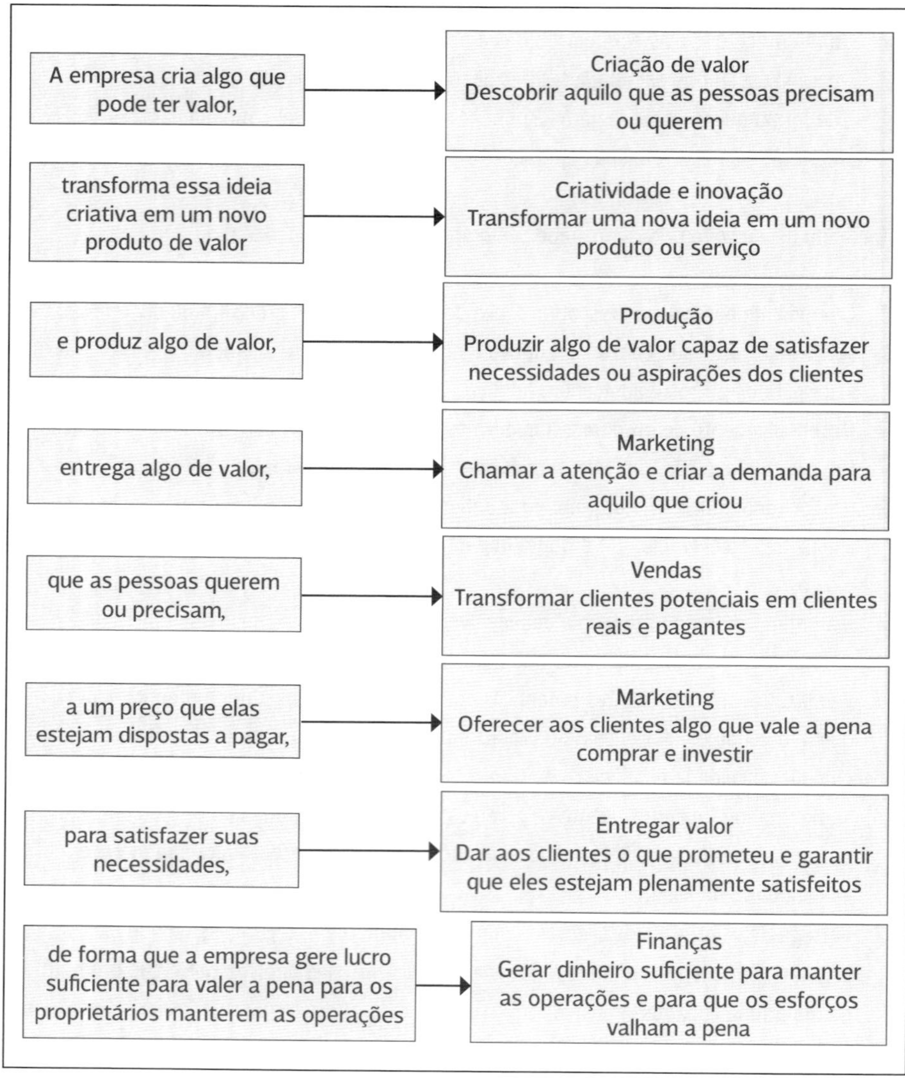

Figura 1 A empresa como um conjunto integrado de processos.[2]

E o que é valor? É tudo aquilo que tem utilidade, satisfaz necessidades, atende a expectativas e aspirações, traz um retorno do investimento, melhora a saúde, o conforto e o bem-estar, incrementa a autoimagem do cliente e vale a pena adquirir.

---

2 Adaptada de: Kaufman, Josh. Manual do CEO, op. cit., p. 48-51.

Valor é algo que:

Tem utilidade
Dá retorno à pessoa
Proporciona satisfação
Melhora a saúde
Proporciona conforto
Aumenta o patrimônio
Enriquece a pessoa
É fácil de usar
Melhora a autoimagem

→

Produzir é criar valor
Inovar é agregar valor
Vender é entregar valor
Lucrar é capturar valor

Figura 2 A essência do negócio: criar, agregar, entregar e capturar valor.

CONCEITO DE MARKETING

Vender não é uma ação isolada ou separada das demais atividades da organização. A venda faz parte de um conjunto maior denominado marketing. Marketing (do inglês *market* = mercado) é uma filosofia de gestão que reconhece que o ponto focal de toda a atividade da empresa está no consumidor: aquele que compra os produtos ou serviços da empresa.[3] O marketing focaliza o mercado e põe o cliente no centro das atenções da empresa, que se torna *client focused* ou *client centered*, no jargão norte-americano. O conceito de marketing envolve ações coordenadas de vender, divulgar, propagar, promover, distribuir, definir preço, construir marca, atender o cliente e, mais do que isso, encantá-lo e fidelizá-lo. Na verdade, o marketing é um conjunto integrado de todas essas ações focadas no mercado e no cliente. Embora muitas atividades de marketing estejam diretamente relacionadas com o contínuo fluxo de bens e serviços que vão do produtor para o consumidor, o processo de marketing começa com a cuidadosa análise dos clientes, antes mesmo de o produto ser criado, projetado ou manufaturado, para que ele seja o mais adequado possível às expectativas dos potenciais compradores. Todas as atividades de marketing são feitas em resposta às necessidades, aos desejos e às expectativas do público consumidor, que são mutáveis. Em muitos casos,

3 Schewe, Charles D.; Smith, Reuben. Marketing: concepts and applications. Nova York: McGraw-Hill, 1980. p. 56.

o marketing busca criar um produto ou serviço inovador, que venha a criar uma necessidade ainda não identificada pelo consumidor.

Assim, o marketing começa com pesquisa e análise do mercado e do comportamento do consumidor, para definir a estratégia competitiva do produto, sua distribuição, sua promoção e seu preço, para conquistar o mercado a partir da conquista do consumidor. E a venda é parte fundamental desse esforço integrado e conjugado. O importante é construir relacionamentos duradouros e estáveis com o cliente, para alcançar sua fidelização no longo prazo. O chamado "marketing de relacionamento" é feito exatamente para isso.

Conceitos de marketing

1. É tão básico que não pode ser considerado uma função separada. É o negócio como um todo, do ponto de vista de seu resultado final, isto é, do ponto de vista do consumidor. O sucesso da empresa não é determinado pelo produto, mas pelo consumidor.[4]
2. É o processo social e gerencial pelo qual indivíduos e grupos obtêm o que necessitam e desejam, por meio da criação, da oferta e da troca de produtos de valor com outros.[5]
3. Consiste em todas as atividades pelas quais a empresa se adapta a seu ambiente – de maneira criativa e rentável.[6]

Para Kotler (1996), a definição de marketing fundamenta-se nos seguintes conceitos centrais: necessidades, desejos e demandas; produtos; valor, custo e satisfação; e trocas, transações e relacionamentos, como mostra a Figura 3.

Esses conceitos centrais funcionam em um fluxo contínuo, como um processo, que vai desde a pesquisa de necessidades, desejos e demandas até a chegada do produto ou serviço ao mercado, passando pelas etapas de seu desenvolvimento. Quando a empresa consegue identificar as necessidades dos consumidores e desenvolver produtos apropriados a preços adequados, para distribuí-los e promovê-los com eficácia, a venda é muito mais fácil. E, quando isso tudo acontece, o produtor fica sobrecarregado de pedidos, pois conseguiu projetar o produto certo. É preciso ter um alvo bem definido e

4 Drucker, Peter. Management: tasks, responsibilities, practices. Nova York: Harper & Row, 1973. p. 64-5.

5 Kotler, Philip. Administração de marketing: análise, planejamento, implementação e controle. São Paulo: Atlas, 1996. p. 25

6 Corey, R. Small business marketing. Nova York: Wiley, 2013.

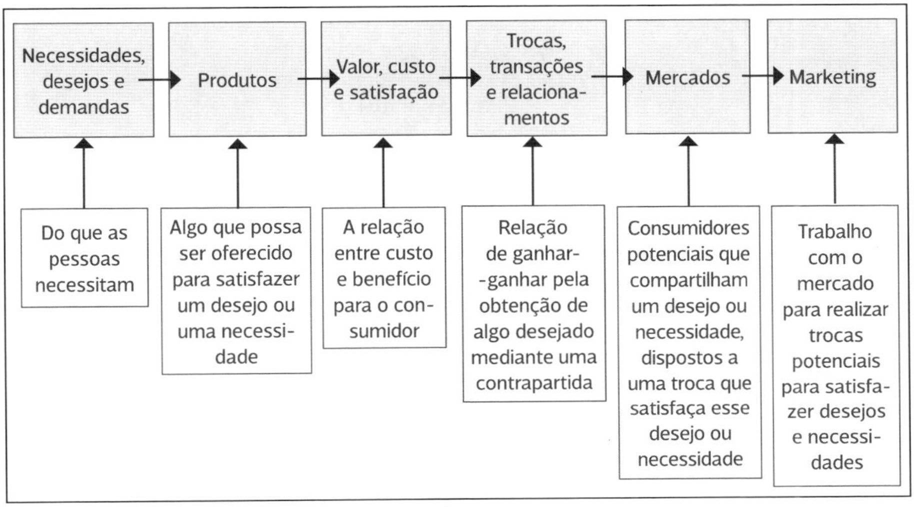

Figura 3 Conceitos centrais de marketing.[7]

trabalhar para atendê-lo da melhor maneira possível, oferecendo o produto ou serviço certo para suas necessidades e desejos, com um preço adequado.

É o marketing, também, que analisa as relações de oferta e procura, buscando balanceá-las a favor da empresa.[7] Assim, o marketing tem sua atenção voltada não só para o produto/serviço, mas também para o cliente, para o mercado e para a concorrência. Isso significa um olhar abrangente, envolvendo todos os diferentes aspectos desse intenso processo de relacionamentos e trocas.

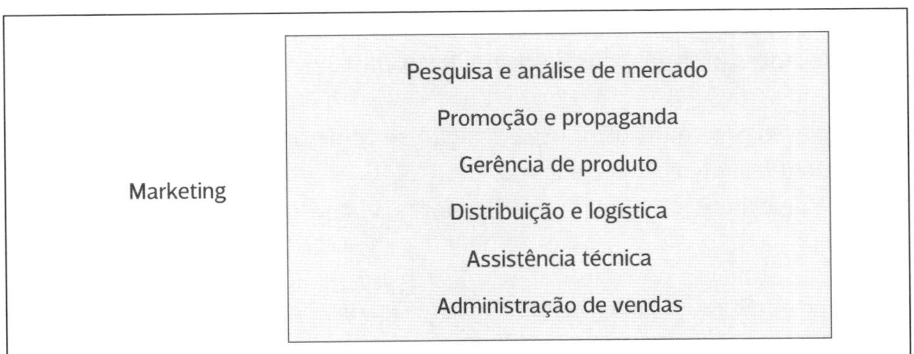

Figura 4 O composto de marketing.

---

7 Adaptada de: Kotler, Philip. Administração de marketing: análise, planejamento, implementação e controle, op. cit.

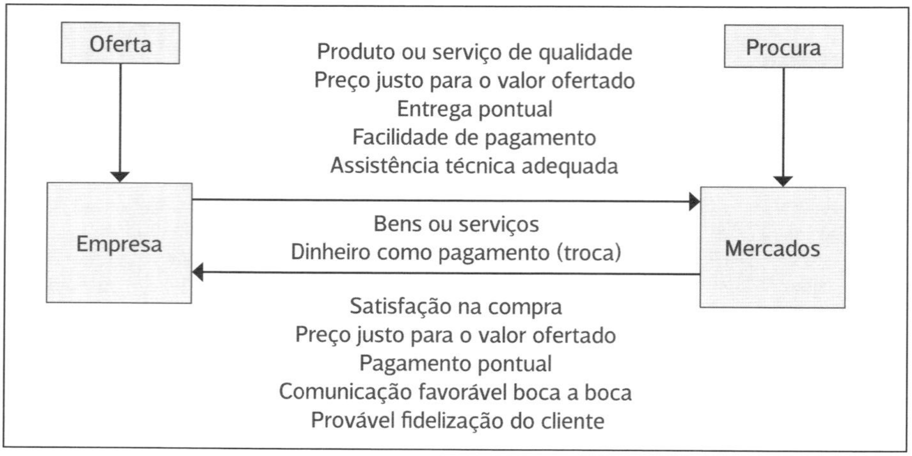

Figura 5 Relacionamento e troca.[8]

Administração de marketing

Segundo Kotler, a administração de marketing é o processo de planejamento e execução da concepção, do preço, da promoção e da distribuição de bens, serviços e ideias, para criar trocas com grupos-alvos que satisfaçam os consumidores e os objetivos organizacionais.[9] Sua definição reconhece que a administração de marketing é um processo de análise, planejamento, implementação e controle, envolvendo bens, serviços e ideias, que se fundamenta na noção de troca, e cuja meta é produzir satisfação para as partes envolvidas. Para Kotler, a definição de administração de marketing pode ser vista sob três diferentes ângulos, que se completam mutuamente[10]:

1. Processo pelo qual uma organização se relaciona criativa, produtiva e rentavelmente com o mercado.
2. Arte de criar e satisfazer consumidores, visando ao lucro.

---

8 Adaptada de: Kotler, Philip. Administração de marketing: análise, planejamento, implementação e controle, op. cit., p. 28.

9 Kotler, Philip. Administração de marketing: análise, planejamento, implementação e controle, op. cit., p. 30.

10 Kotler, Philip. Administração de marketing: análise, planejamento, implementação e controle, op. cit., p. 30.

3. Ato de levar os bens e serviços certos para as pessoas certas, nos locais adequados e no tempo preciso, adotando as comunicações e as ferramentas de promoção corretas.

Dessa maneira, a gestão de marketing é um esforço consciente e planejado para atingir ou ultrapassar as expectativas de resultados desejados em relação aos mercados alvos. Obviamente, os esforços de marketing devem atender simultaneamente aos interesses da organização, dos clientes e da sociedade.

Assim, a administração de marketing precisa se basear em um planejamento cujos passos principais são:

1. **Definição do mercado-alvo:** qual o nicho de mercado escolhido.
2. **Posicionamento de mercado:** como se posicionar nesse nicho de mercado.
3. **Desenvolvimento do produto:** como adequar o produto às exigências da clientela.
4. **Preço:** como definir um preço que seja vantajoso tanto para o cliente quanto para a empresa.
5. **Canais de distribuição:** quais os canais intermediários para levar o produto até o cliente.
6. **Distribuição física:** como entregar o produto ao cliente.
7. **Comunicação:** quais os canais de comunicação com o cliente.
8. **Promoção:** como intensificar as vendas por meio de promoções.
9. **Venda:** para que todas as decisões anteriores possam incrementar as vendas.

Venda

A parte decisiva para tais relacionamentos e intercâmbios é a venda. Contudo, a venda não é a parte final ou conclusiva, pois hoje as empresas têm se preocupado cada vez mais com a pós-venda, com a assistência técnica e com o atendimento contínuo ao consumidor, quando ele necessita de esclarecimentos ou informações sobre o produto ou serviço comprado. A satisfação do cliente não se limita apenas à venda, mas deve estar presente antes, durante e após a venda, para garantir o pleno atendimento às suas expectativas. O cliente deve estar seguro de que, após comprar o produto, ele terá a garantia necessária, a assistência técnica adequada e a certeza de que o produto atenderá plenamente às suas necessidades.

O que é venda?

É o ato de induzir alguém a trocar algo – como dinheiro – por mercadorias ou serviços. Para os autores de marketing, a venda significa o encontro bem-sucedido do agente de oferta com o agente de procura.[11] Juntar a oferta com a procura: este é o principal desafio do marketing. E essa é a função central da venda. Colocar o produto da empresa nas mãos do cliente satisfeito com o valor adquirido.

O tradicional conceito de vendas assume que os consumidores, se deixados sozinhos, não comprarão suficientemente os produtos da organização. Assim, a organização deve empregar um esforço agressivo de vendas e de promoção, salienta Kotler.[12] Este conceito pressupõe que consumidores típicos mostram inércia ou resistência e, assim, devem ser persuadidos a comprar mais; e que a empresa precisa dispor de um verdadeiro arsenal de ferramentas eficazes de vendas e promoção para estimular mais as compras. Daí a importância da venda. Mas o ideal seria o contrário: que as pessoas estivessem sempre estimuladas a comprar, por si mesmas, em função da satisfação de terem antes comprado com pleno sucesso e satisfação.

FOCO NO CLIENTE

O marketing veio substituir o tradicional foco empresarial, concentrado no produto, pelo foco no cliente. Antigamente, as empresas centravam todos os seus esforços no produto, na sua concepção, no seu desenvolvimento, em suas especificações, na sua produção, no acabamento, na embalagem, no preço, etc. Esse esforço interiorizado e concentrado continua até hoje, mas agora subordinado a um esforço maior: focalizar o cliente que vai utilizar o produto, e não somente o produto. É como se a empresa se sentisse no lugar do cliente. É o movimento da exteriorização e da empatia. Trata-se de entender e interpretar o cliente, para saber a maneira como ele pensa, decide, compra e como vai se sentir utilizando o produto. Isso significa olhar mais para a frente e focar o produto em função de quem vai utilizá-lo e consumi-lo.

Nessa visão, o cliente é o rei, e deve ser tratado como tal. É das decisões de compra do cliente que depende o sucesso da empresa, de sua competitivida-

11 Sandroni, Paulo (Org.). Dicionário de Economia. São Paulo: Best Seller, 1989. p. 326.

12 Kotler, Philip. Administração de marketing: análise, planejamento, implementação e controle, op. cit., p. 33.

de – ir além da concorrência – e de sua sustentabilidade – ganhando sucesso financeiro e longevidade. O processo de vender está se tornando fundamental para que o cliente esteja satisfeito com a compra e fortemente inclinado a repeti-la sempre que necessário. A decisão de comprar está cada vez mais com o cliente, e não mais com a empresa. Ele é o tomador de decisões e a compreensão do seu comportamento é vital para o sucesso de qualquer venda.

COMPOSTO DE MARKETING

De um modo geral, marketing é o processo de planejar e executar a concepção, o preço, a promoção e a distribuição de ideias, bens e serviços, para criar intercâmbios que satisfaçam objetivos individuais e organizacionais. O marketing está intimamente relacionado com as transações de bens, de serviços, de ideias e de valores que acontecem no mundo todo, a todo instante.

Para tanto, o marketing parte dos objetivos estratégicos da empresa, dos objetivos específicos de marketing e do conhecimento do mercado para definir um composto de atividades ligadas ao produto, ao preço, à promoção e à propaganda, à distribuição e à venda. É o que chamamos de composto de marketing.

E quais são os principais objetivos estratégicos da empresa? Eles variam de uma empresa para outra, mas quase sempre estão ao redor de:

1. Aumentar sua posição no mercado.
2. Ganhar a confiança e a preferência do consumidor.
3. Construir imagem e reputação no mercado.
4. Criar condições de lucratividade e de retorno aos acionistas.
5. Incrementar sua competitividade no mercado.
6. Adquirir e manter sustentabilidade financeira, social e ambiental.

Marketing mix

Marketing mix – ou composto de marketing – é a combinação específica e única de atividades que uma determinada empresa utiliza para proporcionar satisfação ao mercado em geral e ao cliente em particular. O *marketing mix* está orientado para proporcionar informação confiável para o mercado, enquanto as vendas proporcionam informação de retorno para a empresa.

O composto de marketing é formado de: **produto**, **preço**, **promoção e propaganda**, **distribuição** (***place***) e **venda**. Todos esses aspectos do *marketing mix* serão abordados a seguir. A composição de cada um desses aspectos depende do tipo de produto ou serviço oferecido, do tipo de cliente e do mer-

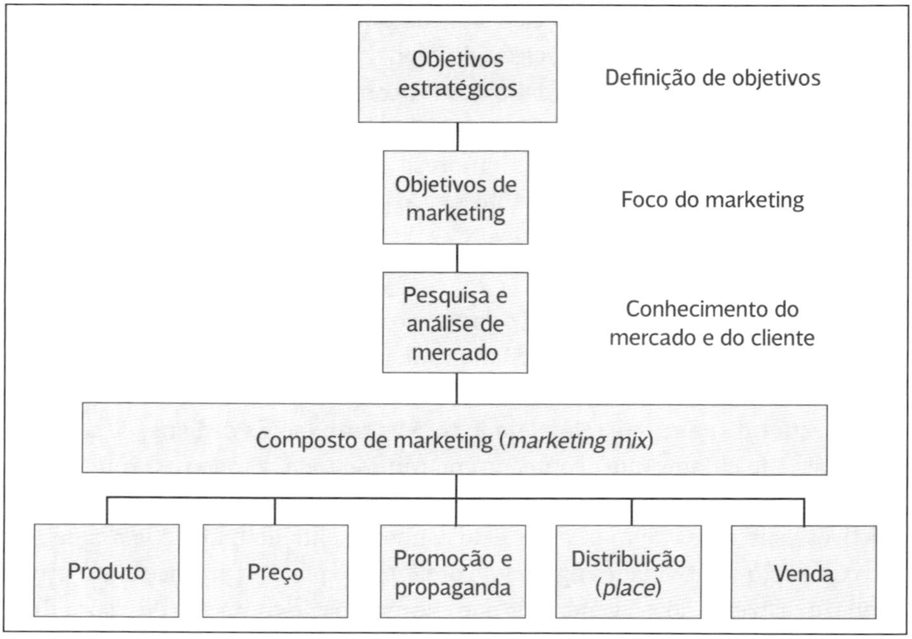

Figura 6 Composto de marketing.

cado. Produtos de primeira necessidade requerem menores investimentos em termos de promoção e propaganda. Quando se trata de produtos com elevada competição, o aparato comercial para convencer o público precisa ser muito maior. Algumas empresas incluem o pós-venda no seu composto mercadológico.

Qual é o mais importante?

Todos os elementos do composto de marketing são importantes, pois, na verdade, ele funciona como uma complicada e delicada cadeia de valor, em que, se um dos elementos é frágil, todo o sistema sofrerá da mesma fragilidade. Já dissemos que uma corrente é tão frágil quanto o mais fraco de seus elos, e a mesma coisa acontece aqui. Todos os elementos são importantes e, quando funcionam bem, cada um deles facilita o trabalho dos demais e os torna melhores. É o efeito sinergístico que abordamos anteriormente: um efeito em que os elementos não somam, mas multiplicam, graças à forte solidariedade entre os elementos de marketing.

Onde estamos?

Qual é nosso negócio? Qual é nosso produto? Quem é nosso cliente? Quais são nossos concorrentes, e o que eles oferecem para disputar nosso cliente? O que devemos fazer para vender nosso produto ao nosso cliente? Indagações como essas exigem respostas claras e definidas. Vender a esmo não conduz a nada: é preciso saber exatamente o que fazer, por que, quando e como fazer. O planejamento é fundamental para o sucesso de qualquer venda. Planejar significa preparar-se previamente, com toda a informação disponível, para saber exatamente as necessidades, as preferências, as expectativas e os desejos do cliente.

PREÇO

Preço é um conceito que expressa a relação de troca de um bem por outro. Em termos mais práticos, representa a proporção de dinheiro que se dá em troca de determinada mercadoria. Na verdade, o preço é a expressão monetária do valor de um bem ou serviço. O preço tem um papel importante no composto de marketing e na satisfação das necessidades e dos desejos do consumidor. O preço pode receber várias denominações, como aluguel, tarifa, taxa, juro, pedágio, tributo, prêmio, honorário, gorjeta, etc. Mas todos esses nomes refletem uma coisa: aquilo que o cliente paga por determinado produto ou serviço.

Toda transação pode ser vista como um intercâmbio de algo de valor (preço) – geralmente dinheiro – para obter um pacote de satisfação (produto) em troca. A chave determinante do preço de um produto reside na compreensão do valor que o consumidor percebe no produto e quanto lhe é favorável pagar por ele. E esse valor resulta de suas percepções da satisfação total proporcionada pelo produto e do pacote total de utilidades que ele lhe parece oferecer. Por essa razão, o preço é formado no mercado pelo jogo da oferta e da procura, muito embora dependa de fatores internos inerentes à empresa, como os custos de criação, produção e distribuição. Tanto que, se o preço não cobrir esses custos internos, a empresa precisará deixar de fabricar o produto para não sofrer possíveis perdas e prejuízos. Nesse caso, estará retirando o produto do mercado e diminuindo o seu portfólio, sua oferta no mercado e, consequentemente, seu faturamento, deixando espaço aberto para a concorrência.

Free (grátis): o futuro dos preços[13]

Chris Anderson demonstrou, em seu livro "A cauda longa", como as transações *on-line* criam mercados de nicho, permitindo que produtos e consumidores se conectem de uma forma que nunca antes fora possível. No livro "*Free*: o futuro dos preços", ele argumenta que, em muitas situações, as empresas podem lucrar mais oferecendo algo de graça do que cobrando. Empresas estão ganhando muito dinheiro sem cobrar nada. Não "nada por tudo", mas nada pelo suficiente para criar uma economia muito grande a um preço zero. Para ele, os custos associados à crescente economia *on-line* se aproximam de zero em uma velocidade incrível. Nunca, no decorrer da história humana, os insumos primários em uma economia industrial tiveram os preços reduzidos tão rapidamente e por tanto tempo. Ele lembra que, em 1961, um único transistor custava US$10, enquanto hoje o mais recente *chip* da Intel tem dois bilhões de transistores e é vendido por US$300, o que representa US$0,000015 por transistor: barato demais para precificar.

Na verdade, há um terrível paradoxo: as pessoas estão ganhando muito dinheiro sem cobrar nada. Isso, mais uma vez, não significa "nada por tudo", mas nada pelo suficiente para criar uma economia tão grande quanto a de um país de tamanho razoável a um preço em torno de US$0. O abundante "mercado da cauda longa" foi possibilitado pelo ilimitado "espaço de prateleira" da internet, que é o primeiro sistema de distribuição da história tão adequado para nichos quanto para massas, tanto para o obscuro quanto para a tendência dominante. Os exemplos de modelos de negócio grátis são inúmeros:

1. Dê produtos e venda serviços (brindes para quem abrir uma conta bancária).
2. Dê *software* e venda *hardware* (Linux com produtos da IBM ou HP).
3. Dê *hardware* e venda *software* (jogos de videogame com consoles Xbox).
4. Dê telefones celulares e venda minutos de ligação.
5. Dê tempo de ligação e venda telefones celulares.
6. Dê o *show* e venda bebidas.
7. Dê as bebidas e venda o *show*.
8. Compre um e leve o outro de graça.
9. Estacionamento grátis em *shoppings*.
10. Homens pagam e mulheres entram de graça.
11. Dê conteúdo na *web* e venda o conteúdo impresso.

13 Anderson, Chris. Free – Grátis: o futuro dos preços. Rio de Janeiro: Campus, 2009. p. 3 e 256.

Para Anderson, as ideias são a *commodity* definitiva da abundância, pois elas têm um custo marginal zero e podem espalhar-se por toda parte, enriquecendo tudo o que tocam. E quanto mais os produtos são feitos de ideias – e não de matéria –, mais rapidamente eles barateiam. Essa é a base da abundância que leva ao grátis no mundo digital. Em suma, qualquer setor no qual a informação for o principal ingrediente tenderá a acelerar o desempenho, ao mesmo tempo em que o preço cai.

Do ponto de vista do mercado, as quantidades de venda de um produto variam no sentido inverso ao do preço: quanto mais baixo o preço de um produto no mercado, tanto maior a procura. Quando os preços são altos, a retração da procura pode levar ao efeito de substituição, em que o consumidor substitui o produto caro por outro mais barato. Além disso, existem produtos cuja procura aumenta sensivelmente com a queda dos preços – é o fenômeno da elasticidade-preço da procura –, enquanto outros produtos conseguem manter uma demanda inalterada, mesmo com preços mais baixos. Todos esses aspectos dependem obviamente da perspectiva do mercado consumidor.

Olho no consumidor

Defina preços de acordo com o que o consumidor possa pagar, e não necessariamente de acordo com os custos. Os consumidores não conhecem os custos ou a lucratividade de um produto. O negócio, todavia, não pode restringir seu *mark up* a aquilo que o consumidor possa achar razoável. É vital conhecer os custos de oferecer um produto ou serviço para o consumidor, e também os preços dos concorrentes. Mas é melhor definir o preço com base na percepção de valor do consumidor.

Para o cliente, o preço de um produto ou serviço representa sua interpretação de venda, expressa em termos monetários, em relação ao valor de utilidade do produto: sua capacidade de satisfazer os desejos e as necessidades do comprador. Assim, o preço precisa ser justo, ou seja, congruente com suas percepções pessoais de investimento em dinheiro. Se o cliente julga que o preço é muito elevado, ele resiste a comprar o produto. Se o preço é considerado baixo demais, conduz a uma barganha que se fundamenta na dúvida sobre sua qualidade. Para muitos produtos, é mais aceitável oferecer uma faixa de preço, e não um preço único, exato e definitivo. Tudo isso precisa ser considerado com muita atenção.

Conceito de preço

O conceito de preço está intimamente associado com o produto. Mas ele pode ser interpretado de várias maneiras diferentes e apresentar variadas facetas, como:[14]

- O preço facilita o processo de comprar e vender.
- O preço é afetado pelo jogo do suprimento e da demanda, ou seja, da oferta e da procura.
- O preço é uma ferramenta de promoção do produto.
- O preço pode ajudar – ou restringir – as vendas.
- O preço depende dos canais de distribuição.
- O preço pode afetar a imagem do produto para melhor ou para pior.
- O preço está relacionado com custos e lucros.
- O preço pode ser uma ferramenta valiosa quando utilizado como uma arma competitiva.
- O preço pode ser manipulado estrategicamente de um estágio do ciclo de vida do produto para o seguinte.

O preço tem importância vital na economia, pois sua função é racionalizar e alocar recursos para um uso mais eficiente. Assim, ele ajuda a distribuir recursos escassos quando a demanda por um bem ou serviço se torna maior. Contudo, se o preço tem grande importância para a economia, para a empresa sua importância é decisiva, pois ele define o que a empresa pode balancear, entre receitas e despesas, para produzir lucratividade. O preço do produto tem forte efeito sobre as vendas, o que também precisa ser levado em consideração.

Conceito de preço

Existem outros fatores que condicionam o preço, como:

- Preços dos concorrentes.

---

14 Adaptado de: Burstiner, Irving. The small business handbook: a comprehensive guide to starting and running your own business. Nova York: A Fireside Book, 1989. p. 169.

- Retorno desejado do investimento em capital.
- Condições econômicas.
- Nível de demanda do produto.
- Localização geográfica do negócio.
- Fatores de mercado: oferta e procura do produto.
- Fatores de produto.
- Fatores sazonais.
- Relação entre preço e qualidade.
- Outros fatores psicológicos.

Definição do preço de um produto

Um dos aspectos mais importantes de um produto é a definição de seu preço para o consumidor final. É claro que o preço deve compensar todos os custos envolvidos em sua criação e produção, e prover a empresa de uma margem de lucro adequada para manter sua sustentabilidade financeira. Assim, o preço é o demarcador de duas condições importantes: lucratividade para a empresa, de um lado, e atratividade do preço para o cliente, de outro.

Os objetivos da determinação de preço podem ser os seguintes:[15]

1. **Objetivos de vendas:** o preço pode aumentar ou reduzir as vendas. Uma das alternativas para aumentar vendas de um produto é reduzir seu preço, fazendo uma promoção. Por outro lado, quando se eleva o preço de um produto em relação ao concorrente, sem qualquer ação no sentido de diferenciá-lo da concorrência, o resultado pode ser uma redução nas vendas.
2. **Objetivos de lucro:** o preço pode aumentar ou reduzir o lucro da empresa. Em geral, ela define o preço com uma margem sobre o custo do produto, que permite uma fatia de lucratividade.
3. **Objetivos competitivos:** o preço pode aumentar a competitividade da empresa diante dos concorrentes, pois tem forte apelo ao cliente, cuja tendência é preferir um produto equivalente aos demais, mas com um preço menor. Daí a necessidade de pesquisar preços de produtos concorrentes.

15 Schewe, Charles D.; Smith, Reuben. Marketing: concepts and applications, op. cit., p. 324.

Política de preços

Políticas são regras genéricas para balizar as decisões da empresa quanto aos seus objetivos; são linhas básicas que ajudam os membros da empresa a tomar suas decisões cotidianas. As políticas de preço decorrem dos objetivos da empresa e podem sofrer ajustes constantes ou periódicos, relacionados com a demanda ou com possíveis alterações nos produtos ou em seu ciclo de vida.

Além disso, a gestão de preços pode sofrer ajustes em função de:

1. **Vendas feitas em diferentes quantidades:** quanto maior o volume de vendas, menor o preço unitário.
2. **Vendas feitas sob diferentes políticas de crédito:** quanto mais próxima a data de pagamento, tanto menor será o preço, ou tanto maior o desconto ao cliente.
3. **Vendas feitas a diferentes tipos de intermediários que desempenham diferentes funções:** quanto mais próximo do cliente for o intermediário, tanto menor o preço.
4. **Vendas feitas a consumidores em diferentes locais geográficos:** quanto mais próximo o cliente, tanto menor o preço.

Além disso, o preço pode sofrer descontos em função de:

1. **Quantidade:** para incentivar compradores a adquirir mais do que as quantidades normais de compra. Quanto maior a quantidade, tanto menores os custos de expedição e transporte.
2. **Pagamento à vista:** para incentivar o pagamento imediato e abastecer imediatamente o caixa da empresa.
3. **Compensação:** também denominados descontos funcionais, quando os intermediários pelo desempenho de várias atividades acessórias de marketing, dependendo de sua sequência no sistema de distribuição, recebem descontos adicionais. Servem para compensar os intermediários pelos serviços que proporcionam ao cliente.
4. **Promoções:** descontos promocionais são oferecidos como pagamento aos intermediários por atividades promocionais. Os produtos necessitam de esforços promocionais locais, na forma de propaganda ou *displays* nos pontos de venda. Esse custo deve ser compensado por descontos.

5. **Produtos sazonais:** quando a demanda pelos produtos é altamente sazonal, como no caso de sorvetes, ar condicionado, etc., trata-se de antecipar compras que seriam feitas em épocas distantes.

Leasing

O *leasing* (ou arrendamento) pode ser considerado uma forma de gestão de preço, mas assume uma forma completamente diferente. Por meio do *leasing*, o usuário não é proprietário do produto, mas o aluga ou arrenda de alguma empresa intermediária. O *leasing* oferece vantagens tanto para o produtor quanto para o usuário, e é utilizado quando o produto é altamente técnico e de alto custo, como equipamentos industriais, computadores de grande porte, aviões comerciais, copiadoras e equipamentos de escritório. O *leasing* é preferido no uso de equipamentos de tecnologia inovadora, cujos modelos são rápida e constantemente modificados por modelos novos, garantindo ao arrendatário a atualização periódica dos modelos, sem qualquer custo adicional. Ao contrário da compra normal, o *leasing* significa um aluguel por um tempo específico de uma determinada quantidade de produtos.

Comércio

Comércio significa a troca de valores ou de produtos, sempre visando ao lucro. Por meio do comércio, ocorre a transferência de mercadorias entre indivíduos, organizações e países, deslocando-as de regiões em que são abundantes para outras onde não existem em quantidade suficiente para satisfazer o consumo. A função social do comércio é estimular a produção de um lado e o consumo de outro. Quanto mais diversificada a estrutura produtiva de uma sociedade, isto é, quanto maior a divisão do trabalho social, tanto mais necessária será a função mediadora do comércio entre os grupos sociais.

O comércio pode ser varejista, quando vende as mercadorias diretamente ao consumidor, ou atacadista, quando compra do produtor para vender aos varejistas. Embora mais volumoso, o comércio atacadista é menos diversificado, pois adquire as mesmas mercadorias em grandes quantidades, para revendê-las em partes menores e a preços mais elevados, e assim garantir seu lucro. Por um lado, o atacadista onera o preço a ser pago pelo consumidor, mas, por outro, torna possível que os produtores escoem rapidamente o produto sem ter que negociar diretamente com um grande número de

---

---

pequenos e médios varejistas. Além disso, com o atacadista, o varejista dispõe de maior flexibilidade para decidir quanto ao volume de transações e quanto à diversificação dos produtos. Isso permite ao varejista menor volume de produtos em seu estoque.[16]

DIFERENCIAÇÃO

Um produto ou serviço pode ser genérico ou diferenciado. O produto genérico é exatamente igual aos produtos concorrentes, em termos de características, qualidade e preço. Significa um produto a mais em um mercado de vários produtos equivalentes em termos de características, qualidade e preço. Assim, deixa de ser competitivo e passa a ser apenas *commodity*: um produto comum. Pelo contrário, o produto diferenciado é aquele que se sobressai em relação aos demais, em suas características, na qualidade ou no preço, atraindo maior atenção e desejo. É o caso de uma roupa de grife, um carro importado ou um perfume francês, por exemplo.

Muitas empresas localizam e escolhem seu mercado-alvo, para então colocar nele um produto por um preço capaz de proporcionar um retorno de lucro razoável. O problema está em que, se a empresa cobrar um preço mais elevado, a concorrência poderá entrar nesse mercado com preços mais baixos. Se o produto não for diferenciado, é provável que os clientes deem preferência a produtos de preço mais baixo. A saída é diferenciar o produto em relação aos concorrentes, para que o cliente perceba nele um valor extra que o torne mais valioso que os outros.

Todavia, nem todas as diferenças são realmente diferenciadoras. A empresa deve definir cuidadosamente as maneiras pelas quais poderá distinguir e diferenciar seus produtos dos concorrentes na mente dos consumidores. Cada diferença tem o potencial de gerar custos ou benefícios para a empresa. Isso depende da estratégia de diferenciação adotada.

Kotler assevera que diferenciação é o ato de desenhar um conjunto de diferenças significativas para distinguir a oferta da empresa das ofertas dos concorrentes. Para ele, a diferenciação significa escolher uma diferença que atenda aos seguintes critérios:[17]

---

16 Adaptado de: Sandroni, Paulo. Dicionário de Economia, op. cit., p. 54.

17 Kotler, Philip. Administração de marketing: análise, planejamento, implementação e controle, op. cit., p. 269.

1. **Importância:** a diferença deve oferecer um benefício altamente valorizado para um número suficiente de compradores.
2. **Distintividade:** quando a diferença não é oferecida pelos concorrentes, ela pode ser oferecida pela empresa de maneira mais distintiva. Um número maior de unidades em uma caixa ou alguns gramas a mais podem distinguir um produto de outro.
3. **Superioridade:** a diferença deve ser superior a outras maneiras de obter o mesmo benefício. Um produto mais intensivo pode se mostrar superior a outro.
4. **Comunicabilidade:** a diferença é comunicável, visível e perceptível aos compradores. Quanto maior a visibilidade da diferença, mais o produto será destacado.
5. **Previsibilidade:** a diferença não deve ser facilmente copiada pelos concorrentes. Em geral, a concorrência deve levar tempo para poder imitar as características do produto.
6. **Disponibilidade:** o comprador dispõe de dinheiro para pagar pela diferença. É a adequação do produto ao preço pago pelo cliente.
7. **Rentabilidade:** a empresa deve certificar-se de que a diferença é rentável e proporciona um diferencial de retorno.

Em função disso, Kotler (1996) sugere quatro maneiras de diferenciar a oferta do produto de uma empresa. Para ele, a empresa pode criar valor oferecendo:[18]

1. **Algo que seja melhor:** melhorando um produto já existente ou inovando no sentido de oferecer um produto melhor que os demais.
2. **Algo que seja mais novo:** desenvolvendo uma solução que não existia antes. Esta alternativa envolve maior risco do que uma melhoria simples, pelo custo da inovação, mas oferece chance de maiores ganhos.
3. **Algo que seja mais rápido:** reduzindo o tempo de desempenho ou de entrega no uso ou na compra de um produto ou serviço. Tempo é dinheiro para o cliente.
4. **Algo que seja mais barato:** um produto que exija menos dinheiro para comprar. A empresa precisa constantemente reduzir custos na fabricação do produto.

---

18 Kotler, Philip. Administração de marketing: análise, planejamento, implementação e controle, op. cit., p. 258.

Contudo, a diferenciação vai além da simples oferta do produto ou serviço. Ela envolve muito mais iniciativas. Treacy e Wiersema definiram três estratégias que conduzem à diferenciação e à liderança de mercado:[19]

1. **Excelência operacional:** oferecer aos consumidores produtos e serviços confiáveis a preços competitivos e rapidamente disponíveis no mercado. Os autores citam a Dell Computer, o Walmart, a Federal Express e a American Airlines como exemplos de excelência operacional. Significa adotar preço competitivo, confiabilidade no produto e facilidades e disponibilidade no mercado, no local certo e no tempo certo.
2. **Intimidade com o consumidor:** a empresa deve conhecer intimamente os clientes e estar capacitada para responder rapidamente às suas necessidades específicas. Os autores citam a Kraft, a Ciba-Geigy e a Home Depot como empresas que têm intimidade com seus clientes. Significa abrir canais diretos de comunicação com o cliente.
3. **Liderança em termos de produto:** oferecer aos clientes produtos e serviços inovadores, que superem o desempenho dos produtos concorrentes. É o caso da Nike, da Sony e da Apple. Significa inovação constante no produto oferecido ao mercado.

Em resumo, um produto diferenciado tem personalidade e identidade próprias.

Como diferenciar o produto

Transformar o produto ou serviço em algo especial e diferenciado dos demais produtos dos concorrentes. Essa é a preocupação do marketing. Isso exige que o profissional se coloque no lugar do comprador quando ele escolhe um produto e quando o utiliza na prática. Os psicólogos chamam isso de empatia: pensar como o comprador, comportar-se como ele para interpretar seu comportamento e descobrir como ele toma decisões de compra. Esse é o segredo: conhecer o comportamento do consumidor.

---

19 Treacy, Michael; Wiersema, Fred. A disciplina dos líderes de mercado. Rio de Janeiro: Campus, 2001.

POSICIONAMENTO

Al Ries e Jack Trout,[20] os criadores deste conceito, dizem que o posicionamento começa com um produto, uma mercadoria, um serviço, uma empresa, uma instituição, ou até mesmo uma pessoa. Entretanto, posicionamento não é o que você faz para o produto, e sim o que você faz para a mente do potencial comprador. Você posiciona o produto na mente desse comprador. Para Ries e Trout, cada produto tem uma posição na mente do consumidor: a Coca-Cola é considerada a maior empresa de refrigerantes do mundo, e o Porsche é considerado um dos melhores carros esportivos do mundo, o que faz com que seja difícil para um concorrente remover essas marcas de suas respectivas posições. Essas imagens estão na cabeça do consumidor, e não apenas nos produtos oferecidos. São imagens mentais, e não apenas físicas.

Para Kotler,[21] posicionamento representa o ato de desenvolver a oferta e a imagem da empresa de forma que ocupem um lugar distinto e valorizado nas mentes dos consumidores-alvos. Daí a necessidade de fazer propaganda, no sentido de criar uma imagem mental do produto na mente do consumidor. A Coca-Cola não deixa de fazer propaganda e promoção o tempo todo exatamente para manter seu produto nas preferências dos consumidores.

Wind propõe seis estratégias de posicionamento:[22]

1. **Posicionamento por atributo:** é o caso da Disneylândia, que se anuncia como o maior parque de diversões do mundo, o que significa benefícios e maiores opções de entretenimento em um único local.
2. **Posicionamento por benefício:** a empresa oferece benefícios adicionais ou não ofertados pelos concorrentes, como assistência técnica constante e presente.
3. **Posicionamento por uso ou aplicação:** a empresa oferece mais facilidade no uso, rapidez nas soluções e tranquilidade na utilização. É a facilidade na utilização do produto.

---

20 Ries, Al; Trout, Jack. Positioning: the battle for your mind. Nova York: Warner Books, 1982.

21 Kotler, Philip. Administração de marketing: análise, planejamento, implementação e controle, op. cit., p. 270.

22 Wind, Yorom. Product policy: methods and strategy. Reading: Addison-Wesley, 1982. p. 79-81.

4. **Posicionamento por usuário:** a empresa identifica o produto com um determinado tipo ou uma determinada categoria de usuário. É a adequação do produto às características do consumidor.
5. **Posicionamento por concorrente:** a empresa anuncia que tem maior variedade ou mais características do que os produtos concorrentes. É a variedade de opções disponíveis ao consumidor.
6. **Posicionamento por preço ou qualidade:** a empresa anuncia maior valor para o dinheiro do cliente. É a relação entre qualidade e preço do produto.

Posicionamento

O posicionamento tem efeitos estratégicos em uma organização. Ele busca sintonizar os esforços da empresa não apenas em relação aos clientes, mas também – e principalmente – em relação aos concorrentes. Na realidade, o posicionamento deve envolver todo o comportamento da empresa, e não apenas os seus esforços de venda.

Todas essas ações de marketing visam a colocar as imagens da empresa e do produto na cabeça do consumidor, para que a venda se torne possível e efetiva. A eficiência e a eficácia da venda dependem disso. E o vendedor precisa saber disso com clareza e objetividade.

QUESTÕES PARA REVISÃO

1. Defina o conceito de marketing.
2. Qual a posição da atividade de vendas no conceito de marketing?
3. Explique o composto de marketing.
4. O que significa fidelização do cliente?
5. Explique o foco no cliente.
6. Quais os significados do preço?
7. Quais os objetivos ao se determinar o preço?
8. Explique a política de preços.
9. Qual o significado dos descontos?
10. Quais os tipos de descontos?
11. Explique o *leasing*.
12. O que é diferenciação?
13. Explique os critérios de diferenciação.
14. Quais as maneiras de diferenciar um produto em relação à concorrência?
15. Quais as estratégias que conduzem à diferenciação e à liderança de mercado?
16. O que significa posicionamento para Ries e Trout?
17. O que significa posicionamento para Kotler?
18. Quais as estratégias de posicionamento para Wind?

EXERCÍCIOS

1. Imagine uma reunião de cúpula na qual se deve definir o posicionamento de sua empresa frente ao mercado. Que ideias você daria aos participantes?
2. Sua empresa deseja transformar um produto que já tem vários concorrentes no mercado. Como você idealizaria essa diferenciação?
3. Sua empresa pretende incentivar as vendas de um determinado produto. Que ideias você daria em termos de composto de marketing?
4. Como sua empresa poderia focar mais intensamente no cliente?
5. Como você poderia propor meios para aumentar a fidelização do cliente?

3

MERCADO: A ARENA DA COMPETIÇÃO

Quão antiga é a função de vender? Provavelmente, ela vem desde a Antiguidade. Os fenícios aprenderam a produzir tecidos e outros produtos. Depois, aprenderam a fazer barcos capazes de transportar a grandes distâncias. Mais tarde, juntaram essas duas competências a uma terceira: inventaram o comércio internacional. A história mostra que vender é um ato quase tão antigo como a própria humanidade. Hoje, todas as pessoas precisam comprar algo a todo momento. E as empresas precisam saber vender. A venda é algo que acontece em todos os momentos, em todos os lugares do mundo, com todas as pessoas, mesmo as mais jovens. Saber vender é fundamental para saciar necessidades e aspirações das pessoas, para o bem da sociedade e para o sucesso das empresas.

Nações, organizações, grupos e pessoas são entidades que não vivem isoladamente. Tampouco são autônomas ou autossuficientes. Pelo contrário, essas entidades sociais dependem umas das outras para viver e sobreviver. No mundo globalizado, dinâmico, mutável e complexo, essas entidades vendem os produtos ou serviços que sabem produzir e compram os produtos e serviços que não conseguem produzir daquelas que os produzem. Daí a complexa interdependência entre elas. Elas dependem umas das outras para atender às suas necessidades básicas. Dessa interdependência, surge o intercâmbio, que decorre das trocas entre essas entidades: as vendas que cada uma faz às outras. E desse intercâmbio decorre o comércio.

Assim, pessoas, grupos, organizações, sociedades, países – enfim, todas as entidades sociais – dependem uns dos outros para satisfazer as suas necessidades básicas. Cada entidade não é capaz de produzir todas as coisas – bens ou serviços – de que necessita. Por isso, precisa obtê-las de outras entidades que as vendem.

Olhar para fora e para o mercado representa uma necessidade fundamental para o alcance do sucesso empresarial. Mais do que isso, focar o mercado e focar o cliente são os ingredientes básicos da vantagem competitiva das empresas. Afinal, nenhuma empresa existe para produzir algo para ela mesma, mas, sim, para oferecer algo ao mercado ou ao cliente.

BREVE HISTÓRIA DO COMÉRCIO

O comércio é uma decorrência dessa interdependência que acabamos de ressaltar. Ele consiste nas trocas entre as entidades, em que umas vendem e outras compram bens ou serviços. Essas trocas são dinâmicas e constantes, pois dependem de mecanismos de mercado como a oferta e a procura e, principalmente, da concorrência. Esses mecanismos de mercado serão tratados logo a seguir.

O comércio remonta à pré-história da humanidade. Ele existe desde quando um indivíduo possuía algo que ultrapassava as suas necessidades cotidianas e poderia vender o excedente a outro, em troca de coisas de que necessitava. O simples fato de um homem das cavernas ter uma cabra a mais e necessitar de um machado levou-o a trocar o excedente de leite por um pedaço de pedra polida. As trocas inicialmente eram feitas por outras coisas ou mercadorias. Era o escambo. Depois, inventou-se o padrão de troca, isto é, um determinado tipo de pedra ou mercadoria utilizada para efetuar as trocas: cada coisa ou mercadoria valia tantas pedras ou coisas parecidas. Com a invenção da moeda – como padrão de troca –, surgiu a condição básica para o aparecimento do comércio, pois ela facilitava as trocas e simplificava as contas. Inicialmente, o comércio era feito dentro das pequenas vilas e cidades, e em determinados locais públicos. Mas logo ultrapassou as fronteiras das incipientes nações.

Com os fenícios, que utilizavam o transporte marítimo, o comércio expandiu-se para outros mares e continentes. Ao final da Idade Média, surgiu o período das grandes descobertas marítimas, e, consequentemente, a expansão do comércio para os países orientais, como a Índia, a China e o Japão. O descobrimento das Américas ampliou ainda mais o horizonte dos negócios. Com a invenção do navio a vapor, as trocas tornaram-se mais rápidas, mesmo entre comerciantes distantes entre si. E a estrada de ferro facilitou a distribuição das mercadorias.

O século XX trouxe uma revolução nos transportes, com o automóvel e o avião, e uma revolução nas comunicações, com a invenção do rádio, do telefone, da televisão e do celular, sem falar na internet. Os transportes e as comunicações trouxeram um incrível desenvolvimento do comércio, tornando-o um fenômeno mundial.[1]

Tecnologia e comércio

O comércio sempre dependeu diretamente da tecnologia para seu sucesso. A maneira de comercializar sempre foi condicionada aos meios disponíveis para fazer as trocas. A moeda foi o passo decisivo por ser um padrão de referência de valor para o intercâmbio. Mas foram o transporte e a comunicação que impulsionaram o comércio, ultrapassaram barreiras e abriram novos horizontes. É provável que a globalização do comércio seja uma grande consequência das oportunidades que a tecnologia da informação está oferecendo e ampliando cada vez mais.

O MUNDO DE HOJE

O comércio é uma decorrência da economia global industrializada, altamente complexa e interdependente. O mundo se caracteriza hoje por uma profunda interdependência e por um intenso intercâmbio entre as entidades – sejam elas pessoas, grupos sociais, organizações, empresas, cidades, países ou continentes. Vivemos praticamente em uma aldeia global, em que as trocas de

1 Chiavenato, Idalberto. História da administração. São Paulo: Saraiva, 2007.

bens, serviços, capitais e ideias são efetuadas de maneira constante e incessante entre entidades fisicamente distantes. A globalização faz com que esse intenso intercâmbio seja planetário, e não simplesmente regional.

Sob o aspecto macroeconômico, o comércio apresenta quatro utilidades ou funções principais:

1. **Utilidade de local:** o comércio leva produtos e serviços dos centros de produção para os lugares de consumo ou para onde sejam escassos. É a superação do obstáculo geográfico.
2. **Utilidade de tempo:** o comércio compra e guarda produtos e serviços de forma que estejam disponíveis para o consumidor na época em que este precise deles, independentemente do momento e da época em que tiverem sido produzidos.
3. **Utilidade de quantidade:** o comércio agrupa as quantidades segundo as necessidades do consumidor, sejam pequenas ou grandes. É a superação do obstáculo quantitativo.
4. **Utilidade de qualidade:** o comércio adapta produtos e serviços à preferência do consumidor, não com relação a uma qualidade melhor ou pior, mas adequada a cada um. É a superação do obstáculo qualitativo.

Assim, o comércio – independentemente da produção de bens ou de serviços – proporciona enormes vantagens por meio dessas quatro funções. De um lado, há a atividade produtiva, por meio da qual as empresas produzem bens ou serviços. De outro lado, há a atividade comercial, por meio da qual as empresas colocam esses bens ou serviços no mercado consumidor.

A história mostra que a antiga economia doméstica, dentro de cada vila, feudo ou cidade, expandiu-se gradativamente para regiões maiores, alcançando países e continentes. A economia doméstica passou a ser nacional, transformando-se em internacional, multinacional, e, mais recentemente, em global.

O comércio é a última fase do processo de circulação econômica que vai do produtor de bens ou serviços até o consumidor final desses bens ou serviços, onde quer que ambos estejam localizados. Se não existissem o comércio e os comerciantes, os produtores teriam de sair em busca dos consumidores para colocar seus produtos e serviços no mercado. E isso nem sempre faz parte do negócio. Para um produtor vender seus produtos, ele precisa fazer algo que nem sempre sabe fazer bem: ele sabe produzir, mas nem sempre sabe vender. Produzir e vender são duas competências diferentes.

É também por causa do comércio que existem as vendas. A venda é o ato pessoal ou impessoal de ajudar ou persuadir um cliente potencial a respeito da compra de um dado produto ou serviço. Existe venda quando o vendedor obtém o compromisso do cliente de comprar.

Consumo

Dá-se o nome de consumo a utilização, aplicação, uso ou gasto de um bem ou serviço por um indivíduo ou uma empresa. É a fase final do processo produtivo, que é precedida pelas etapas de fabricação, distribuição e comercialização. Em geral, o consumo é considerado uma atividade que se desenvolve no âmbito da família – a chamada "unidade de consumo". Mas existe também o consumo no interior das empresas e, especialmente, das fábricas, que utilizam insumos ou bens provenientes de outras unidades produtivas – o chamado "consumo produtivo".[2]

MERCADO

As empresas não existem no vácuo, nem são absolutas ou autossuficientes. Elas estão inseridas em um meio ambiente do qual fazem parte e do qual dependem para funcionar e existir. O ambiente é tudo o que está fora e ao redor de uma empresa; é onde as empresas obtêm seus recursos e seus insumos, e onde colocam o resultado de suas operações: seus produtos ou serviços. O ambiente, portanto, fornece os recursos e os insumos de que as empresas necessitam; e é o ambiente que adquire os produtos ou serviços que as empresas produzem. É no ambiente que existem os mercados.

Mercado

A palavra "mercado" servia, antigamente, para indicar o local físico em que as pessoas se reuniam para efetuar transações e negócios, isto é, para vender e comprar mercadorias ou serviços. Modernamente, mercado significa mais do que simplesmente um local físico. Hoje, é um local teórico ou até virtual. Em sentido amplo, significa um grupo de compradores e vendedores que estão em contato para que as trocas entre eles afetem as condições de compra e venda dos demais.[3] A palavra "mercado" pode abranger uma comunidade, uma

---

2 Sandroni, Paulo (Org.). Dicionário de Economia. São Paulo: Best Seller, 1989. p. 65.

3 Sandroni, Paulo (Org.). Dicionário da Economia, op. cit., p. 193.

---

região, um país, um continente ou o mundo inteiro, conforme sua amplitude. Assim, o mercado abrange um aspecto de espaço, mas, além do aspecto espacial, é fortemente influenciado pelo aspecto temporal: o mercado de sorvetes, em qualquer lugar, comporta-se de uma maneira no verão e de outra no inverno. O mercado de trabalho é mais tranquilo no primeiro trimestre de cada ano, e se torna mais dinâmico e agitado no último trimestre. Pode-se concluir que o mercado se diferencia no tempo e no espaço, os quais são imprescindíveis no conceito de mercado.

Características do mercado

O mercado envolve transações entre vendedores (aqueles que oferecem bens ou serviços) e compradores (aqueles que procuram bens ou serviços), isto é, entre a oferta e a procura de bens ou de serviços. De acordo com a oferta e a procura, o mercado pode apresentar-se em três situações:

1. **Oferta:** a oferta é maior do que a procura. Nesta situação, os preços tendem a baixar, por causa da competição entre os vendedores, pois a oferta de bens ou serviços é maior do que a procura deles.

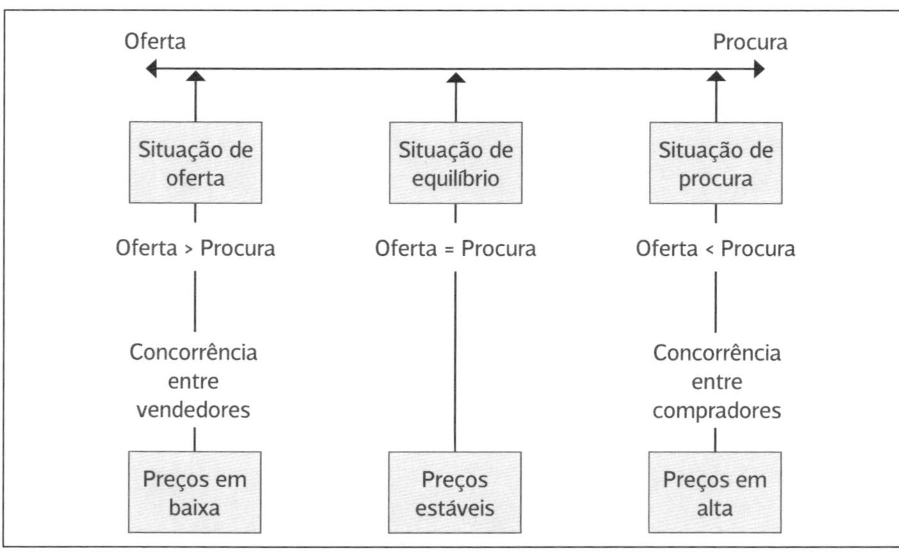

Figura 1 Situações de mercado.

2. **Equilíbrio:** a oferta é igual à procura. Nessa situação, os preços tendem a se estabilizar.
3. **Procura:** a procura é maior do que a oferta. Nessa situação, os preços tendem a subir, em razão da competição entre os compradores, pois a procura de bens ou serviços é maior do que a oferta existente.

Esta figura pode ser representada sinteticamente da seguinte maneira:

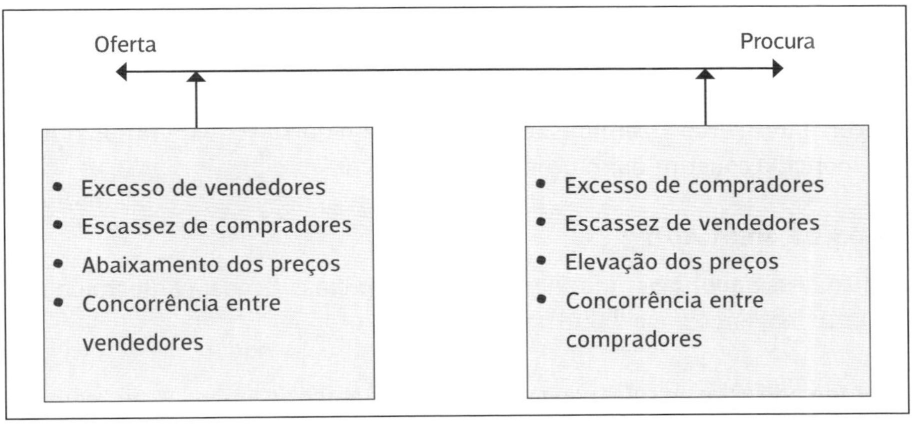

Figura 2 Duas situações extremas do mercado.

As empresas que atuam em mercados em situação de oferta enfrentam muitas outras empresas que pretendem colocar produtos ou serviços idênticos no mesmo mercado. A concorrência é feita entre empresas vendedoras de seus produtos ou serviços. Como há excesso de empresas vendendo seus produtos e escassez de clientes ou consumidores para comprar todo o volume de produtos ofertados, ocorre um abaixamento de preços, como forma natural de concorrência. Nesse caso, as empresas reduzem suas margens de lucro ou seus custos de produção para oferecer os produtos a um preço menor do que os concorrentes. Ao mesmo tempo, precisam reforçar sua organização de vendas, intensificar a propaganda e oferecer promoções de vendas. Tudo para vencer a concorrência.

Por outro lado, as empresas que atuam em mercados em situação de procura enfrentam um problema inverso. Não há concorrência de outras empresas vendedoras do mesmo produto ou serviço. Ao contrário, existe a concorrência entre os clientes e consumidores, para comprar os produtos que não são suficientes para atender a todos os compradores. Como há escassez de produtos e excesso de compradores, a empresa pode elevar a sua margem de lucro, aumentando os preços do produto, reduzindo a sua organização de vendas, ou reduzindo as despesas de promoção e propaganda. Tudo isso deve ser feito com cuidado, para não desgastar a imagem da empresa e para evitar a entrada de outras empresas no mercado.

Assim, em todo mercado existem vendedores (que oferecem bens ou serviços) e compradores (que procuram bens ou serviços). Mas existem também os concorrentes, que oferecem os mesmos bens ou serviços aos compradores. Para a abordagem deste livro, os vendedores serão as empresas, enquanto os compradores serão os clientes, consumidores ou usuários. Os concorrentes serão as empresas que competem entre si, disputando o mesmo mercado consumidor ou comprador.

TIPOS DE MERCADO

Dentro dessa abordagem, o mercado pode ser classificado, conforme o seu dinamismo, em estável ou instável.[4]

1. **Mercado estável:** sofre poucas variações ao longo do tempo. É um mercado conservador e tranquilo, que mantém o *status quo*, e no qual as empresas quase não modificam os seus produtos ou serviços, os consumidores quase não mudam as suas necessidades e seus hábitos de compra, e dificilmente os concorrentes alteram os seus produtos e as suas estratégias. Em outras palavras, as empresas vendem sempre os mesmos produtos ou serviços, os consumidores quase nunca mudam, e os concorrentes são sempre os mesmos e fazem sempre os mesmos produtos ou serviços. É um mercado que permite previsões no longo prazo, com programações fáceis e oferta de bens ou serviços com ciclo de vida duradouro. A estabilidade proporciona certo grau de certeza e de previsibilidade, já que as mudanças são pequenas.
2. **Mercado instável**: sofre grandes variações ao longo do tempo. É um mercado mutável, agitado e turbulento, no qual as empresas precisam constantemente modificar seus produtos ou serviços, pois os consumidores mudam rapidamente suas necessidades e seus hábitos de compra,

4 Chiavenato, Idalberto. Administração: teoria, processo e prática. 5. ed. Barueri: Manole, 2014.

enquanto os concorrentes alteram seus produtos e serviços e suas estratégias a cada momento. Como essas mudanças ocorrem rapidamente, sem que se saiba exatamente o que está acontecendo, este torna-se um mercado mutável e imprevisível, sujeito a modificações bruscas, rápidas e radicais. Os bens ou serviços ofertados têm um ciclo de vida extremamente curto e rápido. A mudança e a inovação são imprescindíveis para se atuar nesse tipo de mercado.

Na realidade, o mercado estável e o mercado instável são extremos de um *continuum*. Entre esses dois extremos, há uma enorme variedade de situações intermediárias, conforme mostra a Figura 3.

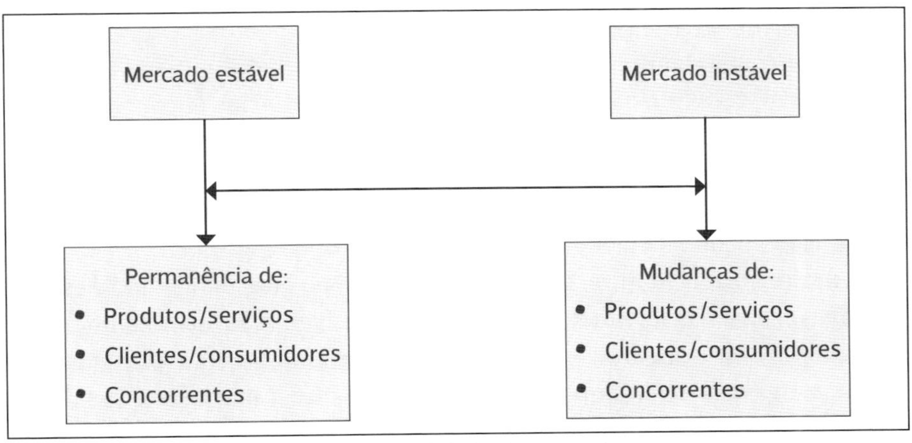

Figura 3 *Continuum* estabilidade-instabilidade do mercado.

Além da classificação quanto ao dinamismo, o mercado também pode ser classificado, conforme seu grau de diversidade, em homogêneo ou heterogêneo.[5]

1. **Mercado homogêneo:** constituído por empresas cujos produtos ou serviços apresentam características semelhantes, e em que os consumidores também se assemelham quanto às suas características, assim como os concorrentes. A homogeneidade consiste no fato de que, para a empresa vendedora, todos os clientes podem ser tratados da mesma maneira, pois têm necessidades semelhantes, e todos os concorrentes

5 Chiavenato, Idalberto. Administração: teoria, processo e prática, op. cit.

adotam estratégias parecidas. A homogeneidade do mercado permite que a empresa adote uma única postura com relação a todos os seus clientes e a todos os seus concorrentes.

2. **Mercado heterogêneo**: constituído por empresas que vendem produtos ou serviços variados e diferentes, consumidores com distintas características e necessidades, e concorrentes desenvolvendo estratégias diferenciadas e variadas. A heterogeneidade do mercado exige diferentes posturas com relação aos clientes e aos concorrentes, e a oferta de linhas diferenciadas de produtos e serviços.

Da mesma forma, o mercado homogêneo e o mercado heterogêneo constituem dois extremos de um *continuum*, dentro do qual podem existir vários graus intermediários, como mostra a Figura 4.

Em outras palavras, não existe um mercado totalmente estável ou totalmente instável, mas existem situações intermediárias entre esses extremos. Do mesmo modo, não podemos nos referir a um mercado totalmente homogêneo ou totalmente heterogêneo.

Juntando-se essas classificações de mercado, isto é, os dois *continuum* de mercado, pode-se obter a matriz representada na Figura 5.

A maior simplicidade ocorre no quadrante 1, no qual o mercado é estável e homogêneo: é conservador e facilmente previsível, mas, ao mesmo tempo, é relativamente uniforme, exigindo estratégias simples e de longo prazo. A maior complexidade está no quadrante 4, em que o mercado é instável e

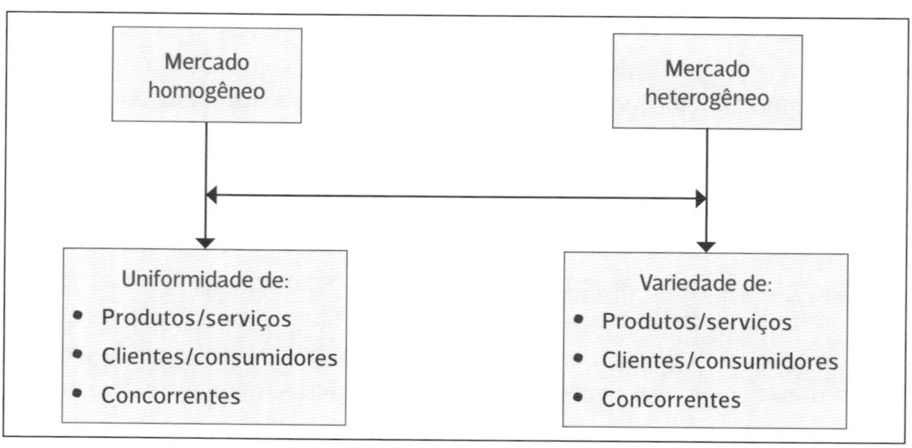

Figura 4 *Continuum* homogeneidade-heterogeneidade do mercado.

Tipos de mercado	Mercado estável	Mercado instável
Mercado heterogêneo	3 Os produtos/serviços, os clientes/consumidores e os concorrentes são diferenciados e quase não apresentam mudanças e alterações. A empresa deve ter várias posturas para o mercado, que devem ser mantidas ao longo do tempo.	4 Os produtos/serviços, os clientes/consumidores e os concorrentes são diferenciados e constantemente apresentam mudanças e alterações. A empresa deve ter várias posturas para o mercado, que devem ser mudadas frequentemente.
Mercado homogêneo	1 Os produtos/serviços, os clientes/consumidores e os concorrentes são uniformes e quase não apresentam mudanças e alterações. A empresa tem uma só postura para o mercado, que deve ser mantida.	2 Os produtos/serviços, os clientes/consumidores e os concorrentes são uniformes e constantemente sofrem mudanças e alterações. A empresa tem uma só postura para o mercado, que deve ser alterada frequentemente.

Figura 5 *Continuum* do mercado: estabilidade × instabilidade e homogeneidade × heterogeneidade.[6]

heterogêneo: é mutável e turbulento, sujeito a frequentes alterações e, ao mesmo tempo, é diversificado, exigindo estratégias diferenciadas e complexas, que devem ser constantemente alteradas. Assim, trabalhar em uma empresa do tipo 1 é muito mais fácil do que trabalhar em uma empresa que atua no mercado do tipo 4. Os quadrantes 2 e 3 refletem situações de complexidade intermediária.

Entendendo as forças do mercado

O mercado se caracteriza por ser um complexo sistema aberto, constituído por inúmeras forças competitivas que se revezam continuamente de maneira dinâmica, provocando mudanças e transformações. Michael Porter concebeu um modelo de cinco forças competitivas que existem no microam-

6 Chiavenato, Idalberto. Administração: teoria, processo e prática, op. cit.

biente (ao qual denomina indústria) de cada empresa, e que devem ser estudadas para elaborar uma estratégia eficiente. Essas cinco forças condicionam a capacidade de cada empresa de servir aos seus clientes e obter lucros. Qualquer mudança em uma delas requer uma avaliação do mercado.[7]

1. **Ameaça de novos entrantes:** o novo entrante é uma empresa que ingressa no setor de negócios e traz ameaças às empresas existentes, por ter capacidade de produção adicional, forçando as demais a serem mais eficazes e a aprenderem a concorrer em novas dimensões. Para enfrentar essa ameaça, as empresas da indústria utilizam alguns mecanismos de defesa:
   a. **Economias de escala:** as economias de escala permitem que, enquanto a quantidade de um produto fabricado aumenta, os custos de fabricação de cada unidade diminuam. Assim, o novo entrante enfrenta o desafio diante das economias de escala dos concorrentes já existentes.
   b. **Diferenciação de produto:** as empresas existentes diferenciam o produto para torná-lo único e exclusivo, para que o cliente o valorize mais. O novo entrante precisa alocar muitos recursos para superar a fidelidade do cliente.
   c. **Requisitos de capital:** para um novo entrante ingressar no setor, ele precisa dispor de maior capital e de mais recursos.
   d. **Custos de mudança:** custos de aquisição de equipamentos auxiliares ou retreinamento de pessoal. Quando os custos de mudança são elevados, o novo entrante enfrenta desafios maiores.
   e. **Acesso aos canais de distribuição:** com meios eficazes de distribuição dos produtos e um forte relacionamento com distribuidores, com a finalidade de gerar maiores custos de mudanças para os novos entrantes.
2. **Poder de barganha dos fornecedores:** um grupo de fornecedores é considerado poderoso quando:
   a. É constituído por um pequeno número de grandes fornecedores altamente concentrados.
   b. Não há produtos substitutos satisfatórios para o setor.

---

7 Porter, Michael E. Estratégia competitiva: técnicas para análise de indústrias e da concorrência. Rio de Janeiro: Campus, 1996. p. 22.

   c. Não são considerados clientes importantes para o grupo fornecedor.
   d. Os artigos do fornecedor são essenciais ao êxito do comprador no mercado.
   e. Representam uma ameaça de integrar-se para a frente no setor dos compradores (um produtor de roupas pode optar por operar seus próprios canais de varejo).
3. **Poder de barganha dos compradores:** o cliente (ou grupo de compradores) tem poder quando:
   a. Está adquirindo grande parte do total da produção do setor.
   b. O produto adquirido responde por uma parcela significativa dos custos do comprador.
   c. Os produtos da indústria não são diferenciados ou padronizados.
   d. Pode apresentar uma ameaça concreta de integração para trás (a indústria automobilística pode apresentar um serviço de vendas nacional *on-line* para oferecer serviços adicionais ao cliente).
4. **Ameaça de produtos substitutos:** produtos substitutos são diferentes bens ou serviços que vêm de fora do setor e que desempenham as mesmas funções de um produto fabricado no setor. É o caso de recipientes plásticos no lugar de potes de vidro, ou sacos de papel em vez de sacos plásticos.
5. **Intensidade da rivalidade entre os concorrentes:** em cada setor, há empresas que concorrem ativa e vigorosamente para alcançar competitividade estratégica. Os fatores que influenciam a intensidade da rivalidade entre as empresas são:
   a. Concorrentes numerosos ou igualmente equilibrados.
   b. Crescimento lento do setor.
   c. Custos fixos elevados.
   d. Capacidade aumentada em grandes incrementos.
   e. Concorrentes divergentes em termos de metas e estratégias.
   f. Apostas estratégicas elevadas.
   g. Barreiras de saída elevadas: envolvendo ativos especializados (vinculados a um negócio específico), custos fixos de saída (como custos trabalhistas), inter-relacionamentos estratégicos (relações de dependência recíproca em um negócio envolvendo várias áreas da empresa, como operações compartilhadas), barreiras emocionais (como lealdade aos funcionários) e limitações sociais e governamentais (preocupação com demissões).

Em suma, a gestão do conhecimento estratégico a respeito do ambiente que cerca a empresa é fundamental para o sucesso organizacional. E ela se baseia profundamente no diagnóstico estratégico externo. Ao planejar e prever as vendas, a empresa precisa analisar possíveis novos entrantes, o poder de barganha dos fornecedores, a ameaça de produtos substitutos e a intensidade da rivalidade da concorrência. Todos esses aspectos externos são importantes para o sucesso da gestão de vendas (GV). De acordo com esse modelo, compradores, produtos substitutos, fornecedores e novas empresas dentro de uma indústria são as forças que contribuem para o nível de rivalidade entre as firmas da indústria, conforme a Figura 6.

Para entender as forças positivas e negativas – que favorecem ou dificultam as ações da empresa – que coexistem no mercado, o modelo de Porter é fundamental para alcançar uma ideia abrangente da situação em que a empresa se encontra. Ele sugere que, no sentido de desenvolver estratégias organizacionais eficazes, o gestor deve compreender e reagir àquelas forças dentro

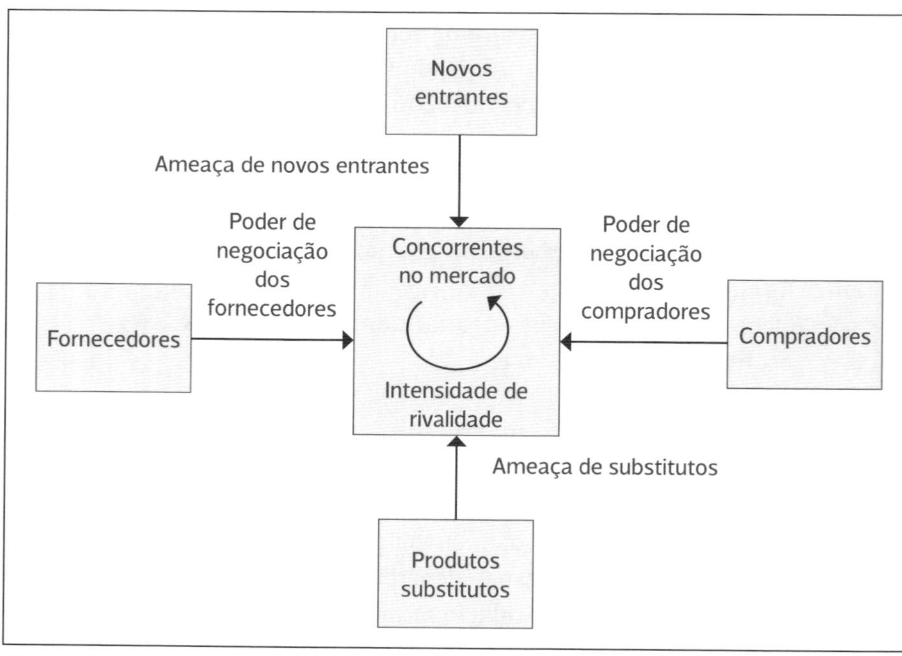

Figura 6 As cinco forças competitivas de Porter.[8]

8 Adaptada de: Porter, Michael E. Estratégia competitiva: técnicas para análise de indústrias e da concorrência, op. cit.

de uma indústria, para determinar o nível de competitividade da organização. O termo "mercado", utilizado por ele, refere-se aos clientes e aos consumidores, enquanto o termo "indústria" refere-se ao mercado de concorrentes.

Compreendendo as forças que determinam a competitividade dentro de uma indústria, o gestor pode desenvolver estratégias que tornem a sua empresa mais competitiva. Para Porter, existem três estratégias genéricas para tornar uma empresa mais competitiva: diferenciação, liderança de custo e focalização.[9]

1. **Diferenciação:** estratégia que procura tornar a empresa mais competitiva por meio do desenvolvimento de um produto que o cliente perceba como diferente dos produtos oferecidos pelos concorrentes. Esse produto pode ser único em termos de qualidade, desenho ou nível de serviço após a venda. Produtos como o tênis Nike Air, por exemplo, são visualizados como diferentes por sua tecnologia de construção e pelo amortecimento por ar. Os automóveis Honda são vistos como diferentes por conta de suas elevadas qualidade e confiabilidade.
2. **Liderança de custo:** estratégia que focaliza tornar a empresa mais competitiva por meio da fabricação de produtos mais baratos do que os dos concorrentes. A lógica dessa estratégia é que, oferecendo produtos mais baratos que os concorrentes, a empresa pode aumentar sua participação na indústria. Por essa razão, muitas empresas automatizam ou robotizam seus sistemas de produção para aumentar a produtividade e, assim, obter liderança de custo, oferecendo produtos de igual qualidade, porém mais baratos.
3. **Focalização:** estratégia que procura tornar a empresa mais competitiva por concentrar-se em um particular e específico nicho de consumidores. Publicadores de *magazines* geralmente usam uma estratégia focalizadora para oferecer produtos a clientes específicos. A Avon tem um foco dirigido especificamente para as donas de casa. Os produtos *diet* ou *light* focalizam o consumidor preocupado com a saúde e com a estética.

Esse é o trabalho do gestor nos novos tempos: conduzir a empresa como um todo organizado e com foco no negócio e nos resultados; privilegiar objetivos

9 Porter, Michael E. Estratégia competitiva: técnicas para análise de indústrias e da concorrência, op. cit., p. 49-58.

organizacionais com visão e ação estratégicas; construir equipes de elevado desempenho; tocar os processos organizacionais em sintonia mútua para obter efeitos sinergísticos; criar, agregar, entregar e capturar valor para a organização; assumir responsabilidades no sentido de garantir sustentabilidade financeira, social e ambiental para a organização; mudar e inovar sempre. É muito? Certamente essas são as exigências dos novos tempos. A figura do gestor ficou bem maior. E nós precisamos ampliá-la cada vez mais.[10]

ANÁLISE DO MERCADO

Como o mercado é vasto, difuso, complexo e mutável, a empresa precisa conhecê-lo e interpretá-lo adequadamente. Para facilitar sua análise, é comum as empresas adotarem dois tipos de abordagem: análise ambiental (ou análise de mercado) e pesquisa de mercado. No fundo, ambas procuram obter informações relevantes a respeito de seu entorno, compreendê-lo melhor e desenvolver sua inteligência de negócio para definir os rumos a tomar.

Análise ambiental

É uma abordagem mais ampla e abrangente do ambiente que circunda a empresa. É também denominada análise situacional, pois utiliza uma sequência de fora (ambiente) para dentro (empresa), que envolve:

1. **Forças do macroambiente:** macroambiente é o ambiente geral comum a todas as demais empresas, que engloba variáveis econômicas, legais, políticas, sociais, culturais, tecnológicas e demográficas que se interpenetram e se influenciam mutuamente, afetando todo o mercado.
2. **Atores do microambiente:** microambiente é o ambiente mais próximo e imediato de cada empresa, que engloba fornecedores (de entradas), clientes e consumidores (de saídas), distribuidores, concorrentes (de entradas e de saídas) e órgãos reguladores. É o ambiente específico de cada empresa, em que ela pretende estabelecer o seu domínio. É o palco no qual a empresa desempenha o seu papel e efetua suas vendas.

---

10 Chiavenato, Idalberto. Administração nos novos tempos: os novos horizontes em administração. 3. ed. Barueri: Manole, 2014.

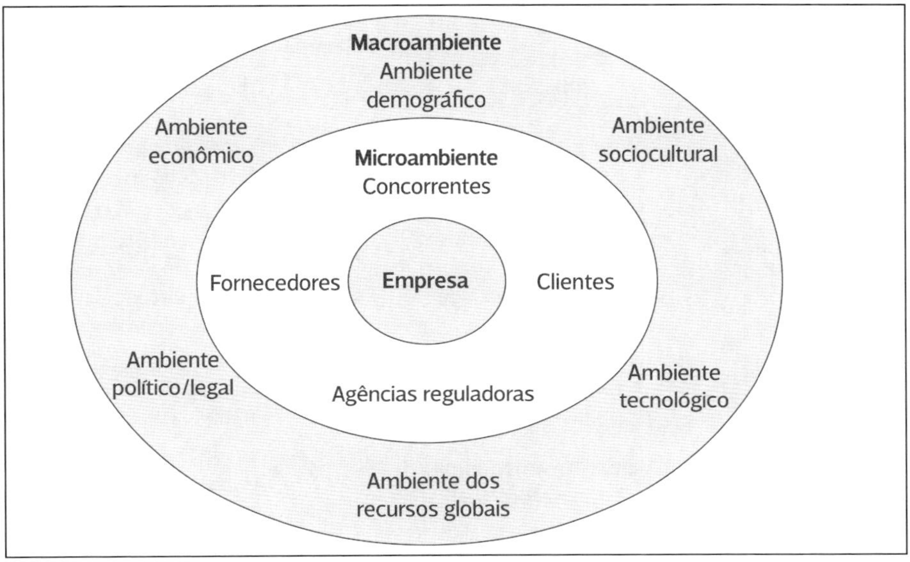

Figura 7 Macroambiente e setor de negócios da organização.[11]

A partir dessa abordagem externa, em geral, a empresa utiliza a análise SWOT (*strengths*, *weaknesses*, *opportunities* e *threats* – *forças*, *fraquezas*, *oportunidades e ameaças*) para avaliar suas forças e suas fragilidades internas, e compará-las com as oportunidades e ameaças externas. É uma análise de adequação daquilo que se tem na empresa com o que existe fora dela.

Em geral, as empresas reúnem periodicamente seus principais executivos para montar juntos a análise SWOT, discuti-la e avaliar rumos e alternativas para tentar ajustar a empresa às novas e mutáveis condições do ambiente que a cerca. O propósito é identificar seus pontos fortes (forças que precisam ser alavancadas) e fracos (fragilidades que precisam ser corrigidas e melhoradas), e ao mesmo tempo identificar as oportunidades ambientais (que precisam ser rapidamente aproveitadas) e as ameaças provindas do ambiente (que precisam ser minimizadas ou neutralizadas). Assim, a empresa terá melhores condições para definir suas estratégias no sentido de garantir sua competitividade e sua sustentabilidade ao longo do tempo, além de prever melhor suas vendas.

11 Adaptada de: Chiavenato, Idalberto; Sapiro, Arão. Planejamento estratégico: da intenção aos resultados. Rio de Janeiro: Elsevier/Campus, 2008.

		Análise ambiental	
		Ameaças	Oportunidades
Análise organizacional	Pontos fortes	**A empresa tem pontos fortes, como:** excelentes produtos, excelente gestão, excelente clientela **Mas enfrenta ameaças ambientais, como:** depressão econômica, elevada concorrência, alto índice de inadimplência	**A empresa tem pontos fortes, como:** excelentes produtos, excelente gestão, excelente clientela **E aproveita oportunidades ambientais, como:** crescimento econômico, baixa concorrência, baixo índice de inadimplência
	Pontos fracos	**A empresa tem pontos fracos, como:** produtos de baixa qualidade, gestão medíocre, clientela pouco confiável **E enfrenta ameaças ambientais, como:** depressão econômica, elevada concorrência, alto índice de inadimplência	**A empresa tem pontos fracos, como:** produtos de baixa qualidade, gestão medíocre, clientela pouco confiável **Mas se depara com oportunidades ambientais, como:** crescimento econômico, baixa concorrência, baixo índice de inadimplência

Figura 8 Exemplo de análise SWOT.

Cenários

Dentro de uma sequência incessante e cada vez mais rápida, o ambiente muda, a sociedade muda e o mercado muda de maneira imprevisível. Como os objetivos empresariais estão situados no futuro e no longo prazo, o mundo de amanhã será com certeza muito diferente do mundo de hoje, em que as decisões são tomadas. Corre-se o risco, ao basear as decisões em dados atuais, de que elas se tornem totalmente ultrapassadas e obsoletas no futuro. Assim, o desafio é construir cenários para evitar surpresas desagradáveis.

Constroem-se cenários como apoio na tomada de decisões em um mundo de mudanças e incertezas. O planejamento do cenário consiste em fazer opções hoje com a intenção de torná-las viáveis no futuro. A construção de cenários é uma metodologia para ordenar a percepção sobre ambientes alternativos futuros, nos quais as decisões de hoje serão cumpridas. Quanto mais o ambiente se torna mutável e turbulento, e quanto mais a organização muda e inova, tanto mais importantes são os cenários para o processo decisório da organização.[12]

A palavra vem do termo *cenarium*, que significa o roteiro para produzir um filme ou uma peça teatral. Cenários são histórias sobre a maneira como os contextos – sejam gerais ou específicos, como o contexto do mundo dos negócios – poderão se desdobrar e se transformar no futuro. Essas histórias ajudam no reconhecimento dos aspectos mutantes do ambiente atual e constituem um método para conceber os diferentes caminhos que poderão existir no futuro, para descobrir os movimentos mais adequados ao longo dos caminhos possíveis.[13] Um cenário pode ser tanto exploratório como extrapolatório, no sentido de buscar uma imagem plausível do futuro. Afinal, um cenário lida com dois mundos: o mundo real e o mundo das percepções. É uma simulação: uma busca incessante de oportunidades para serem aproveitadas e de ameaças para serem neutralizadas no futuro.

A Apple[14]

A Apple costuma ser associada a grandes revoluções. Do computador pessoal ao iPad, a empresa leva os créditos pela mudança na forma como as pessoas consomem tecnologia e se comunicam. Ela chegou a ser avaliada em 624 bilhões de dólares e tornou-se a empresa com o maior valor de mercado de todos os tempos. O recorde anterior era da Microsoft, que alcançou 616 bilhões de dólares em 1999. Esse valor é equivalente à soma da Microsoft, do Google, do Facebook, da HP, da Dell, do Yahoo!, da Adobe e do LinkedIn. O gigantismo da empresa é o maior fenômeno empresarial até agora. Se ela fosse um país, a Apple seria o 20º do mundo, à frente de economias como a da Suécia e a da Argentina. E qual é a razão de tanto sucesso? Os produtos? Lembre-se de que, por trás deles, existe uma empresa capaz de inovar e surpreender o mercado. Os produtos são a consequência do negócio.

12 Lindgren, Mats; Bandhold, Hans. Scenario planning: the link between future and strategy. Nova York: Palgrave Macmillan, 2009.

13 Chiavenato, Idalberto; Sapiro, Arão. Planejamento estratégico: da intenção aos resultados, op. cit.

14 Do tamanho de um país. Visão Global. Revista Exame, São Paulo, ed. 1024, 19 set. 2012, p. 94.

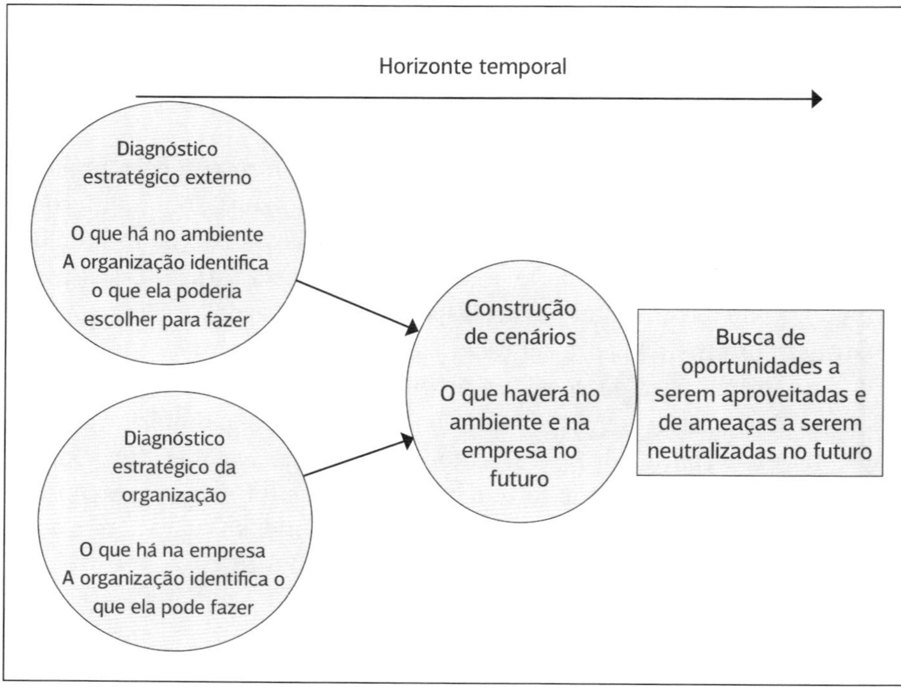

Figura 9 Bases da construção de cenários.[15]

O cenário no dia a dia das pessoas

O cenário é utilizado no processo decisório das organizações e das instituições governamentais, e até para planejar o futuro de uma pequena empresa. É utilizado para tomar decisões pessoais sobre dietas, viagens de férias, tipo de formação profissional que se deseja, para procurar um novo emprego, avaliar um investimento ou mesmo pensar em casamento. Os cenários ajudam as pessoas a tomar decisões difíceis a respeito do futuro que, de outra maneira, elas não tomariam. Como será a minha empresa no ano que vem, ou dentro de dois, três ou quatro anos? É bom pensar nisso. O cenário é uma antevisão do futuro, para que nos preparemos melhor para ele.

Em tese, a gestão do conhecimento estratégico procura agregar valor ao negócio por meio de vários aspectos:

15 Adaptada de: Chiavenato, Idalberto; Sapiro, Arão. Planejamento estratégico: da intenção aos resultados, op. cit.

1. Apoiar, da melhor maneira possível, o processo de tomada de decisão estratégica, com informações de qualidade a respeito do entorno da empresa. A qualidade da informação se traduz em:
   a. **Integridade:** nível de qualidade com que os dados são mantidos na fonte de informação.
   b. **Acurácia:** nível de qualidade com que os dados da fonte representam a realidade.
   c. **Completude:** indica quanto, de todos os dados necessários para atender à demanda, está presente na fonte.
2. Permitir à organização perceber oportunidades e ameaças às suas operações, detectando problemas ou tendências.
3. Dotar a organização de inteligência competitiva, isto é, ter o pulso do mercado – atual e prospectivo – bem monitorado. A inteligência competitiva é a habilidade para transformar a imensa massa de dados operacionais que correm nas veias da empresa diariamente em informações consistentes que agreguem valor ao negócio.[16]

Tudo isso faz parte da *business intelligence* (BI), a inteligência do negócio, que consiste em avaliar continuamente as condições ambientais que cercam a empresa: uma espécie de radar que indica o que acontece ao redor. No Capítulo 9 voltaremos a esse assunto.

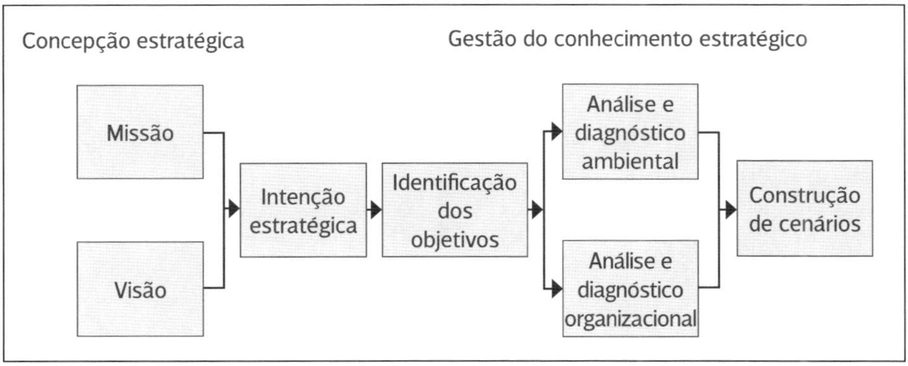

Figura 10 Inteligência do negócio.[17]

16 Teixeira Filho, Jayme. Gerenciando conhecimento. Rio de Janeiro: Senac, 2001. p. 57.

17 Adaptada de: Chiavenato, Idalberto; Sapiro, Arão. Planejamento estratégico: da intenção aos resultados, op. cit.

Pesquisa de mercado

A pesquisa de mercado é indispensável para uma análise acurada dos seus clientes. É mais específica e focada em relação à análise ambiental. A busca de informação sobre o mercado de clientes deve ser sistemática, ou seja, deve ser um processo permanente e contínuo, planejado e bem organizado. Os métodos de obtenção de informação devem ser objetivos, e a informação a ser obtida pela pesquisa de mercado deve ter um propósito bem definido: ajudar a empresa a tomar decisões acuradas. Mas que tipos de decisão? A pesquisa de mercado, em geral, tem dois estágios: o exploratório e o conclusivo. O primeiro é investigativo e decorre da obtenção de dados e informações a serem analisados. O segundo é quando se chega a conclusões a respeito das informações e dos dados obtidos. Muitas vezes, a exploração de dados e informações pode proporcionar conclusões completamente diferentes e disparatadas.

Em geral, o processo de pesquisa segue os seguintes passos:

1. Definição do problema a ser pesquisado.
2. Planejamento da pesquisa.
3. Desenho do questionário de pesquisa.
4. Seleção da amostra.
5. Coleta de dados.
6. Processamento e análise dos dados coletados.
7. Redação do relatório.
8. Seguimento ou acompanhamento (*follow up*).

Por meio da pesquisa de mercado, a empresa pode conhecer e interpretar aspectos fundamentais, como:

1. Quem é o cliente.
2. Como é o cliente.
3. Quais as necessidades e expectativas do cliente.
4. O que é de valor para o cliente.
5. Como satisfazer suas necessidades e expectativas.
6. Quais são os concorrentes.
7. O que fazem os concorrentes.
8. Como ultrapassar os concorrentes.

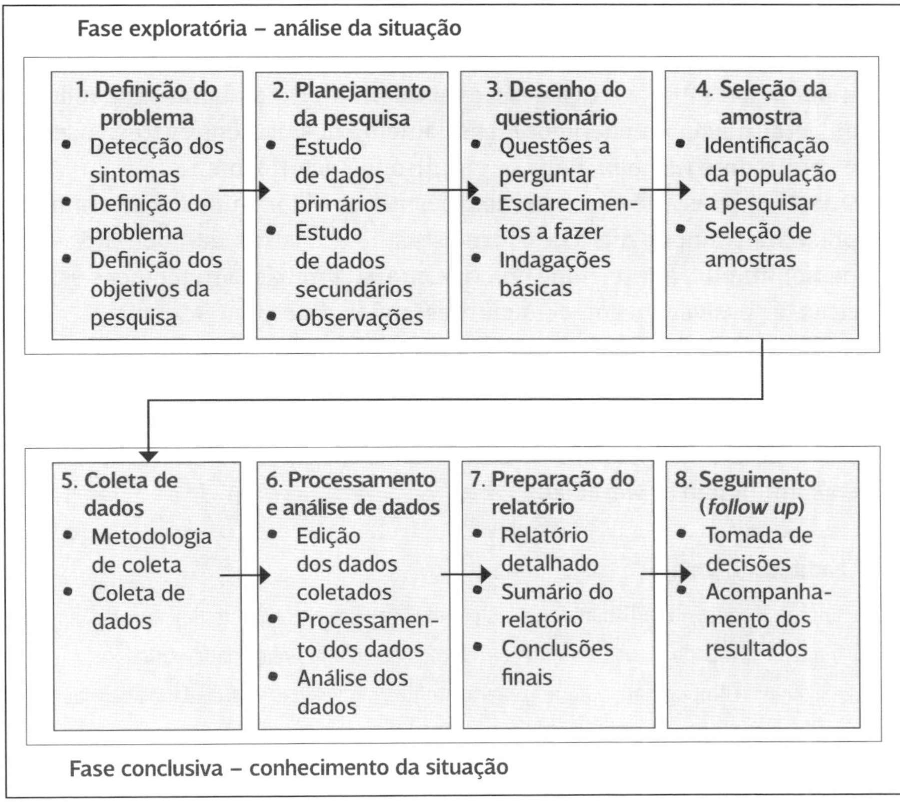

Figura 11 Processo de pesquisa de mercado.

A metodologia utilizada na pesquisa de mercado envolve um aparato de técnicas de pesquisa para compreender o comportamento dos clientes e os mercados e avaliar as práticas de marketing adotadas. As principais ferramentas, segundo Kotler, são:[18]

1. **Observação em lojas:** utilizando folhas de monitoramento, pranchetas e equipamentos de vídeo, para estudar o comportamento dos clientes nas lojas.
2. **Observações domiciliares:** por meio de pesquisadores que visitam as casas dos consumidores para estudar o comportamento doméstico em relação aos seus produtos.

18 Kotler, Philip. Marketing de A a Z: 80 conceitos que todo profissional precisa saber. Rio de Janeiro: Campus, 2003. p. 170-2.

3. **Pesquisa de grupos de foco:** a empresa reúne grupos de foco para conversar sobre determinado produto ou serviço, sob a orientação de um moderador. De seis a dez pessoas passam algumas horas respondendo às perguntas do moderador e aos comentários uns dos outros. A sessão é geralmente filmada, para ser analisada posteriormente.
4. **Questionários e levantamentos:** permitem obter informações mais representativas por meio de entrevistas de amostras da população-alvo, pessoalmente, por telefone ou por e-mail. Com base em técnicas estatísticas, é possível chegar a conclusões importantes.
5. **Técnica de entrevista em profundidade:** também denominada pesquisa motivacional, é usada para descobrir motivações inconscientes dos clientes.
6. ***Data mining*:** utilização de técnicas estatísticas para identificar, no conteúdo de grandes bancos de dados, novos segmentos ou novas tendências ainda não exploradas.

Megadados (*big data*)

São impressionantes o turbilhão de dados e o exponencial crescimento de informações que inundam o mundo a cada instante, em termos de volume, velocidade, variedade, variabilidade e complexidade. O armazenamento de grandes volumes de dados de maneira integrada proporciona condições para tirar conclusões e ter *insights*, bem como para identificar tendências e transformações que permitem a tomada de decisões para o futuro. Os megadados são a nova fronteira para a inovação, para a competição e para a produtividade.[19] Voltaremos a esse assunto no Capítulo 9.

A pesquisa de mercado é a base para a tomada de decisões no marketing. Ela assegura que as decisões sejam baseadas em dados e em fatos colhidos, e não apenas em opiniões sem fundamento.

Essas informações coletadas permitem a configuração do produto ou serviço mais adequado para o cliente, e que esteja acima das características oferecidas pelos concorrentes. A busca de vantagem competitiva – aqui-

19 Ver: McKinsey&Company. Big data: the next frontier for innovation, competition, and productivity. Insights and publications. Disponível em: <http://www.mckinsey.com/insights/business_technology/big_data_the_next_frontier_for_innovation>. Acesso em: 10 out. 2013.

lo que pode colocar o produto/serviço/ideia além daqueles oferecidos pelos concorrentes – está na base dessas informações.

Cadê o cliente?

Onde está o cliente? Quem é o cliente? Como é o cliente? O que ele quer e de que ele necessita? Como satisfazê-lo? Como criar valor para ele? Estas são as principais perguntas que as empresas fazem quando querem pesquisar o mercado. Tudo isso para concentrar no cliente todos os esforços de marketing, e para que a venda se torne possível e bem-sucedida, e, mais do que isso, para satisfazer e encantar o cliente.

SEGMENTAÇÃO DE MERCADO

Não existem dois clientes exatamente iguais, e é extremamente difícil – se não impossível – satisfazer todos os consumidores de uma mesma maneira. Nem todos gostam da mesma comida, do mesmo carro, do mesmo celular ou da mesma roupa. Para atender às diversas necessidades no mercado, torna-se necessário dividi-lo e concentrar os esforços em grupos menores – ou segmentos –, cada qual com suas particularidades. É o tipo do marketing "um a um", para poder concentrar o foco. Consumidores dentro de cada segmento tendem a ter similaridades que podem ser baseadas em características pessoais, comportamento de compras ou aspectos psicológicos. Com isso, a empresa apela para segmentos do público consumidor e desenvolve diferentes compostos de marketing que melhor se ajustam às necessidades e desejos de cada segmento de mercado. O marketing de segmentação é uma estratégia em que o mercado total é constituído por partes menores, cujos elementos apresentam características comuns. A segmentação de marketing decompõe o mercado heterogêneo em pequenos segmentos homogêneos. Os elementos de cada segmento são mais similares em termos de desejos, necessidades ou comportamentos, e um programa de marketing separado é desenvolvido para melhor ajustar-se a cada segmento de necessidades e desejos. Nesse sentido, a segmentação de marketing é a abordagem oposta ao marketing de agregação.

Quando o mercado é heterogêneo, surge a necessidade de dividi-lo em segmentos, para melhor compreendê-lo. A essa divisão se dá o nome de "segmentação de mercado". A segmentação permite que cada segmento do mercado possa ser trabalhado de modo diferente e personalizado pela empresa, merecendo atenção especial. Cada segmento de mercado é um submercado, e é constituído por clientes ou consumidores bastante parecidos, que reagem de forma semelhante aos produtos/serviços da empresa. Cada submercado tende a ser um agrupamento homogêneo de consumidores por características que seus membros têm em comum.

Os fatores considerados na segmentação de mercado são baseados nas características pessoais dos consumidores. As principais bases de segmentação de mercado são:

1. Quanto às características do consumidor:
   a. **Segmentação demográfica:** envolve as características que proporcionam o perfil do consumidor, como idade, sexo, renda, estado civil, educação, residência e nível socioeconômico (classes A, B, C e D), e que determinam seu comportamento de compra. É a divisão do mercado pelo perfil demográfico da clientela. Esta é a segmentação mais utilizada.
   b. **Segmentação geográfica:** divide o mercado de acordo com a localidade do consumidor, que pode afetar suas necessidades e desejos de compra. É a área territorial de venda do produto/serviço. Refere-se aos pontos de distribuição do produto/serviço a ser comercializado. A empresa que utiliza a segmentação geográfica efetua as vendas de maneira diferente em cada segmento territorial. Assim, por exemplo, o frete é cobrado para a Região Norte do país, enquanto o transporte é gratuito dentro da própria região em que está localizada a empresa, por envolver pouco custo. Ou, então, as vendas para as regiões mais distantes somente são aceitas quando ultrapassarem um valor mínimo que compense os custos de transporte.
3. Quanto ao comportamento de compra do consumidor:
   a. **Segmentação pelo uso do produto:** identifica como as pessoas utilizam ou consomem o produto. Essa informação permite criar programas de marketing que orientem o consumidor a utilizar o produto.
   b. **Segmentação pelo benefício percebido pelos clientes:** identifica os desejos e as necessidades do consumidor, e transforma essas informações em programas de marketing que criam e enfatizam a satisfação de tais desejos e necessidades.
   c. **Segmentação pelo estilo de vida:** identifica como os consumidores passam seu tempo em atividades, quais as coisas que os circundam, pelas quais eles se interessam e que têm grande importância para eles, bem como seus sentimentos a respeito deles mesmos e do mundo que os rodeia.

A segmentação do mercado permite definir a quem será feita a oferta do produto/serviço da empresa, ou a que tipos de clientes a empresa irá se orientar. Ou, ainda, como a empresa irá tratar cada diferente parcela do mercado. Para cada segmento, a empresa adota um esquema diferente e apropriado de gestão de vendas.

Kotler afirma que, após a identificação de um segmento distinto, a questão é se ele deve ser gerenciado como parte da organização existente ou se justifica a constituição de um negócio à parte, para formar um segmento estratégico.[20]

A empresa geralmente segmenta seu mercado quando ela não tem recursos suficientes para atendê-lo em sua totalidade, ou quando os consumidores formam grupos heterogêneos. Quando há muita concorrência, a empresa deve procurar fazer ofertas para segmentos cujas necessidades não são satisfeitas por ofertas do mercado de massa.

No fundo, marketing significa essencialmente um complexo processo de tomada de decisões e de resolução de problemas. O processo de resolução de problemas busca soluções, enquanto a tomada de decisões significa a escolha da melhor alternativa de solução. As informações obtidas na pesquisa e na análise de mercado representam o insumo vital para uma tomada de decisão eficaz por parte da empresa.

CLIENTELA

A clientela representa o conjunto dos consumidores ou usuários dos produtos ou serviços que a empresa coloca no mercado. São as entidades – pessoas, grupos, organizações, nações – tomadoras dos resultados, sejam produtos ou serviços, das operações da empresa, e que, portanto, asseguram o sucesso desta. Constituem o alvo principal de toda a atividade empresarial. Sem a clientela, de nada valeria o esforço da empresa, que seria inútil. É a clientela que permite a colocação adequada dos produtos ou serviços produzidos pela empresa. Nesse sentido, ela é um patrimônio valioso que a empresa constrói ao longo do tempo, e que não pode perder sob hipótese alguma. O conjunto dos clientes é um dos principais componentes do capital intelectual de uma empresa. Trata-se de um capital intangível e invisível, mas que tem um valor incrível para a empresa moderna.

---

20 Kotler, Philip. Marketing de A a Z: 80 conceitos que todo profissional precisa saber, op. cit., p. 206.

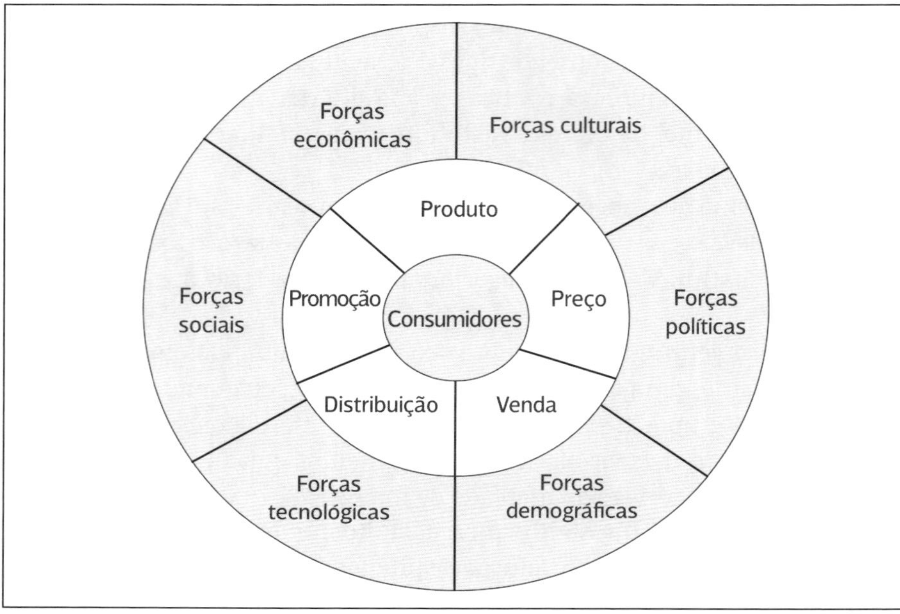

Figura 12 Composto de marketing e envolvimento do cliente.

A clientela é constituída pelo conjunto dos clientes da empresa, que podem ser empresas ou pessoas. Quando empresas, são denominados clientes industriais ou comerciais. Quando pessoas, são denominados clientes finais ou consumidores finais. Os clientes são denominados consumidores quando consomem os produtos, e usuários quando utilizam os serviços prestados pela empresa. Isso significa que, quando a empresa é produtora de bens (como produtos ou mercadorias), os seus clientes são consumidores desses bens, e quando a empresa é prestadora de serviços, os seus clientes são usuários desses serviços.

Tipos de clientes	• Consumidores de produtos (bens ou mercadorias) • Usuários de serviços

Figura 13 Tipos de clientes.

Manutenção dos clientes atuais

Por que as empresas se preocupam com a fidelização do cliente? Por que razão elas procuram manter o cliente fiel à empresa, à sua marca ou aos seus produtos/serviços? Simples. Entre muitos argumentos, o econômico parece falar mais alto. É muito mais barato manter os clientes atuais e, se possível, aumentar o seu número. Pesquisas têm mostrado que a substituição de um cliente que se foi por um cliente novo significa uma despesa sete ou oito vezes maior do que a de manter um cliente tradicional. Fidelizar um cliente – isto é, mantê-lo como cliente no longo prazo – é o caminho mais econômico e seguro para qualquer empresa. Assim, manter o cliente satisfeito é mais econômico do que buscar outros clientes para substituí-lo. Um cliente satisfeito é um patrimônio que a empresa não pode deixar de manter no prazo mais longo possível. Isso faz parte da sustentabilidade financeira e social da organização.

Os clientes reais são aqueles que efetivamente já consomem ou utilizam os produtos/serviços da empresa. Já os clientes potenciais são aqueles que, embora ainda não consumam ou utilizem os produtos/serviços da empresa, têm todas as condições para fazê-lo. Os clientes potenciais precisam ser conquistados pela empresa para serem incluídos em sua clientela.

Tipos de clientes	• Clientes reais (compradores frequentes ou habituais) • Clientes potenciais (que têm condições de comprar, mas que ainda não compraram, por alguma razão)

Figura 14 Tipos de clientes.

Muitas empresas buscam manter os clientes atuais e conquistar clientes potenciais. Isso faz parte do seu crescimento e da sua maior participação no mercado. Na verdade, são duas estratégias diferentes, que precisam ser conjugadas: de um lado, fidelizar os clientes atuais, e, de outro, conquistar clientes potenciais, mesmo que estes já estejam fiéis aos produtos de outras empresas.

O conjunto de clientes da empresa é o seu mercado consumidor. Vimos que o mercado pode ser estudado do ponto de vista de homogeneidade × heterogeneidade e do ponto de vista estabilidade × instabilidade. Vamos agora adaptar essa abordagem do mercado geral ao mercado consumidor.

Tipos de clientela	Cliente estável	Cliente instável
Cliente heterogêneo	1 Os clientes são uniformes e quase nunca mudam seus hábitos de compra. A empresa pode adotar uma só postura para todos os clientes e mantê-la inalterada ao longo do tempo	2 Os clientes são uniformes e constantemente mudam seus hábitos de compra. A empresa pode adotar uma só postura para todos os clientes e alterá-la com frequência ao longo do tempo
Cliente homogêneo	3 Os clientes são diferenciados e quase nunca mudam seus hábitos de compra. A empresa pode adotar uma só postura para todos os clientes e mantê-la inalterada ao longo do tempo	4 Os clientes são diferenciados e constantemente mudam seus hábitos de compra. A empresa pode adotar várias posturas diferentes e alterá-las com frequência ao longo do tempo

Figura 15 Mercado consumidor.

O cliente é o "rei do pedaço"

O excesso de capacidade de produção faz com que vivamos na era da economia do cliente, em que o cliente impera, decide e define o sucesso de um produto ou serviço, e, consequentemente, da empresa que o produz. As empresas estão evoluindo do foco na produção de bens para o foco no cliente, em sua conquista e em sua retenção, pois, se não focarem o cliente, alguma outra empresa assumirá o seu lugar. O cliente tem um amplo espectro de opções e alternativas de compra à sua disposição. Nesse enorme leque de opções, ele pode escolher o caminho que lhe pareça melhor. Se a empresa não focar o cliente, é melhor então que ela preste serviços a quem sirva diretamente o cliente.

Os clientes devem ser considerados ativos em processo de valorização, segundo Tom

---

Peters. Eles são os recursos mais importantes da empresa, embora seu valor nem sempre conste nos registros contábeis. Já Kotler afirma que as empresas devem encarar os clientes como ativos financeiros a serem gerenciados com vistas à maximização de seus resultados, tal como ocorre com qualquer outro recurso. Devem também reformular seu sistema de marketing para ampliar sua participação nas compras do cliente (*customer share*) e aumentar o valor vitalício do cliente (*customer lifetime value*), por meio de seu portfólio de produtos e serviços e de suas estratégias de marca.[21]

Mas como as empresas podem conhecer e saber qual é a sua clientela? Isso pode ser feito por meio do cadastro de clientes e do banco de dados sobre cada cliente.

Cadastro de clientes

O cadastro de clientes é um arquivo, virtual ou não, em que devem constar todos os clientes reais da empresa, bem como as informações básicas a respeito de cada um deles, de acordo com as necessidades de informação da empresa. Esse arquivo pode ser transformado em um banco de dados se puder acumular todos os dados a respeito das vendas efetuadas e dos pagamentos realizados por clientes, individualmente. Endereço, perfil social, hábitos e periodicidade de compra, predileções, tudo é importante para conhecer melhor cada cliente e, nesse sentido, oferecer tudo aquilo que ele costuma procurar.

Assim, as informações contidas no banco de dados são muito importantes para:

1. Conhecimento dos hábitos de compra dos clientes.
2. Conhecimento do perfil dos clientes e de suas necessidades e preferências.
3. Definição dos meios a serem utilizados para promover os produtos/serviços junto aos clientes.
4. Planejamento das vendas e cronograma de contatos feitos pelos vendedores.
5. Definição das políticas de vendas e de cobrança que a empresa poderá adotar em relação aos seus clientes. Uma política de vendas estabelece como a empresa vai vender os seus produtos/serviços, para qual clientela e em que condições de pagamento.

---

21 Kotler, Philip. Marketing de A a Z: 80 conceitos que todo profissional precisa saber, op. cit., p. 25-6.

Classificação da clientela

A clientela pode ser classificada de diferentes maneiras, de acordo com as necessidades e conveniências da empresa. Os clientes reais e os clientes potenciais podem ser tratados separadamente, como duas classes distintas. Os clientes industriais e comerciais, bem como os clientes ou consumidores finais, podem ser classificados separadamente. Por outro lado, a empresa pode utilizar a segmentação de mercado como forma de classificação de sua clientela. Se for adotada a segmentação geográfica, os clientes podem ser classificados por regiões, por cidades e até por bairros. Se for adotada a segmentação demográfica, podem ser classificados de acordo com os fatores demográficos escolhidos, como idade, sexo, renda familiar ou renda *per capita*, estado civil, etc.

O cadastro de clientes – o banco de dados sobre a clientela – e as vendas passadas são um importante instrumento para se avaliar cada cliente e, sobretudo, para prever vendas.

Graus de importância dos clientes

Todos os clientes são importantes, mas alguns são mais importantes que outros. É possível classificar os clientes para adequar o melhor tratamento para cada um deles, pois não é possível servi-los todos da mesma maneira. Alguns são amados, outros tolerados e outros detestados. Coisas da vida. O importante está na maximização do lucro em cada relacionamento. Além do mais, os melhores clientes devem receber mais benefícios ou retornos, para que sejam retidos por mais tempo e incentivem os demais a migrar para categorias mais elevadas. É possível dividi-los em categorias financeiras: platina, ouro, prata, ferro e chumbo. Ou pode-se classificá-los de maneira diferente, como:[22]

1. **Clientes mais lucrativos**: merecem maior atenção atualmente.
2. **Clientes mais cultiváveis**: com maior potencial de crescimento e que exigem mais cuidados de longo prazo.
3. **Clientes mais vulneráveis**: demandam intervenção imediata para evitar perda.
4. **Clientes mais problemáticos**: ou pouco lucrativos, e que provavelmente não devem ser mantidos, em razão do custo do aborrecimento. Pode-se aumentar o preço que lhes é cobrado ou dar-lhes a chance de mudar, pois irão buscar o concorrente.

---

22 Kotler, Philip. Marketing de A a Z: 80 conceitos que todo profissional precisa saber, op. cit., p. 28-9.

Kotler lembra que alguns clientes são lucrativos, mas difíceis, o que pode ser muito positivo, pois, quando se consegue satisfazê-los, torna-se fácil satisfazer os demais. É preciso ainda prestar atenção às queixas dos clientes. Para Kotler, os clientes que se queixam são os melhores amigos da empresa. A IBM vê as queixas como fonte de alegria e de melhoria constante, pois elas alertam a empresa para problemas que podem acarretar a perda de outros clientes. Afinal, reputação é algo difícil de construir, mas bem fácil de destruir.

Relacionamento com a clientela

Dissemos antes que o marketing de relacionamento está em voga. Isso significa que as empresas estão intensificando seu relacionamento com os clientes. Para tanto, têm utilizado a tecnologia da informação (TI) para desenvolver técnicas de gestão da clientela. Dentre os *softwares* utilizados, sobressai o CRM – *customer relationship management* –, usado para fortalecer os laços com os clientes.

CRM

O relacionamento com o cliente é uma peça fundamental para facilitar o acesso a pessoas da organização, a informações relevantes e aos produtos oferecidos pela empresa. A ideia é transformar o cliente em uma parte essencial da empresa, e não simplesmente em um comprador de seus produtos. Para tanto, é necessário um sistema integrado baseado na tecnologia da informação e uma logística bem programada, como pontos de partida para um tratamento impecável do cliente. O CRM utiliza *softwares* sofisticados no sentido de alcançar a fidelização do cliente e oferecer serviços pós-venda que possam servi-lo adequadamente. No atual cenário competitivo, a tecnologia da informação é um fator diferenciador. O CRM funciona como uma ferramenta que permite envolver todos os parceiros do negócio e os clientes como uma comunidade integrada. No Capítulo 9 voltaremos a esse assunto.

Satisfação dos clientes

A maioria das empresas dedica mais atenção à participação no mercado do que à satisfação dos clientes, alega Kotler (2003). Para ele, a participação no mercado é um indicador retrospectivo, pois se refere ao passado, enquanto a satisfação dos clientes é um indicador prospectivo. Se o nível de satisfação começar a cair, em breve haverá o desgaste da participação no mercado. Dessa maneira, as empresas precisam monitorar continuamente o nível de satisfação dos clientes, pois, quanto mais alta a satisfação dos clientes, tanto maior será o grau de retenção. Para Kotler, as razões são as seguintes:[23]

1. A perda de um cliente custa muito caro. A conquista de novos clientes pode custar de cinco a dez vezes mais do que a satisfação e a retenção dos atuais clientes.
2. As empresas perdem de 10 a 20% de seus clientes por ano, em média.
3. Uma redução de 5% no índice de perda de clientes pode aumentar os lucros em algo entre 25 e 85%, dependendo do setor de atividade.
4. A rentabilidade dos clientes tende a aumentar ao longo do ciclo de vida dos clientes retidos.
5. Não basta ter 80% de clientes satisfeitos ou muito satisfeitos, quando o concorrente já alcança 90% e está perseguindo o objetivo de atingir 95%.

É preciso divulgar o nível de satisfação dos clientes

Empresas que alcançam elevados níveis de satisfação os divulgam para transmitir confiança aos clientes potenciais. Para a Honda, "um dos motivos pelos quais nossos clientes estão tão satisfeitos é que jamais estamos satisfeitos". A Cigna declara que "nunca estaremos 100% satisfeitos até que você também esteja". O CEO da General Electric, Jack Welch, dizia que "a melhor maneira de reter os clientes é imaginar o tempo todo como lhes oferecer mais por menos". Kotler lembra alguém da Ford dizer que "se não formos dirigidos pelos clientes, os clientes não dirigirão nossos produtos".

No entanto, o objetivo não deve ser apenas manter os clientes satisfeitos. Isso é pouco. Mais do que isso, é preciso mantê-los sempre encantados e surpresos. As empresas excelentes pretendem superar e ultrapassar as expectativas dos clientes, e não apenas satisfazê-los. Quando conseguem isso, a excelência se transforma em padrão de conduta. Acontece que os clientes estão cada vez mais exigentes. É preciso sempre encontrar outros meios alternativos para satisfazê-

23 Kotler, Philip. Marketing de A a Z: 80 conceitos que todo profissional precisa saber, op. cit., p. 203.

-los.[24] A satisfação deve conduzir à retenção dos clientes, cujos índices podem ser enganosos quando resultam do hábito ou da falta de alternativas de compra. A retenção, a fidelização e o comprometimento dos clientes deve ser o alvo principal do negócio. Diz Kotler que os clientes fiéis geralmente pagam entre 7 e 10% a mais do que a média dos demais clientes. Vale a pena fidelizá-los.

Conquista do cliente

O segredo de conquistar clientes é primeiro conquistar quem trabalha com a gente, conquistar o orgulho de quem faz nosso dia a dia, para depois conquistar o sorriso de cada cliente. Essa é a filosofia da Losango, empresa do setor de varejo que está na relação das melhores empresas para se trabalhar de acordo com a Você S/A.[25]

Relações públicas

Segundo a Associação Brasileira de Relações Públicas (ABRP), relações públicas são a atividade e o esforço deliberados, planejados e contínuos para estabelecer e manter a compreensão mútua entre uma instituição pública ou privada e os grupos de pessoas a que ela esteja direta ou indiretamente ligada. As relações públicas existem para oferecer uma variedade de funções no sentido de manter o equilíbrio entre a empresa e os públicos com os quais ela interage. Seu objetivo é o equilíbrio entre a identidade e a imagem da empresa no mercado, com foco na imagem institucional e nas relações com a opinião pública.

Em nosso contexto, o termo representa um conjunto de processos para manter e incrementar relacionamentos com os clientes, envolvendo uma caixa de ferramentas para atrair a atenção e criar um ambiente favorável com os clientes:[26]

- Publicações em revistas, jornais, TV, internet, etc.
- Eventos diversos.
- Notícias em revistas, jornais, TV, internet, mídias sociais, etc.
- Assuntos da comunidade.

---

24 Ries, Al; Ries, Laura. The fall of advertising and the rise of public relations. Nova York: HarperBusiness, 2002.

25 As melhores empresas para você trabalhar. VOCÊ S/A, São Paulo, Abril. p. 71 e 252.

26 Kotler, Philip. Marketing de A a Z: 80 conceitos que todo profissional precisa saber, op. cit., p. 202.

- Mídia de identidade.
- *Lobby* e ações de presença.
- Investimentos sociais.

CONCORRÊNCIA

A concorrência é constituída pelas empresas que produzem bens ou serviços similares, ou que disputam o mesmo mercado ou a mesma clientela. As empresas concorrentes competem entre si para conquistar o mesmo mercado consumidor. Um cliente potencial para uma empresa concorrente pode ser um cliente real para outra. Da mesma forma como existem clientes reais e potenciais, também existem concorrentes reais e potenciais.

Concorrentes reais são as empresas que estão competindo e disputando o mercado e a clientela de uma outra empresa. Concorrentes potenciais são as empresas que, embora não estejam competindo e disputando o mercado e a clientela de determinada empresa neste momento, têm todas as condições para tanto, faltando apenas uma decisão nesse sentido. Geralmente, os concorrentes potenciais produzem bens/serviços similares diferentes, mas que poderiam ser transformados em produtos/serviços similares e concorrentes.

Como veremos adiante, a administração de vendas procura aumentar cada vez mais a clientela e reduzir os efeitos da concorrência. Conhecer a clientela, seus desejos e suas necessidades é um grande passo para isso.

Era da Informação

A chegada da Era da Informação apresenta um novo contexto de negócios e uma avalanche de problemas para as empresas, pois a maior parte delas ainda está totalmente despreparada para a nova realidade. A velocidade e a intensidade das mudanças que estão ocorrendo no mundo dos negócios vão muito além do que se esperava. O diferencial entre o que as empresas estão fazendo e o que elas deveriam fazer está se tornando gradativamente maior. Há uma desigualdade no ritmo e na velocidade entre a mudança externa e a mudança interna das empresas. A mudança no ambiente de negócios é muito mais rápida do que a mudança interna que as empresas estão conseguindo fazer para se adaptar às novas circunstâncias do mercado. Isso deixa espaço para novos empreendedores que buscam nichos de mercado ainda não explorados.

O atual desafio no varejo é como conquistar os consumidores, que estão se tornando cada vez mais digitais, multicanais e globais. Podemos chamá-los de neoconsumidores, pois têm informação na ponta dos dedos, esperam conveniência e exigem rapidez na resposta a suas demandas. E o neoconsumidor não pode ser entendido apenas como um fenômeno de "juventude". Em vez disso, todas as idades, todas as classes sociais e todos os níveis de educação fazem parte da tendência neoconsumidora – em parte graças ao advento da capacidade de tecnologia dos *smartphones* e dos *tablets*, entre outras ferramentas tecnológicas que não param de surgir e se aprimorar. As exigências são claras para o varejo: os varejistas são desafiados a entender profundamente como seus clientes vivem e transformam suas vidas, e a serem ágeis em todos os sentidos.

Identificar os usos existentes e emergentes da tecnologia como uma ferramenta para ajudar a satisfazer essas demandas, mesmo reconhecendo a rápida evolução da tecnologia, exige contínua mudança e adaptação do varejo.

QUESTÕES PARA REVISÃO

1. O que é interdependência?
2. O que é intercâmbio?
3. Defina comércio.
4. Como surgiu o comércio?
5. Descreva o comércio no mundo de hoje.
6. Quais as utilidades ou funções do comércio sob o aspecto macroeconômico?
7. O que significa utilidade de local?
8. O que significa utilidade de tempo?
9. O que significa utilidade de qualidade?
10. O que significa utilidade de quantidade?
11. Qual a diferença entre atividade produtiva e atividade comercial?
12. Defina ambiente.
13. Defina mercado.
14. Como surgiu a palavra mercado?
15. Descreva o mercado no espaço e no tempo.
16. Caracterize a situação de oferta.
17. Caracterize a situação de procura.
18. Caracterize a situação de equilíbrio.
19. Quais as características de um mercado estável?
20. Quais as características de um mercado instável?
21. Quais as características de um mercado homogêneo?
22. Quais as características de um mercado heterogêneo?
23. Quais as características de um mercado estável e homogêneo?
24. Quais as características de um mercado instável e homogêneo?
25. Quais as características de um mercado estável e heterogêneo?
26. Quais as características de um mercado instável e heterogêneo?
27. Conceitue segmentação de mercado.
28. Quais os principais fatores de segmentação do mercado?
29. O que é segmentação geográfica?
30. Explique a segmentação geográfica por regiões, cidades ou bairros.
31. O que é segmentação demográfica?
32. Explique a segmentação demográfica por sexo.
33. Explique a segmentação demográfica por idade.

34. Explique a segmentação demográfica por renda familiar ou por renda *per capita*.
35. O que é poder aquisitivo?
36. Em que classes se pode segmentar por renda familiar ou *per capita*?
37. Explique a segmentação demográfica pelo estado civil.
38. Para que se faz a segmentação de mercado?
39. Conceitue clientela.
40. O que são clientes reais?
41. O que são clientes potenciais?
42. O que é cadastro de clientes?
43. Quais as informações básicas de um cadastro de clientes?
44. O que é um banco de dados sobre clientes?
45. Quais os principais dados que devem compor o banco de dados?
46. Em que o cadastro de clientes e o banco de dados podem ajudar na definição da política de vendas e de cobrança da empresa?
47. O que é classificação da clientela?
48. Como pode ser a classificação da clientela?
49. Conceitue concorrência.
50. O que são concorrentes reais?
51. O que são concorrentes potenciais?
52. Qual a relação da gestão de vendas com a clientela e com a concorrência?

EXERCÍCIOS

1. Como você caracterizaria um mercado em situação de oferta, se fosse o dirigente de uma empresa? Que tipos de providência adotaria?
2. Como você caracterizaria um mercado em situação de procura, se fosse o dirigente de uma empresa? Que tipos de providência adotaria?
3. Faça um levantamento de diversas empresas e classifique-as conforme o mercado em que atuam (homogêneo × heterogêneo e estável × instável), utilizando a tabela a seguir.

Tipos de empresa	Mercado estável	Mercado instável
Mercado heterogêneo	______ ______ ______ ______	______ ______ ______ ______
Mercado homogêneo	______ ______ ______ ______	______ ______ ______ ______

4. Como você caracterizaria um mercado homogêneo e um mercado heterogêneo, se fosse o dirigente de uma empresa? Que tipos de providências adotaria?
5. Como você caracterizaria um mercado estável e um mercado instável, se fosse o dirigente de uma empresa? Que tipos de providências adotaria?
6. Imagine a instituição em que você estuda. Como você classificaria a clientela dessa instituição? Você adotaria que tipo de segmentação de mercado?
7. Como você faria um cadastro da clientela de sua instituição de ensino, e como estruturaria o banco de dados a respeito de cada cliente?
8. Como você encararia a concorrência de sua empresa?

4

O PRODUTO/SERVIÇO

O que é um produto? E um serviço? Ambos não devem ser tratados como *commodities*, ou seja, como bens padronizados e homogêneos, sem nenhuma identidade própria. Um produto é muito mais do que isso. Precisa ter personalidade, marca, características diferenciadas, imagem própria. Na realidade, um produto é a consequência final de todo um processo empresarial de criação, projeto, fabricação, embalagem, estilo, etc. Se o produto não for diferenciado, ele será simplesmente algo a mais ofertado no mercado. Um entre milhares de outros produtos disponíveis ao cliente. É por essa razão que se fala hoje em customização, ou seja, a adequação do produto às características do consumidor, para que ele seja único.

A palavra produto geralmente tem o significado de um objeto físico oferecido para venda. Todavia, a moderna abordagem de marketing focaliza o produto como algo mais do que um simples objeto tridimensional. O produto deve ser desenhado para satisfazer as necessidades do consumidor, por meio de uma aura intangível e invisível que leva o nome de padrão de referência. Tal padrão serve para melhorar a reputação do produtor ou vendedor, o estilo de embalagem, as mensagens de propaganda do produto e outras impressões e opiniões a seu respeito. Assim, um produto é muito mais do que um simples objeto, e torna-se cada vez mais um conceito rico em conotações, para refletir uma imagem que envolve um conjunto total de satisfações.

O produto fabricado (ou o serviço prestado) é o resultado final de todas as operações internas da empresa. A empresa – como uma totalidade – trabalha para fabricar um determinado produto ou prestar um determinado serviço. Se entendermos a empresa como um sistema aberto, o produto ou o serviço é a principal saída ou resultado (*output*) do sistema, como representado na Figura 1.

O produto ou serviço representa aquilo que a empresa sabe fazer e produzir. É a vocação da própria empresa, e é por isso que existe uma infinidade de produtos e serviços. Raramente, a empresa oferece um único produto ou serviço ao mercado, pois isso limitaria as suas possibilidades de venda. O que ocorre, frequentemente, é a oferta de uma linha de produtos ou de serviços capaz de atender a uma gama enorme de necessidades do mercado e de aproveitar as vantagens do esquema de produção e de comercialização.

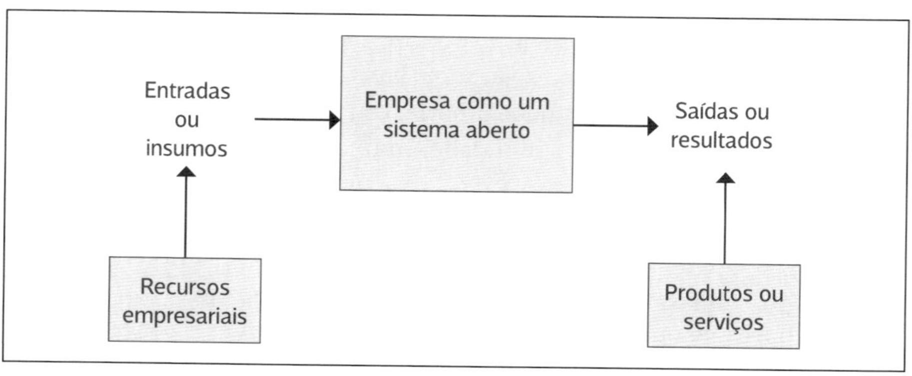

Figura 1 A empresa como um sistema aberto.

Na realidade, cada produto ou serviço apresenta as suas características próprias, como marca, embalagem, tamanho, qualidade, custo, preço, condições de venda e de financiamento, etc. A gestão de vendas (GV) deve adaptar-se inteiramente às características do produto/serviço comercializado. E, para facilitar essa tarefa de adaptação, existem algumas classificações de produtos/serviços que iremos analisar.

Identidade ou personalidade do produto

O produto deve ter uma marca que lhe dê identidade própria. Suas características precisam ser bastante distintas das características dos produtos concorrentes, para que ele possa sobressair no mercado. O cliente precisa ter uma percepção própria do produto em sua mente. Identificar e localizar o produto dentre os demais produtos oferecidos no mercado é o desafio principal.

CLASSIFICAÇÕES DOS PRODUTOS/SERVIÇOS

Como os produtos e serviços são heterogêneos, costuma-se utilizar algumas classificações para facilitar a comparação entre eles.

A classificação mais simples é aquela que distingue os produtos como bens (ou mercadorias) ou serviços.

1. **Bens ou mercadorias:** produtos físicos tangíveis e visíveis, como um pão, uma lâmpada, um eletrodoméstico, uma mesa, um automóvel, uma máquina, etc. Quanto à sua destinação, os bens podem ser classificados em bens de consumo (destinados ao consumidor final) ou bens de produção (destinados à produção de outros bens ou serviços).
    a. **Bens de consumo:** os bens são destinados, direta ou indiretamente, ao consumidor ou usuário final. São as roupas, os produtos de higiene, os eletrodomésticos, os alimentos, etc. Os bens de consumo podem ser desdobrados em duráveis, perecíveis (não duráveis) e semiduráveis. Os bens de consumo duráveis são aqueles cujo consumo pode ser feito ao longo de muito tempo, ou cuja utilização possa ser feita regularmente, durante um prazo relativamente longo. Sua permanência em estoque pode ser prolongada, pois em nada altera as suas características. É o caso de eletrodomésticos, automóveis, móveis e utensílios domésticos, etc., que podem ser usados durante

anos. Os bens de consumo perecíveis (ou não duráveis) são aqueles cuja duração é restrita no tempo, porque podem se deteriorar. Geralmente, têm um prazo definido de vida útil e não podem permanecer estocados durante muito tempo. É o caso dos alimentos, que devem ser consumidos logo após a sua venda (frutas, carnes, legumes, peixes, etc.) e dos produtos com vida útil predeterminada (laticínios, remédios, filmes fotográficos, etc.). Logicamente, os bens de consumo perecíveis devem chegar rapidamente às mãos do consumidor, para serem usados antes que deteriorem ou percam as suas qualidades básicas. Já os bens semiduráveis são aqueles consumidos durante um prazo médio, pois o seu uso acarreta desgaste. Sua estocagem, contudo, pode ser prolongada no tempo. É o caso do vestuário e dos calçados.

b. **Bens de produção:** os bens são destinados à produção de outros bens ou serviços; também são chamados de bens de capital ou bens industriais. É o caso de máquinas operatrizes, prensas, teares, tratores, computadores, empilhadeiras, etc. Ninguém leva para casa uma prensa hidráulica para consumir. Quem deve comprá-la é uma empresa industrial para, com ela, produzir outros bens ou mercadorias. Os bens de produção são utilizados para a fabricação de outros bens ou serviços, como calculadoras, caminhões, linhas de montagem, máquinas e equipamentos industriais, etc. Muitas vezes, um mesmo bem pode ser orientado para o consumo ou para a produção. Se uma pessoa compra um automóvel para o seu próprio uso, temos um bem de consumo; mas, se o automóvel é utilizado como táxi, temos um bem de produção de serviços. Se ela compra um computador para uso pessoal, temos um bem de consumo; mas, se a máquina é utilizada em um escritório de empresa, temos um bem de produção. E assim por diante.

Quando os bens de produção integram o patrimônio da empresa e fazem parte de seu ativo fixo, são chamados também de bens de capital. Todavia, nem sempre os bens de produção pertencem à empresa. Eles podem ser alugados ou arrendados (*leasing*), como é o caso dos prédios ou edifícios, dos computadores, de frotas de caminhões ou ônibus, de determinadas máquinas e equipamentos, etc. Esses bens, embora trabalhem no interior das empresas, não fazem parte do seu patrimônio ou do seu capital.

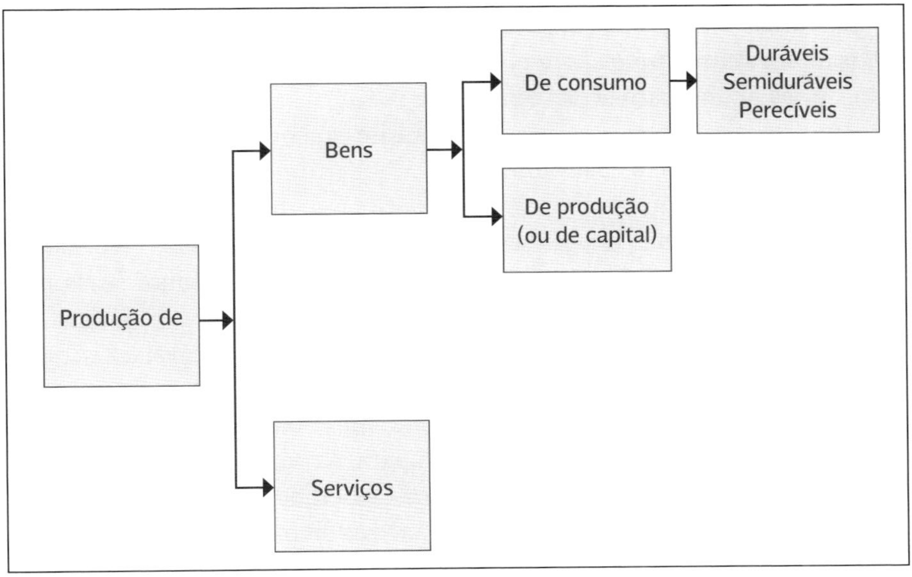

Figura 2 Classificação dos bens/serviços quanto à sua destinação.

E qual a importância dessa classificação? Simples. Vender um bem de consumo é diferente de vender um bem de produção. O cliente do primeiro é o consumidor final, enquanto o cliente do segundo é um cliente industrial. As empresas que produzem bens ou mercadorias são geralmente denominadas indústrias ou empresas industriais. Elas estão voltadas para o mercado de consumo (quando produzem bens de consumo) ou para o mercado industrial (quando produzem bens de produção).

2. **Serviços:** além dos bens ou mercadorias, existem os serviços, atividades especializadas que as empresas oferecem ao mercado. São produtos que nem sempre se podem manipular. Podem ter uma enorme variedade de características e de especializações. É o caso de propaganda, advocacia, consultorias, hospitais, transportes, financeiras, escolas e universidades, clubes, transportes, segurança, energia elétrica, comunicações, rádio e televisão, jornais e revistas, etc. Há uma variedade considerável de empresas prestadoras de serviços cuja missão é oferecer atividades especializadas ao mercado. As empresas que produzem serviços são geralmente denominadas empresas não industriais ou empresas de serviços.

Para abranger a totalidade das empresas – sejam elas de produtos ou prestadoras de serviços –, muitas vezes nos referiremos a produtos/serviços como resultantes das operações das empresas.

Outra classificação bastante interessante procura separar os produtos concretos dos produtos abstratos.

1. **Produto concreto:** pode ser descrito com grande precisão, identificado com grande especificidade, medido e avaliado. É o produto fisicamente palpável e tangível, como o automóvel, as utilidades domésticas e a grande massa de produtos fisicamente visíveis e identificáveis. É relativamente fácil mostrar e demonstrar um produto/serviço concreto por meio da imagem e do som, pois suas características físicas estão aparentes. O produto/serviço concreto pode ser comparado com outros quanto a qualidade, acabamento, cor ou textura, tamanho, embalagem, etc. Os produtos concretos são também denominados artigos ou mercadorias.
2. **Produto abstrato:** não permite descrição precisa, nem identificação e especificação adequadas. É o produto/serviço que não tem correspondente físico, como o ensino ou a educação, os serviços de rádio, informação e propaganda falada, boa parte da atividade política e a grande massa de serviços oferecidos de forma conceitual ou simbólica. É relativamente difícil mostrar ou demonstrar um produto/serviço abstrato, pois suas características nem sempre podem ser visualizadas ou percebidas com facilidade. O produto/serviço abstrato não pode ser comparado com outros ou apreciado quanto a forma, cor, tamanho, características físicas, acabamento, etc.

Cada tipo de produto/serviço atende a um mercado específico e requer um tipo de estrutura e um tipo de funcionamento da GV, como veremos adiante. É o produto/serviço que determina como vai funcionar a empresa e qual será o seu ramo de atividade. É tão grande a influência do produto/serviço na vida da empresa que as pesquisas sobre vendas são feitas por meio dos ramos de atividade das empresas.

O produto/serviço deve ser criado e desenvolvido no sentido de atender às expectativas e às necessidades do mercado, ao mesmo tempo em que permita proporcionar lucros à empresa. As expectativas e as necessidades do mercado constantemente se modificam e se transformam, enquanto a concorrência pode trazer, frequentemente, desafios que exijam modificações nas características que compõem os produtos/serviços existentes. O

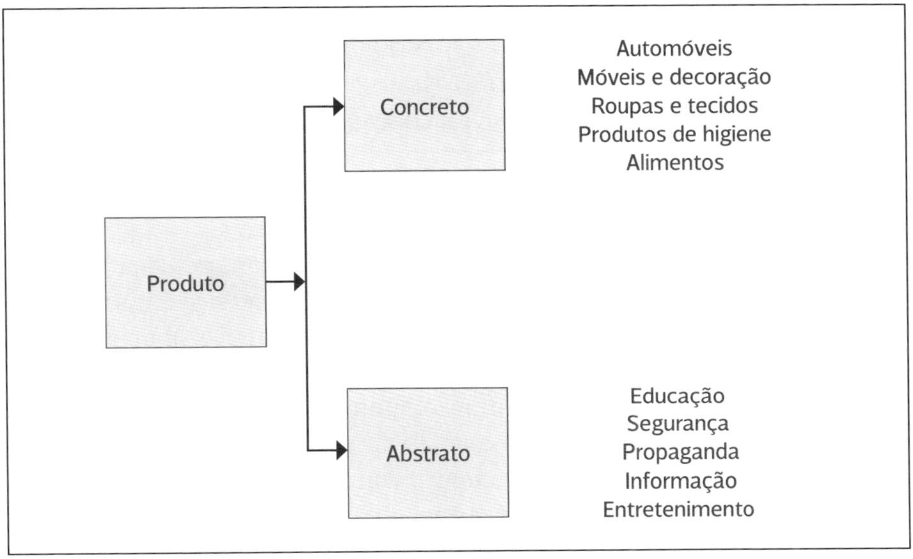

Figura 3 Classificação dos produtos/serviços quanto às suas características físicas.

planejamento de um produto/serviço não se baseia unicamente nas necessidades do mercado, as quais nem sempre são definíveis e bem conhecidas, mas dinâmicas e mutáveis. O planejamento geralmente envolve uma pluralidade de aspectos denominados componentes dos produtos/serviços.

Lucro em lata[1]

O mundo muda e as empresas também. O valor da Ambev superou o da Petrobrás e ela se tornou a empresa mais valiosa do Brasil. Nos Estados Unidos, o valor da Apple superou o da Exxon e ela se transformou na companhia de maior valor de mercado do mundo. Chama a atenção o fato de a Ambev e a Apple terem ultrapassado as companhias petrolíferas. Mas mais chamativo ainda é o fato de a rentabilidade da Ambev ser maior que a de outras grandes cervejarias, petroleiras ou mesmo empresas de tecnologia – com exceção da própria Apple. A inovação certamente continua sendo um bom negócio, mas a velha cerveja – aliada a vendas e preços em alta, e a um amplo domínio de mercado, como o que a Ambev tem no país – ainda tem gás para queimar. Isso é explicado pela alta margem de lucro dos principais produtos das três empresas:

---

1 Cruz, Patrick. Lucro em Lata. Revista Exame, São Paulo, ed. 1031, 12 dez. 2012, p. 32-3.

- Para cada US$ 1 em venda de iPhones, a Apple lucra US$ 0,53.
- Para cada US$ 1 em vendas de cerveja, a Ambev lucra US$ 0,48.
- Para cada US$ 1 de gasolina vendida, as petroleiras lucram, em média, US$ 0,23.

COMPONENTES DOS PRODUTOS/SERVIÇOS

Componentes são os diferentes aspectos que proporcionam as características dos produtos/serviços. Na realidade, um produto/serviço é mais do que a soma de suas características físicas (dimensões tangíveis), pois envolve, também, a sua utilidade e os benefícios para o consumidor ou usuário (dimensões intangíveis). Descrever uma máquina fotográfica em termos de corpo, lente e acessórios permite apenas apresentar algumas de suas dimensões tangíveis. Contudo, quando um consumidor a compra, está pensando no que ela pode fazer e quais os benefícios que ela trará. Para muitos, a máquina fotográfica é um aparelho que pode registrar definitivamente uma família que está crescendo, enquanto para outros é um meio de autoexpressão e de criatividade artística. Para outros, ainda, é um instrumento de trabalho. A GV deve focalizar as dimensões tangíveis para planejar a comercialização, embora não possa se esquecer das dimensões intangíveis, como finalidade para o cliente, utilidade, capacidade em comparação a outros produtos concorrentes, qualidade, apresentação, preço, prazo de entrega, garantia, assistência técnica, etc.

Os componentes principais (dimensões tangíveis) de um produto/serviço são: marca, logotipo, embalagem, qualidade e preço.

Marca e logotipo

A marca é um nome, sinal ou desenho que identifica o produto ou o serviço de uma empresa e serve para diferenciá-la dos concorrentes. O nome da marca deve ser sempre algo facilmente pronunciável, para facilitar a vida do consumidor ou usuário e marcar mais profundamente a sua presença. A maior parte das empresas usa o seu próprio nome para identificar a marca de seus produtos. É o caso dos elevadores Atlas ou Otis, do macarrão Adria ou Buitoni e dos automóveis Volkswagen, Ford ou Fiat. Para melhor identificar o produto, algumas empresas definem várias marcas, modelos ou dimensões diferentes, como no caso de automóveis ou computadores, no sentido de atender a uma variedade de desejos ou necessidades do consumidor.

A marca pode também ser identificada em um logotipo ou logomarca, que é um desenho ou símbolo que identifica o produto/serviço e o torna facilmente visível e reconhecível. Quem não conhece os logotipos da Coca-Cola, da Ford, da Nestlé, do McDonald's ou da Mercedes-Benz?

Marcas

Algumas marcas já foram tão profundamente assimiladas que o produto passou a ser conhecido e identificado pela marca, e não pelo seu próprio nome. É o caso da lâmina de barbear (Gillette), do vermute (Cinzano ou Martini) ou do refrigerante (Coca-Cola). As pessoas tendem a pedir esses produtos não pelo seu nome, mas pela sua marca. Este é o segredo da boa marca.

Uma marca registrada é aquela que tem proteção legal e é de posse exclusiva de determinada empresa, não podendo ser utilizada por outras empresas concorrentes. Para tanto, a empresa registra a sua marca na repartição competente, e nenhum concorrente poderá usá-la. É o caso das marcas Coca-Cola, Pepsi, Brahma e Skol, no ramo de bebidas e refrigerantes, ou de outras marcas como Apple, Microsoft, Google, Facebook, Twitter, etc.

***Branding* corporativo**[2]

Marca da empresa ou marca do produto/serviço? O *branding* corporativo – a marca da empresa – é importante para gerar maior confiança nos produtos/serviços que a empresa oferece e aumentar o vínculo emocional das pessoas. A força das marcas ajuda a melhorar a imagem da empresa no mercado. A Unilever – dona das marcas Lux, Rexona, Hellman's, Knorr, Seda, Ades, Kibon – resolveu colocar seu logo em todos os seus produtos, e fazer uma intensa comunicação externa de sua marca corporativa. A ideia era que a força das marcas endossaria a marca corporativa e, em médio e longo prazos, aconteceria o contrário: a marca corporativa endossaria as marcas dos produtos. O conhecimento da empresa deu um salto muito grande entre os formadores de opinião. A marca da empresa ficou no coração da estratégia para comunicar sustentabilidade e transformação. Os ícones flor, colher e sol foram associados aos atributos beleza, alimentação e limpeza, de

---

2 *Branding* corporativo como ferramenta de sustentabilidade. HSM Management, São Paulo, jan/fev 2012, p.30-8.

maneira singela e didática. Em uma pesquisa, ao saber da marca da empresa, o interesse do comprador aumentou de 10 para 14%.

A reviravolta na P&G[3]

Durante anos, a empresa de bens de consumo P&G – Procter & Gamble – ficou no ostracismo em nosso país. Mas um novo presidente – um marqueteiro de primeira linha – veio para mudar o rumo da história da empresa. Quando ele assumiu o comando, a P&G tinha 1/5 do tamanho da sua principal rival, a anglo-holandesa Unilever, e crescia pouco. Com ele, o ritmo de crescimento nas receitas passou para 24% ao ano, e agora está em 32%. Hoje, a P&G tem 1/3 do tamanho da Unilever e está tentando reduzir a diferença. Para tanto, contratou celebridades da TV para fazer propaganda de muitas linhas da empresa. Com tantos garotos-propaganda, criou parcerias com a Rede Globo e aumentou em seis vezes os gastos com propaganda, chegando a ser a nona maior anunciante do país. Desde então, 96 produtos das 25 linhas da empresa passaram a ser vendidos por aqui, como cremes dentais da Oral-B, fraldas Pampers, lâminas de barbear Gillette Mach 3, Olay, Downy, xampu Pantene, sabão Ariel para roupas, etc. Além disso, mudou também a publicidade da companhia: o objetivo central passou a ser fortalecer a marca da empresa, em vez de fazer apenas anúncios específicos de cada um de seus produtos. Uma maneira de ganhar mercado de uma forma mais rápida: a intenção é fazer com que o consumidor que gosta das fraldas Pampers associe essa imagem de qualidade a outros produtos, como uma escova ou pasta de dentes Oral-B. A adaptação de produtos ao mercado nacional, algo que a concorrência vinha fazendo há anos, também entrou na estratégia. De acordo com o presidente, além de a empresa ter chegado atrasada no mercado nacional – pois seu foco era o mercado americano –, os desafios são muitos. Um deles é a produção para atender à demanda. Para tanto, a P&G abriu duas novas fábricas e dois centros de distribuição, e dobrou o número de funcionários. Os tempos em que a P&G crescia à velocidade de paquiderme ficaram para trás.

Embalagem

A embalagem é o invólucro que protege e guarda o produto.

3 Leal, Ana Luiza. O melhor ano da história. Revista Exame, São Paulo, ed. 1016, 16 mai. 2012. p. 64-7.

Antigamente, a embalagem e os envoltórios eram considerados elementos que atendiam somente a funções técnicas (proteção do produto, resistência a quedas, preservação quanto à umidade, etc.) ou a funções logísticas (facilidade de manuseio, empilhamento, transporte, etc.). No entanto, hoje, a embalagem é um elemento de comunicação e de diferenciação, mediante o qual o consumidor pode fazer, antes de usar o produto, a sua primeira avaliação de qualidade e de utilidade. O desenho atraente da embalagem é um elemento importantíssimo na diferenciação.

Qualidade

A qualidade do produto/serviço é o componente mais importante e, ao mesmo tempo, mais difícil de definir, pois a percepção de qualidade pelos compradores é extremamente variável. Nesse sentido, é importante distinguir entre qualidade intrínseca (inerente) ao produto e aspectos extrínsecos que cada comprador percebe subjetivamente. O que leva um comprador a admitir a qualidade de um produto/serviço é a sua percepção subjetiva de qualidade. Um nível elevado de qualidade intrínseca tem pouco valor se não for acompanhado de uma percepção subjetiva por parte do comprador (qualidade extrínseca).

Na verdade, o termo qualidade pode apresentar vários e diferentes significados. Para um engenheiro, pode significar a adesão às especificações contidas no projeto do produto. Para um estatístico, representa o menor afastamento possível ao redor do valor médio medido nas características de uma amostra do produto, mas esses são exemplos de qualidade intrínseca. Para uma dona de casa, qualidade significa adequação às suas necessidades cotidianas, facilidade no uso e atendimento às suas expectativas. E aqui estamos falando de qualidade extrínseca.

Preço

A determinação do preço do produto/serviço é uma das tarefas mais complicadas da GV. O preço é a expressão de um valor, que depende de seu grau de utilidade para o comprador, de sua qualidade percebida e do nível de serviço que o acompanha (assistência técnica, garantia, certeza do bom atendimento, etc.). Assim, o preço é a estimativa que o vendedor faz a respeito do valor que todo esse conjunto tem para os compradores potenciais, considerando também outras opções oferecidas pela concorrência.

Os principais aspectos que a empresa leva em conta para a determinação do preço de um produto/serviço são:

- Custos para fabricá-lo e comercializá-lo no mercado.
- Valor que o cliente dá ao produto/serviço considerado.
- Preços fixados pelos concorrentes para produtos/serviços similares e competitivos.
- Restrições legais quanto à liberdade de fixação de preços.
- Objetivos almejados pela empresa.

Como o comprador estima o preço	Como a empresa determina o preço
• Objetivos almejados pelo comprador • Grau de utilidade do produto/serviço • Grau de qualidade percebida • Valor determinado pela empresa • Nível de serviço oferecido • Preço dos produtos/serviços similares • Influência da concorrência • Influência da variedade no mercado	• Objetivos almejados pela empresa • Custos de fabricação e de vendas • Margem de lucro pretendida • Valor que o cliente atribui ao produto • Restrições legais quanto ao preço • Preços fixados pela concorrência • Influência da concorrência • Influência da variedade no mercado

Figura 4 Como os preços são visualizados pelo comprador e pelo vendedor.

Rentabilidade

A rentabilidade de um produto/serviço é a margem de lucro que ele proporciona à empresa. O lucro representa as receitas totais menos as despesas totais na fabricação e na comercialização de um produto/serviço. Existe lucro quando os custos de produção e de comercialização são ultrapassados pela receita proporcionada pelas vendas. Cada produto/serviço apresenta uma determinada rentabilidade, que é o retorno do investimento feito em sua produção e em sua venda.

Lucro = receita de vendas – despesas de produção e vendas

Quando a empresa determina o preço do produto/serviço, ela está definindo a sua margem de lucro, isto é, a rentabilidade que espera auferir com o produto/serviço. A maximização do lucro é feita quando a empresa aumenta o preço até o ponto em que ocorra um decréscimo na quantidade de vendas. Mesmo que um aumento de 10% no preço traga uma diminuição de 5% nas vendas, isto pode ser lucrativo para a empresa, se a perda em volume for compensada por lucros maiores. A maximização do lucro exige uma regulagem constante entre a receita de vendas e a despesa total para poder funcionar adequadamente.

Receita de vendas

A receita de vendas é o volume de vendas multiplicado pelo preço do produto/serviço. Cada produto/serviço apresenta a sua receita de vendas para a empresa. A receita representa o faturamento da empresa, ou seja, a entrada de caixa.

Receita de vendas = volume de vendas × preço do produto/serviço

Quando a empresa tem um sortimento de produtos/serviços, é muito comum a apresentação das receitas de vendas respectivas em termos percentuais da receita total.

Todos os componentes do produto/serviço formam um composto que deve ser realçado pela GV aos compradores, no sentido de conquistar as preferências de compra. Por outro lado, o equilíbrio dos diversos componentes no composto é importantíssimo para o sucesso do produto/serviço no mercado. Um preço elevado para um produto/serviço de baixa qualidade e que tenha outras opções da concorrência no mercado é uma trajetória certa para o seu fracasso.

Linhas de produtos	Receita de vendas	Porcentagem sobre o total
Televisores	250.000.000	50%
Geladeiras	120.000.000	24%
Máquinas de lavar roupas	80.000.000	16%
Máquinas de secar roupas	40.000.000	8%
Máquinas de lavar pratos	10.000.000	2%
Receita total de vendas	500.000.000	100%

Figura 5 Receita de vendas de diversas linhas de produtos.

Características do produto

Marca, logotipo, embalagem, qualidade, preço, rentabilidade e receita de vendas: esses são os aspectos que a GV precisa conjugar e balancear adequadamente para formar um conjunto vendável e rentável. Todas essas condições são fundamentais para o sucesso de um produto no mercado.

CICLO DE VIDA DOS PRODUTOS/SERVIÇOS

Todo produto ou serviço tem uma existência definida: ele nasce, cresce, amadurece, envelhece e morre. Alguns produtos ou serviços têm uma existência mais longa no mercado, enquanto outros permanecem durante pouco tempo. É o que chamamos de ciclo de vida de um produto ou de um serviço. O ciclo de vida de um produto ou serviço está relacionado com o tempo que ele consegue permanecer no mercado. A vida de um produto/serviço pode ser dividida em um ciclo composto por quatro fases: introdução, crescimento, maturidade e declínio.

1. **Introdução:** quando o produto/serviço é criado, desenvolvido e lançado no mercado, ele passa por uma fase inicial de introdução, em que as vendas ainda são pequenas e crescem lentamente, pois o produto/serviço ainda é desconhecido. É uma fase que requer grande esforço e muita promoção e propaganda para familiarizar os clientes potenciais ao produto/serviço. Quase sempre, essa fase de pioneirismo traz prejuízos à empresa, que são assumidos como um investimento inicial.
2. **Crescimento:** fase em que o mercado se familiariza com o produto e na qual ocorre uma aceleração positiva das vendas. Os clientes potenciais se transformam gradativamente em clientes reais. O investimento efetuado na criação e no desenvolvimento do produto/serviço e na sua fase de introdução e lançamento começa a ser paulatinamente recuperado. Nessa fase de crescimento, os lucros são bastante elevados, pois a concorrência ainda não teve tempo de retaliar com produtos/serviços similares. É também chamada de fase de aceitação do produto/serviço.
3. **Maturidade:** o produto já penetrou suficientemente no mercado e atinge um patamar elevado de vendas, que se mantém inalterado. Quando o produto/serviço atinge a sua fase de maturidade, o mercado começa a ficar saturado e os concorrentes já estão lançando outras opções similares. Cada empresa concorrente procura aumentar a sua participação no mercado por meio da redução do preço, abrindo mão de parte do seu lucro e fazendo pesadas campanhas de promoção e de propaganda. É também chamada de fase de saturação do produto/serviço.
4. **Declínio:** as vendas do produto começam a decair progressivamente. À medida que as inovações são lançadas e os hábitos de compra do consumidor se modificam, tende a ocorrer um declínio nas vendas de todos os concorrentes. As vendas caem, os lucros diminuem e as empresas deixam de produzir o produto/serviço, partindo para outras criações e desenvolvimentos. É também chamada fase de obsolescência.

O ciclo de vida do produto costuma ser representado por uma curva em forma de S, denominada curva do ciclo de vida, conforme a Figura 6.

O leitor poderia perguntar qual a aplicabilidade dessa curva. É muito simples. O conceito de ciclo de vida do produto tem muitas aplicações:

1. Em primeiro lugar, nem todos os clientes estão igualmente predispostos a comprar um produto novo em seu lançamento. A fase de intro-

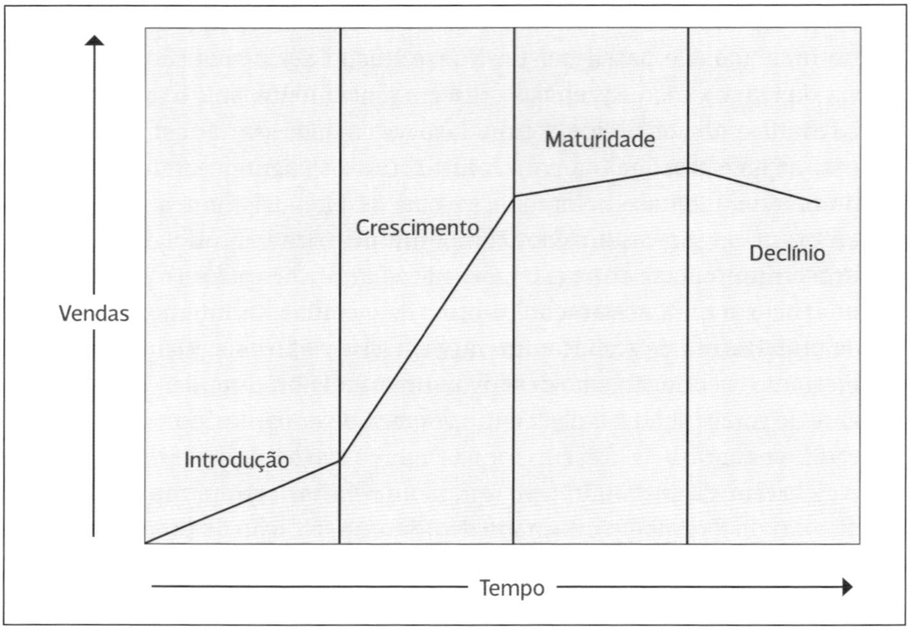

Figura 6 Curva do ciclo de vida de um produto/serviço.

dução mostra que alguns clientes são mais afoitos em comprar imediatamente um produto recentemente lançado no mercado, enquanto outros, mais precavidos, esperam para avaliar seus resultados concretos. A fase de crescimento mostra que muitos clientes potenciais se tornam clientes reais se o produto/serviço foi bem projetado para atender às suas necessidades. A fase de maturidade mostra que, durante algum período, os clientes mantêm suas compras do produto/serviço em nível elevado, enquanto a fase de declínio mostra que os clientes gradativamente deixam de comprar o produto/serviço por alguma razão, que pode ser a troca por algum outro similar, a saturação ou o descontentamento.

2. Alguns produtos/serviços apresentam um ciclo de vida extremamente longo no tempo, como é o caso de automóveis, eletrodomésticos, serviços bancários, serviços hospitalares, etc. As lâmpadas elétricas, por exemplo, apresentam um ciclo de vida longo, com uma fase de maturidade que já dura algumas décadas. Outros produtos/serviços apresentam um ciclo de vida extremamente rápido no tempo, como é o caso da moda feminina,

que, a cada estação do ano, sofre fortes mudanças, ou os celulares, *smartphones* e *tablets*, cujo desenvolvimento tecnológico conduz à obsolescência rápida dos modelos em constante e rápida mutação.

3. O ciclo de vida de alguns produtos/serviços pode ser alongado no tempo por meio de algumas providências, como propaganda, promoções, melhoria da qualidade, política de preços, assistência técnica, adequações técnicas, etc. Na realidade, existe uma infinidade de técnicas que permitem influenciar e alongar o ciclo de vida. Na fase de introdução, pode-se lançar mais rapidamente um produto com uma intensa campanha de propaganda e promoção de vendas. Isso poderia também acelerar a fase de crescimento, manter a fase de maturidade por um tempo mais longo e retardar a fase de declínio das vendas. A propaganda ajuda muito nesse aspecto.
4. O ciclo de vida traz alguns ensinamentos úteis para a empresa. Na fase de introdução, os custos de propaganda, promoção e vendas são extremamente elevados em relação ao volume inicial de vendas. As vendas são menores e os investimentos, maiores. Na fase de crescimento, esses custos começam a ser menores em relação ao crescente volume de vendas. Na fase de maturidade, os custos de propaganda, promoção e vendas se tornam pequenos em relação ao maior volume de vendas. O importante é conhecer essas relações de custos e retornos para saber exatamente em que ponto reduzir os custos ou fazer novos investimentos para acelerar as vendas. É preciso avaliar sempre a relação de custos e benefícios nesse intrincado jogo.

Ciclo de vida da empresa

O conceito de ciclo de vida do produto pode ser extrapolado para a vida da empresa, que também passa pelas mesmas etapas de introdução, crescimento, maturidade e declínio, cujas durações variam de negócio para negócio. Muitas vezes, o ciclo de vida da empresa acompanha de perto o ciclo de vida do seu produto. Outras vezes, a empresa dura décadas ou séculos, na medida em que sabe se desenvolver e inovar, ou seja, adequar constantemente seus produtos às rápidas e imprevistas mudanças no mercado consumidor.

Por todos esses aspectos relacionados com o produto/serviço a ser comercializado, verificamos que os desafios enfrentados pela GV são enormes. A

Aspectos	Introdução	Crescimento	Maturidade	Declínio
Vendas	Pequenas	Crescentes	Mantêm-se	Decrescem
Clientes	Inovadores	Maioria	Maioria	Retardatários
Propaganda	Introdutória	Intensiva	Sustentação	Pequena
Concorrência	Pequena	Crescente	Muita	Intensiva

Figura 7 Características de cada fase do ciclo de vida do produto/serviço.

tarefa da GV é colocar o produto/serviço oferecido pela empresa no mercado. O tipo, os componentes básicos e o ciclo de vida do produto/serviço são importantíssimos na definição dessa tarefa.

Qual a etapa de ciclo de vida do seu produto?

Como está o seu produto/serviço? Em que fase do ciclo de vida ele está situado? Quais as providências que devem ser tomadas no sentido de estender cada fase? E de elevar constantemente as suas vendas?

DIFERENCIAÇÃO DE PRODUTOS/SERVIÇOS

Seu produto é uma mera *commodity*? Uma mercadoria comum e igualzinha às dos concorrentes? Um produto padronizado, sem identidade ou personalidade? É o mesmo que nadar em um oceano vermelho. A concorrência vai devorá-lo rapidamente. Então, como diferenciar seu produto dos demais que existem no mercado? O segredo está em transformar um produto ou serviço indiferenciado em um produto ou serviço altamente diferenciado e personalizado. Seja ele um produto de construção, um tipo de alimento, uma roupa, um combustível ou qualquer coisa que se pretende vender, é indispensável tratar o produto ou serviço como algo especial para o mercado. E, principalmente, fazê-lo especial para não entregar algo que não preencha todas as condições oferecidas. Isso repousa no reconhecimento de que os compradores têm necessidades diferentes e, portanto, são atraídos por ofertas diferentes que atendem às suas necessidades. O importante é oferecer algo que realmente cumpra o prometido.

Em geral, as empresas têm oportunidades para reduzir custos ou agregar benefícios que permitem vantagem competitiva a seus produtos ou serviços. Kotler oferece algumas bases para diferenciar um produto físico:[4]

1. **Características que complementam o funcionamento básico do produto:** é o caso de vidros elétricos, transmissão automática e ar condicionado, em automóveis.
2. **Qualidade de desempenho:** como as características básicas do produto funcionam melhor. Um microcomputador pode ter melhor desempenho se tiver memória maior, ou um carro com motor mais potente pode oferecer maior torque e velocidade.
3. **Qualidade de conformidade:** grau em que o desenho e as características operacionais de um produto atendem diretamente ao padrão-alvo. Ou seja, atendem exatamente às especificações, como o fato de um automóvel atingir 100 km/hora em dez segundos, ou um computador ter uma inicialização em poucos segundos.
4. **Durabilidade:** mensuração do tempo de duração previsto para o produto. É o caso de um automóvel que dura mais tempo que os outros, sem apresentar qualquer defeito.
5. **Confiabilidade:** mensuração da probabilidade de que um produto não apresente defeitos dentro de um período específico. É o caso da garantia dada por um tempo maior para um determinado automóvel.
6. **Facilidade de conserto:** mensuração do grau de facilidade em consertar um produto que apresenta defeito. É o caso da garantia de assistência técnica estendida.
7. **Estilo:** como o comprador vê e percebe o produto. É a aparência do automóvel, por exemplo.
8. ***Design*:** produto bem desenhado e projetado para atender a todos os aspectos anteriormente descritos.

---

4 Kotler, Philip. Administração de marketing: análise, planejamento, implementação e controle. São Paulo: Atlas, 1994. p. 260-6.

Kotler (1994) também sugere que, além de diferenciar seus produtos físicos, a empresa deve diferenciar os serviços que os acompanham:[5]

1. **Entrega:** maneira como o produto ou serviço é entregue ao consumidor. Inclui rapidez, precisão e cuidados no processo de entrega. Pontualidade e agilidade são indispensáveis.
2. **Instalação:** trabalho a ser feito para colocar o produto em condições de funcionamento no local previsto.
3. **Treinamento do consumidor:** tarefa de treinar e preparar funcionários do cliente para que possam usar o produto de maneira adequada e com eficiência.
4. **Serviços de consultoria:** referem-se aos dados e aos sistemas de informação e de orientação oferecidos gratuitamente ou por um preço adicional pela empresa vendedora aos compradores, quando se trata de um produto complexo.
5. **Consertos:** qualidade dos serviços de assistência técnica e reparo disponíveis aos compradores do produto.
6. **Serviços diversos:** outras formas para acrescentar valor por meio de serviços diferenciados, como melhor garantia ou contrato de manutenção, orientação diferenciada, *call center*, etc.

Portfólio de produtos – matriz BCG

Além da definição do ciclo de vida do produto/serviço, existe também a preocupação em saber qual é a participação relativa de cada produto/serviço no portfólio da empresa. Afinal, ela só vive por causa de seus produtos ou serviços. A matriz BCG originou-se de uma análise gráfica desenvolvida por Bruce Henderson[6] para a empresa de consultoria Boston Consulting Group, por volta de 1970. É também denominada análise de portfólio de produtos ou de unidades de negócios, e serve para alocar recursos em atividades de gestão de marcas e produtos na área de marketing[7]. Ou melhor, serve para

5 Kotler, Philip. Administração de marketing: análise, planejamento, implemantação e controle, op. cit., p. 266.

6 Henderson, Bruce D. As origens da estratégia. In: Montgomery, Cynthia; Porter, Michael E. (Orgs.). Estratégia: a busca da vantagem competitiva. Rio de Janeiro: Campus, 1998. p. 3-9.

7 Chiavenato, Idalberto; Sapiro, Arão. Planejamento estratégico: da intenção aos resultados. Rio de Janeiro: Elsevier, 2007.

definir prioridades para avançar naquilo que tem melhores oportunidades de mercado.

A matriz BCG é um gráfico de dupla entrada que envolve duas dimensões:

1. **Taxa de crescimento do mercado:** no eixo *y*, em escala linear, para determinar o crescimento do mercado em relação ao crescimento de seu maior concorrente, em termos de porcentagem. Quanto maior o crescimento do mercado, tanto maior é a oportunidade de um produto também crescer em vendas e, consequentemente, em produção, tornando a empresa mais rica.
2. **Participação do produto no mercado:** no eixo *x*, em escala logarítmica (base 10), em relação ao maior concorrente em termos de porcentagem. Quanto maior a participação de mercado (*market share*) de um produto, ou quanto mais rápido o produto cresce, tanto melhor para a empresa.

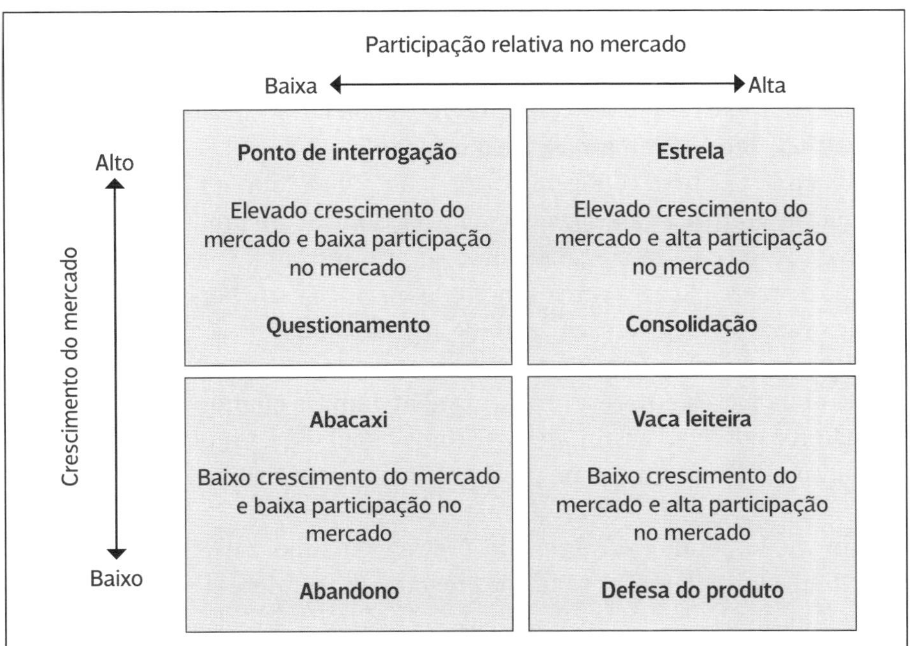

Figura 8 Matriz BCG.

Vejamos os significados de cada produto da matriz BCG:[8]

1. **Estrela:** produto que exige elevados investimentos e que tem referências no mercado, gerando receitas ainda não muito elevadas e com taxas de crescimento potencialmente elevadas. O fluxo de caixa fica em equilíbrio entre entradas e saídas. Todavia, a participação de mercado deve ser mantida, pois esse produto pode transformar-se em uma vaca leiteira se o mercado diminuir.
2. **Vaca leiteira:** produto cujo lucro e volume de geração de caixa são elevados. Como o mercado já está maduro, estabilizado e em baixo crescimento, não são necessários grandes investimentos em promoção e propaganda. O produto deve ser "ordenhado" para dar suporte a outros produtos que precisem de mais recursos. Assim, pode ser a base principal de faturamento da empresa, já que tem uma participação elevada de mercado.
3. **Ponto de interrogação:** "produto em questionamento" ou, ainda, "criança problemática". É um produto que tem o pior fluxo de caixa, exige elevados investimentos e tem pouco retorno sobre ativos, além de baixa participação de mercado. Pode absorver grandes investimentos e depois tornar-se um verdadeiro abacaxi para a empresa. Contudo, se o seu mercado estiver em alto crescimento, pode vir a tornar-se um produto estrela, daí a interrogação a seu respeito.
4. **Abacaxi:** também conhecido como "cão", "vira-lata" ou "animal de estimação". Tem pouca importância no portfólio. É um produto que deve ser evitado, ou cuja importância deve ser minimizada. Sua baixa participação de mercado gera poucos lucros associados a um baixo investimento, em razão de seu crescimento de mercado quase nulo. Sua avaliação deve ser feita no sentido de posicioná-lo de maneira mais rentável e atrativa para a empresa, ou até de abandoná-lo quando a rentabilidade não for possível. Assim, deve-se tomar cuidado com planos de recuperação desse produto, e até preferir a sua retirada do mercado.

De um modo geral, toda empresa precisa ter uma carteira de produtos (portfólio) com diferentes taxas de crescimento e diferentes participações

8 Chiavenato, Idalberto. Gestão da produção: uma abordagem introdutória. 3. ed. Barueri: Manole, 2014.

no mercado. A composição desse portfólio deve ter a função de equilíbrio entre fluxos de caixa. Produtos de alto crescimento exigem injeções de dinheiro em caixa para crescer, enquanto produtos de baixo crescimento devem gerar excesso de caixa. Ambos são necessários simultaneamente, e a matriz BCG pode ajudar no processo decisório da empresa sobre em que investir mais ou em que investir menos, e de que esperar retornos mais significativos.

Enquadramento na matriz BCG

A matriz BCG trata de empresas multiprodutos, ou seja, com um portfólio de vários produtos. O enquadramento de cada produto na matriz depende de algumas providências da empresa.

1. **Estrelas**: geram elevado faturamento, face à sua alta participação no mercado. Entretanto, exigem grandes investimentos para manter sua alta taxa de crescimento. Uma estrela pode se tornar uma vaca leiteira quando o mercado diminuir sua taxa de crescimento.
2. **Vacas leiteiras**: são líderes em mercados maduros e apresentam um retorno maior sobre os ativos do que a taxa de crescimento do mercado, pois geram mais recursos financeiros do que consomem. A empresa deve extrair o maior lucro possível delas durante o maior tempo possível, sem fazer grandes investimentos. Seus retornos devem ser investidos nos pontos de interrogação para transformá-los em estrelas.
3. **Pontos de interrogação**: são os produtos duvidosos, que crescem rapidamente e que podem se transformar em oportunidades, mas consomem grande quantidade de dinheiro. Contudo, por terem participação baixa no mercado, não geram muito dinheiro. Gastam muito dinheiro, embora tenham potencial para ganhar participação no mercado e se tornar estrelas ou eventualmente vacas leiteiras, quando o crescimento do mercado diminuir. Se não se tornarem líderes de mercado, podem se tornar abacaxis ou cachorros, quando o crescimento de mercado diminuir. Deve-se analisar se vale a pena ou não investir neles para aumentar sua participação no mercado.
4. **Abacaxis ou cachorros**: têm baixa participação no mercado e baixa taxa de crescimento, o que provoca uma baixa geração de faturamento. São armadilhas para as empresas, que poderão sofrer caso continuem investindo neles. Contudo, por meio de investimentos, podem ser transformados em vacas leiteiras, caso aumentem sua participação relativa no mercado.

Para Henderson, são necessárias quatro regras para determinar o fluxo de caixa de um produto:[9]

1. **Margens e geração de caixa são funções da participação no mercado:** altas margens e alta participação no mercado andam juntas. Trata-se de uma observação comum, explicável pelo efeito da curva de experiência.
2. **Crescimento requer entrada de ativos financeiros:** o caixa adicionado requerido para elevar a participação no mercado é uma função de índices de crescimento.
3. **A alta participação de mercado deve ser ganha ou construída:** a construção de participação de mercado requer um incremento adicional de investimento.
4. **Nenhum produto cresce indefinidamente no mercado:** o retorno do crescimento deve vir quando o crescimento diminuir, ou nunca virá. Esse retorno é caixa que não poderá ser reinvestido naquele produto.

Além disso, Henderson salienta o seguinte:

1. O valor de um produto depende de ele liderar a participação em seu mercado antes que seu crescimento venha a diminuir.
2. Cada produto pode, eventualmente, ser um gerador de caixa, caso contrário ele não tem valor.
3. Somente uma empresa diversificada, com um portfólio balanceado, pode usar suas forças para realmente capitalizar suas oportunidades de crescimento.

A matriz BCG tem a vantagem de não apresentar uma só estratégia para todos os produtos, além de equilibrar a carteira de negócios e produtos em geradores e tomadores de caixa. O posicionamento de um produto ou linha de produtos em cada quadrante exige uma ação diferente da empresa, como se pode ver na Figura 9.

A matriz BCG permite uma representação visual e simplificada dos produtos e serviços da empresa e das suas posições relativas no mercado,

9 Henderson, Bruce. The product portfolio. BCG Perspectives. Disponível em: <https://www.bcgperspectives.com/content/classics/strategy_the_product_portfolio/>. Acesso em: 30 set. 2013.

Portfólio	Estrela	Vaca leiteira	Ponto de interrogação	Abacaxi
Crescimento do mercado	Expansão rápida	Pequena expansão	Expansão rápida	Expansão em queda
Participação de mercado	Participação alta	Participação elevada	Participação em queda	Participação em queda
Características do produto	Exige investimentos	Altamente rentável	Demanda investimentos	Consome recursos
Objetivos estratégicos	Transformar em vaca leiteira	Colher lucros	Desenvolver ou retirar do mercado	Retirar ou sobreviver

Figura 9 Posicionamento dos produtos e respectivas ações da empresa.

para facilitar o processo decisório a respeito do que fazer com cada um deles.

Organizações de elevado desempenho[10]

Quando se caminha dentro de uma organização de alto desempenho, certamente se nota a diferença. Em primeiro lugar, notam-se o arranjo físico das instalações, a tecnologia utilizada, a limpeza, a harmonia e o aspecto geral dos escritórios. Depois, o ambiente psicológico e os talentos energizados, motivados, confiantes na estratégia de sua organização. Então, percebem-se os esforços de melhoria, desenvolvimento e inovação reinantes. Enfim, o excelente desempenho no trabalho e nas atividades assessórias. Então, o que é uma organização de elevado desempenho? É aquela cujos indicadores de produtividade, qualidade, eficiência e eficácia são os mais elevados do mercado. E não para por aí. Os indicadores financeiros também são excelentes. Na verdade, existem características tanto organizacionais como pessoais que produzem amplas dimensões organizacionais, como:

---

10 Bhalla, Vikram et al. High-performance organizations: the secrets of their success. The Boston Consulting Group, 2011.

1. **Liderança**: a organização possui uma alinhada cadeia de líderes (presidente, diretores, gerentes, líderes de equipes) extremamente eficazes na condução dos trabalhos. Liderança de lideranças.
2. **Desenho organizacional**: uma estrutura organizacional integradora com foco estratégico e que define claramente os papéis e as responsabilidades de todos.
3. **Talentos**: por meio dos quais a organização transforma o foco estratégico em poderosas estratégias individuais, atraindo e retendo as pessoas mais capazes.
4. **Gestão da mudança**: a organização tem a habilidade de impulsionar e sustentar a mudança em larga escala, e se adaptar e antecipar em um aumento crescentemente mutável e volátil.
5. **Cultura e engajamento**: a cultura é forjada para alcançar objetivos estratégicos, e as pessoas são motivadas a alcançar os objetivos corporativos.

Quando a organização assume uma abordagem estratégica, no sentido de monitorar e melhorar essas cinco amplas habilidades, ela consegue alcançar catorze características-chaves que geram ganhos de produtividade e uma abordagem competitiva, como mostra a Figura 10.

Portfólio de produtos – análise multifatorial de portfólio

A General Electric (GE), com a ajuda da McKinsey & Company – uma empresa de consultoria internacional –, desenvolveu uma ferramenta de análise de carteira de produtos mais completa do que a matriz BCG: a análise multifatorial de portfólio.

O critério empregado é medir o desempenho de cada unidade estratégica em termos de rentabilidade (retorno sobre o investimento), em lugar do fluxo de fundos, como na matriz BCG. Trata-se de uma ferramenta que incorpora maior número de variáveis para ajudar a desenvolver estratégias organizacionais baseadas em dois aspectos: atratividade do mercado e força do negócio. A matriz multifatorial apresenta três bandas (branca, cinza clara e cinza escura), como apresenta a Figura 11.

Cada negócio da organização – seja uma unidade estratégica de negócio (UEN) ou um produto/serviço (P/S) – é plotado na matriz com duas dimensões, cada qual composta de uma variedade de fatores que cada empresa deve determinar no sentido de avaliar sua própria posição:

Liderança	• Equipes de elevado desempenho com líderes que impulsionam urgência e direção • O abastecimento de futuros líderes é alcançado com habilidades que são ajustadas às futuras necessidades • Os gerentes intermediários abraçam a estratégia do negócio
Desenho organizacional	• A estrutura organizacional e a alocação de recursos refletem as manobras estratégicas • Poucos níveis hierárquicos separam o presidente do pessoal da linha de frente, e as amplitudes de controle são amplas • Responsabilidades, direitos de decisão e colaboração são construídos com profunda consideração às pessoas • Habilidades individuais são ajustadas aos requisitos dos papéis de cada pessoa
Talentos	• A marca da empresa é um ativo estratégico • Papéis críticos e talentos-chave são claramente identificados e tratados com carinho • O RH é um parceiro estratégico e um habilitador do negócio
Gestão da mudança	• A mudança é alcançada por meio de uma cascata disciplinada • A organização é uma entidade em constante evolução
Cultura e engajamento	• A cultura acelera e impulsiona os objetivos estratégicos • O engajamento é medido e cultivado, para gerar esforço pessoal de todos os funcionários

Figura 10 Características de organizações de elevado desempenho.

1. **Atratividade do mercado:** determinada por fatores externos, como número de concorrentes no mercado, grau de desenvolvimento industrial e fraqueza dos concorrentes no mercado.
2. **Força do negócio da empresa:** determinada por fatores internos, como posição financeira da organização, posição de negociação e barganha e nível de tecnologia utilizada.

Na matriz, aparecem vários círculos de diferentes tamanhos, cada qual representando uma UEN ou linha de produtos ou negócios da empresa. O tamanho do círculo indica o tamanho relativo do mercado de cada linha de UEN ou P/S. No círculo, está anotada a parcela proporcional de participação da UEN ou do P/S no mercado total do negócio. As estratégias específicas da organização (como investir, selecionar, desinvestir) estão representadas

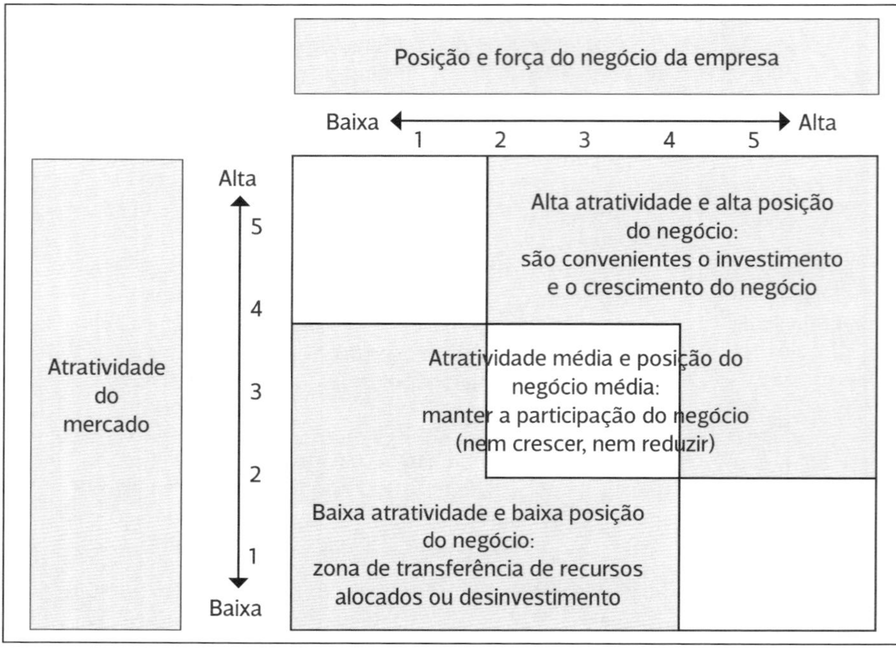

Figura 11 As três bandas da matriz multifatorial.

por letras em cada um dos círculos espalhados pela matriz, e dependem da posição dos círculos na matriz. Quanto maior a atratividade do mercado e quanto maior a força do negócio da empresa, maior será a probabilidade de sucesso da UEN ou do P/S.[11]

Os negócios situados ao redor da célula 3.3 são os mais fortes, e que merecem investimentos, pois têm enorme potencial de crescimento. Os negócios situados na célula 2.2 são negócios de meia força, e que devem receber apenas investimentos seletivos, isto é, condicionados a uma seleção dentre outros. Já os negócios situados na célula 1.1 são os mais baixos em força geral, e sérios candidatos ao desinvestimento. Quanto maior a atratividade do mercado e quanto maior a força do negócio, tanto melhor o negócio da UEN ou do P/S. Quanto menor a atratividade do mercado e quanto menor a força do negócio, pior será o negócio da UEN ou do P/S.

11 Chiavenato, Idalberto. Administração nos novos tempos: os novos horizontes em administração. 3. ed. Barueri: Manole, 2014.

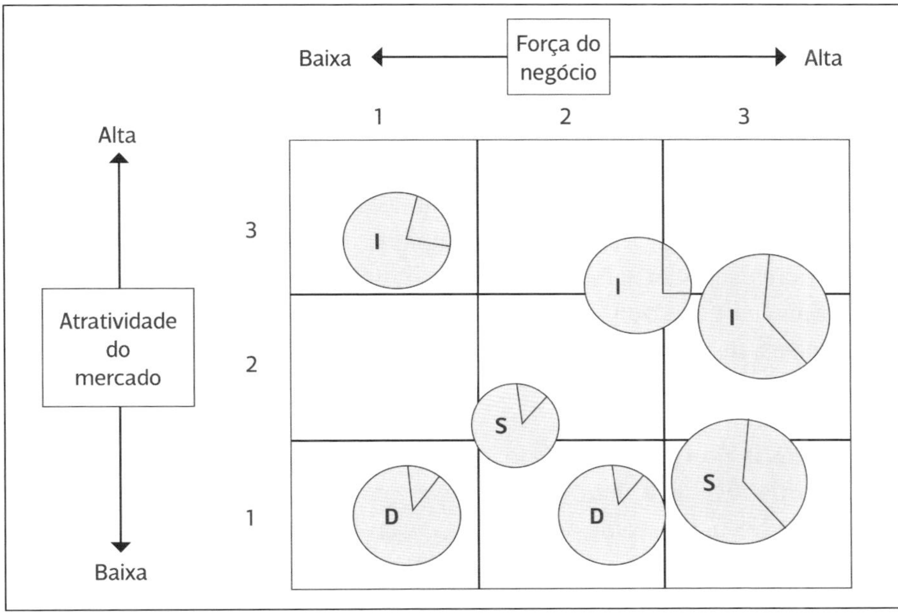

Figura 12 Matriz de portfólio multifatorial da GE.[12]
I = investir no negócio, fazê-lo crescer; S = selecionar o investimento no negócio; D = desinvestir ou desativar o negócio.

Os dois modelos de portfólio – a matriz BCG e a matriz de portfólio multifatorial da GE – proporcionam abordagens gráficas que simplificam e facilitam as análises das relações entre os negócios da organização e proporcionam recomendações estratégicas interessantes. Esses modelos, contudo, não devem ser aplicados de modo rígido e mecânico. Suas conclusões devem ser cuidadosamente consideradas à luz do julgamento, de uma profunda análise e da experiência do gestor.

DESENVOLVIMENTO DE PRODUTOS/SERVIÇOS

Dá-se o nome de desenvolvimento de produtos/serviços à área que cuida de todos os estudos e pesquisas sobre criação, adaptação, melhorias e aprimoramentos dos produtos/serviços produzidos pela empresa. É por meio do desenvolvimento de produtos/serviços que surgem as inovações: produtos

---

12 Adaptada de: Certo, Samuel C. Modern mangement: diversity, quality, ethics, and the global enviroment. Boston: Allyn & Bacon, 1994. p. 169.

e serviços novos, modificações parciais ou totais nos atuais produtos/serviços, novas características, diferentes componentes, etc. Esse desenvolvimento faz com que produtos e serviços sejam constantemente reciclados e adaptados às novas necessidades do mercado, permitindo que, a cada ano, surjam novos modelos de automóveis, novos eletrodomésticos, novas peças de moda e vestuário, novos supermercados, novas lojas, novas agências bancárias e novos serviços bancários, apesar de esses produtos/serviços serem sempre os mesmos em suas individualidades.

O órgão de desenvolvimento de produtos/serviços recebe diferentes denominações, de acordo com o tipo de empresa e com o tipo de produto/serviço produzido.

1. **Empresas do ramo primário:** o setor de desenvolvimento de produtos costuma receber o nome de pesquisa e desenvolvimento (P&D). O órgão de P&D se encarrega de pesquisar e desenvolver novas matérias-primas, novas características de materiais, etc. Utiliza geralmente um laboratório de pesquisas, com pessoal familiarizado com a tecnologia utilizada.
2. **Empresas do ramo secundário:** o desenvolvimento de produtos pode receber o nome de engenharia de produtos, quando está mais voltado para os aspectos técnicos do produto e mais preocupado com a sua fabricação. Nesse caso, fica subordinado à gestão da produção. No entanto, quando está mais voltado para os aspectos comerciais e mercadológicos do produto, recebe o nome de criação e desenvolvimento, e se subordina à área de marketing ou à área de comercialização. Qualquer que seja o nome adotado pela empresa ou a sua subordinação, trata-se da área que se encarrega de criar e desenvolver novos produtos e de inovar os produtos atuais.
3. **Empresas do ramo terciário:** as denominações variam enormemente, pois se trata de desenvolvimento de serviços. Pode se subordinar à área de produção, à área de operações ou à área mercadológica da empresa, dependendo da complexidade do produto/serviço ou das exigências do mercado. Em alguns bancos, recebe o nome de desenvolvimento de produtos, em outros, organização e métodos (O&M). Como vimos antes, não há uma padronização para essas denominações.

O lançamento de um novo produto/serviço requer um longo trabalho de pesquisa e desenvolvimento, que envolve várias fases, representadas na Figura 14.

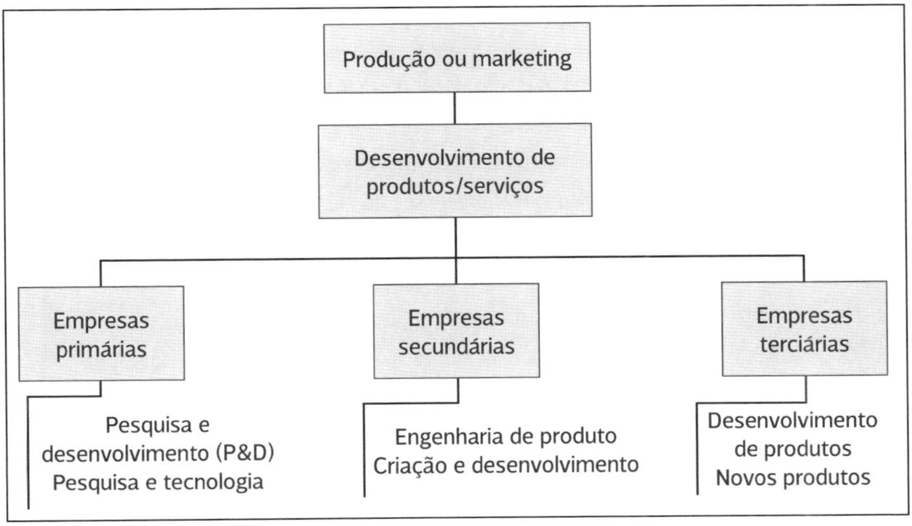

Figura 13 Denominações do órgão de desenvolvimento de produtos/serviços.

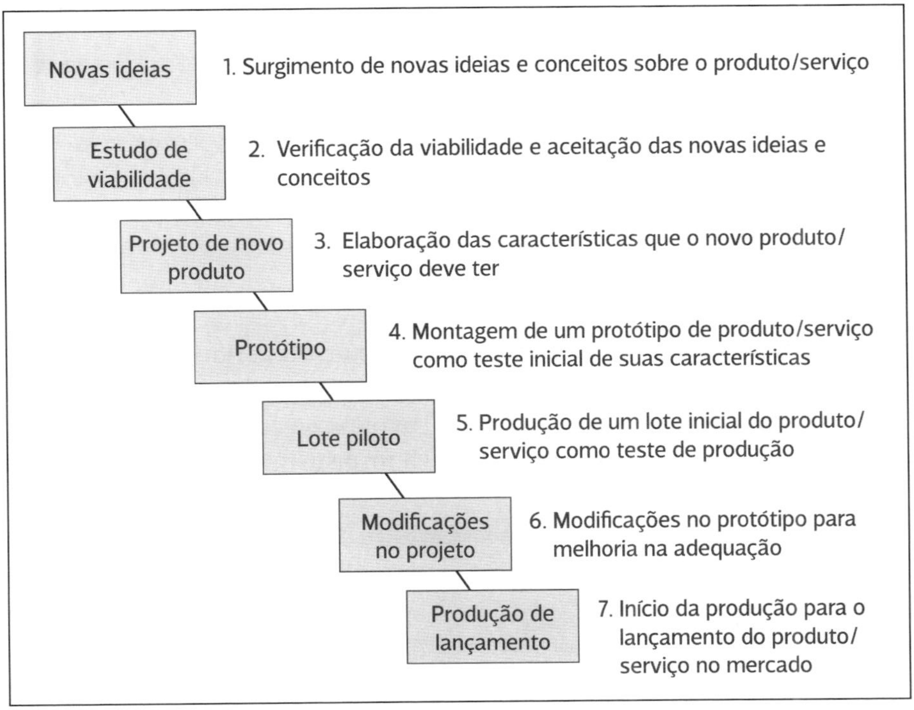

Figura 14 Fases do lançamento de um novo produto/serviço.

Inovação

A inovação está relacionada com novidades: fazer produtos ou serviços diferentes daqueles que já existem. Mas ela não significa apenas uma nova e diferente configuração de produtos ou serviços. Ela também pode estar na maneira de produzir esses produtos ou serviços. Isso significa inovar processos ou métodos de trabalho. Quando a concorrência é muito forte, as empresas procuram reduzir o ciclo de produção ou o período de lançamento do produto/serviço, para impactar os concorrentes e sair disparadas na frente deles. Reduzir o tempo de projeto e o tempo de produção é fundamental para garantir a flexibilidade da empresa e melhorar o seu jogo de cintura.
As empresas automobilísticas japonesas têm reduzido o ciclo de lançamento de um modelo novo de carro para menos de dois anos, enquanto as indústrias americanas ainda demoram o dobro desse tempo. Essa rapidez faz com que a empresa tome a iniciativa da inovação, e com que os concorrentes fiquem "na lanterninha", procurando entender como a empresa está inovando e mudando conceitos. Essa é a diferença entre as empresas líderes e as empresas seguidoras. Aquelas acabam sendo adotadas como *benchmarks*, ou seja, referências ou modelos para serem copiados e imitados. Quando os concorrentes conseguem entender e imitar essas inovações, a empresa líder já está novamente à frente deles, com outras inovações para serem copiadas e imitadas.
No entanto, a inovação mais importante nas organizações não está nos seus produtos/serviços ou nos seus processos. Eles são consequência de uma inovação muito mais ampla e profunda: a inovação na gestão, que antecede e provoca as demais inovações. Ela será abordada ao longo deste livro.

Dessa maneira, as características dos produtos ou serviços influenciam profundamente as questões básicas da GV. Afinal, vender algo depende basicamente de qual o valor que esse "algo" tem para o cliente. É preciso que o cliente receba toda a informação possível a respeito daquilo que se pretende vender a ele.

QUESTÕES PARA REVISÃO

1. Defina o produto/serviço de uma empresa.
2. Conceitue produto/serviço em relação à empresa como um sistema aberto.
3. Porque o produto/serviço representa a vocação da empresa?
4. O que é uma linha de produtos/serviços?
5. Quais as classificações possíveis de produtos/serviços?
6. O que são bens ou mercadorias?
7. O que são bens de consumo?
8. O que são bens de consumo duráveis? Dê exemplos.
9. O que são bens de consumo perecíveis? Dê exemplos.
10. O que são bens de consumo semiduráveis? Dê exemplos.
11. O que são bens de produção? Dê exemplos.
12. O que são bens de capital? Dê exemplos.
13. Quando um bem de consumo pode ser um bem de produção, e vice-versa?
14. Como são geralmente denominadas as empresas que produzem bens ou mercadorias?
15. O que são serviços? Dê exemplos.
16. Como são geralmente denominadas as empresas que prestam serviços?
17. O que é um produto concreto? Dê exemplos.
18. O que é um produto abstrato? Dê exemplos.
19. Qual o papel do produto/serviço quanto ao tipo de estrutura e quanto ao funcionamento da empresa?
20. Defina ramo de atividade.
21. O que tem a ver o ramo de atividade com o produto/serviço da empresa?
22. O que o produto/serviço deve proporcionar ao mercado e à empresa que o produz?
23. O que são componentes dos produtos/serviços?
24. Quais os componentes básicos dos produtos/serviços?
25. Qual a diferença entre dimensões tangíveis e dimensões intangíveis?
26. Defina marca. Dê exemplos.
27. Defina marca registrada. Dê exemplos.
28. Defina logotipo. Dê exemplos.
29. Defina embalagem.

30. Qual o papel atual da embalagem?
31. Defina qualidade.
32. Qual a diferença entre qualidade intrínseca e qualidade extrínseca?
33. Qual delas é mais importante para determinar a compra do produto?
34. Defina preço.
35. Quais os principais aspectos que a empresa considera para determinar o preço de um produto/serviço?
36. Quais os principais aspectos que o comprador considera para estimar o preço de um produto/serviço?
37. O que é lucro?
38. O que é margem de lucro?
39. O que você entende por maximização de lucro?
40. A maximização do lucro exige uma regulagem de que aspectos?
41. Defina receita de vendas.
42. Defina ciclo de vida de um produto/serviço.
43. Quais são as fases do ciclo de vida?
44. Defina a fase de introdução.
45. Defina a fase de crescimento.
46. Defina a fase de maturidade.
47. Defina a fase de declínio.
48. Em qual das fases o lucro é maior? Por quê?
49. Por que o ciclo de vida é importante?
50. Quais são as aplicações do ciclo de vida?
51. Como se pode prolongar um ciclo de vida?
52. Explique a matriz BCG, seu significado e sua importância para a GV.
53. Explique a matriz de portfólio da GE, seu significado e sua importância para a GV.
54. Como você poderia complementar a análise pela matriz BCG e a análise de matriz de portfólio da GE com a análise da indústria de Porter?

EXERCÍCIOS

1. Considere a empresa em que você trabalha ou a instituição em que você estuda. Qual é o produto/serviço que ela oferece?
2. Como você classificaria o produto/serviço de sua empresa ou instituição? É um bem? De que tipo? É um serviço? Concreto ou abstrato? Explique detalhadamente a sua classificação.
3. Como você visualiza os componentes do produto/serviço oferecido pela sua empresa ou instituição? Explique.
4. Como você vê o ciclo de vida do produto/serviço oferecido pela sua empresa ou instituição? Em qual fase ele se situaria? Por que razões? Quais as principais características dessa fase?
5. Sendo um profissional de gestão de vendas, como você consideraria o produto/serviço oferecido pela sua empresa ou instituição?

5

PREVISÃO E PLANEJAMENTO DE VENDAS

1. Análise do mercado
2. Pesquisa de mercado
3. Previsão de vendas
4. Determinação das cotas de vendas
5. Questões para revisão
6. Exercícios

Como saber o quanto se poderá vender no próximo exercício anual? Quais são os pontos de referência para se avaliar o quanto um produto poderá ser futuramente vendido no mercado? Como criar, agregar, entregar e capturar valor no próximo exercício contábil e no médio e longo prazos? Como criar as condições para aproveitar oportunidades de mercado e isolar possíveis ameaças ambientais? Como levar adiante a companhia de modo a chegar ao seu destino, apesar das chuvas e trovoadas pela frente? O planejamento e a previsão de vendas fazem parte desse contexto.

As empresas são agentes ativos e proativos que se esforçam para alcançar suas metas e objetivos da melhor maneira possível e, com isso, oferecer resultados. Todavia, as vendas de seus produtos/serviços dependem de uma série de fatores internos e externos que determinam o seu sucesso ou fracasso.

1. **Fatores internos:** aspectos internos que dependem da própria empresa e que estão sob o seu controle e, portanto, podem ser planejados com antecipação. É o caso de métodos e processos de trabalho, organização interna, cultura corporativa, estilo de gestão e da estratégia adotada para avançar no mercado, no sentido de aumentar a competitividade.
2. **Fatores externos:** fatores que existem no contexto em que a empresa está situada, como decisões e poder de compra dos clientes e consumidores, atuação dos concorrentes, conjuntura econômica e política do país, níveis de preço no mercado, disponibilidade de matérias-primas para produzir bens/serviços nas quantidades desejadas, etc. Assim, o alcance dos objetivos da empresa nem sempre depende exclusivamente dela, mas desse enorme conjunto de fatores externos. Aspectos que dependem do mercado e que escapam do controle da empresa precisam ser previstos com antecipação, para evitar possíveis surpresas futuras que possam alterar os programas da empresa.

As empresas não vendem seus produtos/serviços às cegas. E nem ao acaso. Elas planejam suas vendas e se organizam internamente para isso. Ocorre que nem sempre o planejamento de vendas fica completamente sob o controle da empresa, pois quem decide comprar é o mercado. Mais especificamente: é o cliente ou consumidor. É ele que determina se um produto/serviço será vendido, em grande quantidade ou muito pouco. Daí, a necessidade de conhecer o mercado e suas tendências.

As empresas procuram continuamente informações a respeito do mercado, para saber como se comportar em relação a ele. Como o mercado é imenso e complexo, as empresas procuram conhecê-lo por meio de uma avaliação: a análise do mercado. Quando essa análise não consegue fornecer as informações necessárias, as empresas lançam mão da pesquisa de mercado.

Vejamos o que significam análise do mercado e pesquisa de mercado.

ANÁLISE DO MERCADO

Quanto mais a empresa conhece o seu mercado, tanto maiores são suas chances de sucesso. Conhecer o mercado significa conhecer o cenário de operações. As empresas introvertidas – aquelas que não analisam ou investigam o mercado, e que não se voltam para fora de si mesmas – tendem a desajustar-se do mercado e perder sua competitividade por inadequação ou fantasia. Por outro lado, as empresas extrovertidas – voltadas para o mercado – podem mais facilmente detectar as mudanças e tendências externas, e sintonizar suas atividades em direção a elas. Para tanto, as empresas precisam ter olhos e ouvidos voltados para o mercado. Precisam enxergar e ouvir, para saber onde estão pisando e o que devem fazer. Os olhos e ouvidos da empresa – isto é, os seus órgãos sensoriais – são constituídos pelas fontes de informações sobre o mercado. Da mesma forma como as pessoas usam olhos e ouvidos para colher informações externas, as empresas também precisam constantemente ficar atentas e obter informações a respeito do mercado.[1]

O oceano azul[1]

Não existem empresas excelentes para sempre, e também não existem mercados que permaneçam sempre excelentes. Tudo muda e se transforma continuamente, e, muitas vezes, imprevisivelmente. As empresas fazem coisas inteligentes, mas também erram muito. Para alcançar o sucesso, elas precisam saber quais ações e experiências deram certo e quais deram errado, aprender a escolher entre elas e adotar sistematicamente as ações inteligentes que foram bem-sucedidas. Talvez, a mais importante delas seja descobrir ou criar "oceanos azuis". E o que isso quer dizer? A estratégia do oceano azul é o desafio de transpor as barreiras do "oceano vermelho" – caracterizado pela competição sangrenta – por meio da criação de espaços de mercado inexplorados, que tornem a concorrência irrelevante. Em vez de retaliar a demanda concorrencial ou de imitar e copiar os concorrentes, a estratégia do oceano azul se concentra em aumentar a demanda e em romper as fronteiras atuais da competição em movimento. As oportunidades do tipo oceano azul – transparente, calmo, tranquilo e inexplorado – estão à disposição para quem o explorar primeiro. E, à medida que ele é explorado, o universo do mercado se expande. Trata-se de uma estratégia eficaz para sair da concorrência sangrenta

---

1 Kim, W. Chan; Mauborgne, Renée. A estratégia do oceano azul: como criar novos mercados e tornar a concorrência irrelevante. Rio de Janeiro: Campus, 2005.

e encontrar novos espaços até então inexplorados no mercado. Essa ampliação de fronteiras é o motor do crescimento. Como? Oferecendo alto valor a um custo drasticamente baixo e criando novas demandas em vez de competir melhor do que os concorrentes. Isso significa sair da caixa e buscar o seu entorno. A inovação está por trás disso.

A análise do mercado é feita por meio de informações sobre ele. As fontes de informações sobre o mercado podem ser classificadas em dois tipos: primárias e secundárias.

1. **Fontes primárias:** permitem obtenção direta de dados a respeito dos agentes que se pretende conhecer.
2. **Fontes secundárias:** permitem obtenção de dados por meio de intermediários que estudaram ou analisaram as fontes primárias.

Fontes primárias

As fontes primárias – fontes diretas ou fontes originais – são entidades – pessoas, grupos, empresas, etc. – cujas opiniões ou expectativas interessam diretamente à empresa. Os dados primários são obtidos diretamente dessas fontes, por meio de perguntas, entrevistas, questionários, cartas, etc. Os dados primários são originalmente colhidos para um estudo específico, que extrai amostras representativas de clientes para obter suas opiniões e generalizar os resultados para a totalidade do universo de clientes. Como as fontes primárias são muito esparsas e numerosas, torna-se difícil abordá-las em sua totalidade. Quando isso é difícil ou demorado, surge a necessidade de fontes secundárias para obter as informações necessárias. Quando isso também for difícil, vem a pesquisa de mercado.

As fontes primárias são basicamente quantitativas e numéricas – por exemplo, quantas pessoas estão interessadas em um determinado produto, quantas pessoas compram em uma determinada loja, etc. –, e podem ser submetidas a tratamento estatístico; por exemplo: qual a porcentagem de consumidores que preferem o produto A ao produto B? Qual a porcentagem dos clientes da loja X que deixam de comprar determinado produto por causa do preço elevado?

As informações qualitativas são basicamente explicativas; por exemplo: por que os consumidores preferem a cor branca a outras cores quando compram geladeiras? Ou por que os carros de cor preta são os preferidos e mais frequentes nas ruas? Quais as características que explicam o sucesso do produto?

Fontes secundárias

As fontes secundárias – ou fontes indiretas – são as entidades que colhem dados ou informações das fontes primárias para fornecê-los a outras entidades interessadas, de forma resumida ou sintética. Os dados secundários são obtidos indiretamente das fontes primárias, por meio de registros, relatórios, publicações, revistas, anuários, etc. Eles são, em geral, dados já colhidos para outras finalidades, e que se encontram registrados ou publicados, podendo ser utilizados para tomada de decisões. A análise de mercado se baseia nas fontes secundárias.

As fontes secundárias podem se localizar dentro da empresa ou fora dela. Assim:

1. **Informações secundárias obtidas dentro da empresa:** relatórios mensais dos departamentos da empresa, estatísticas de vendas (por produto/serviço, por cliente, por região, etc.), cadastro de clientes e banco de dados sobre os clientes (quanto cada cliente compra, quando compra e em que condições ele compra), receita de vendas por produto/serviço, informações de crédito e cobrança dos clientes (como os clientes estão honrando seus pagamentos), etc.
2. **Informações secundárias obtidas fora da empresa:** centros de documentação, jornais e revistas especializados, publicações, federações e sindicatos da categoria, anuários estatísticos do IBGE e de outras entidades, etc.

A Figura 1 apresenta algumas fontes primárias e secundárias de informações sobre o mercado.

A análise de mercado é feita continuamente, e permite à empresa um posicionamento adequado diante do mercado. Assim, os relatórios mensais dos diversos departamentos da empresa que lidam com segmentos de mercado (como vendas, cobranças, compras, etc.); as estatísticas de vendas (quanto se está vendendo de cada produto/serviço e a quem); o cadastro de clientes (qual a realidade e a potencialidade da clientela); o banco de dados sobre os clientes (quanto compram, quando compram e por que compram);

Fontes de informação	Tipo de abordagem	Informação obtida por meio de:
Primárias	Quantitativa	• Pesquisa de mercado
	Qualitativa	• Pesquisa de mercado
Secundárias	Dentro da empresa	• Relatórios mensais • Estatísticas de vendas • Cadastro de clientes • Banco de dados dos clientes • Receita de vendas do produto • Crédito e cobrança dos clientes
	Fora da empresa	• Centros de documentação • Jornais e revistas especializados • Publicações em geral • Federações e sindicatos • Anuários estatísticos (IBGE)

Figura 1 Fontes primárias e secundárias de informação sobre o mercado.

o crédito e a cobrança (como pagam e quando pagam); e a receita de vendas (quanto cada produto/serviço está vendendo, quais as providências para que venda mais) proporcionam condições para se analisar o mercado e verificar quais as posições mais adequadas para a empresa conseguir obter melhores condições e aumentar as suas vendas.

Quanto vale uma informação?

A informação é a matéria-prima fundamental para a análise de mercado. Quanto mais informação houver a respeito de algo, tanto menor a incerteza a seu respeito. A informação pode ser a matéria-prima básica para o sucesso das vendas. Quem tem informação tem poder, e pode estar na frente. A falta de informação conduz à ignorância sobre algo, o que leva à completa ausência de ação eficaz.

PESQUISA DE MERCADO

Quando as fontes secundárias de informações da empresa são insuficientes para permitir uma adequada análise do mercado, parte-se para a pesquisa de mercado.

A pesquisa de mercado – também denominada pesquisa mercadológica ou pesquisa de marketing – é importante ferramenta de obtenção de informações a respeito do mercado. Ela pode ser definida como coleta, registro e análise dos dados a respeito da comercialização de produtos/serviços do produtor ao consumidor. O nome "pesquisa de mercado" é uma expressão ampla, que abrange todas as atividades de pesquisa realizadas para a gestão mercadológica.

Pesquisa de mercado × análise de mercado

A pesquisa de mercado é diferente da análise de mercado. Enquanto a análise de mercado é feita continuamente, por meio de informações secundárias que a empresa normalmente tem à sua disposição para mera consulta, a pesquisa de mercado não é contínua, e precisa coletar as informações primárias em um trabalho planejado especificamente para tal, e organizado para entrevistar ou questionar a amostra que se pretende pesquisar. Feita a pesquisa de mercado e tiradas as conclusões, ela se encerra. Caso necessária, uma nova pesquisa de mercado precisará ser previamente planejada e organizada. A pesquisa de mercado é feita sob medida para cada tipo de situação.

Na realidade, a pesquisa de mercado é um conjunto de técnicas destinadas a obter informações objetivas sobre o processo de comercialização de um produto/serviço, a fim de que a empresa possa tomar decisões com um grau menor de incerteza. Toda vez que a empresa deve tomar decisões a respeito das vendas de seu produto/serviço, ela corre certo risco, na medida em que lhe faltam informações objetivas a respeito do mercado consumidor. A pesquisa de mercado serve exatamente para reduzir a incerteza na tomada dessas decisões.

A pesquisa de mercado pode ser feita para analisar todo o processo de comercialização: vendas, promoção, propaganda, distribuição, preço, consumo do produto/serviço, imagem, tipo de consumidor final, etc.

O fundamento da pesquisa de mercado está na amostragem. Uma amostra é um grupo representativo de um universo, é uma parcela do universo, cujas características são exatamente iguais às dele. E o universo é a totalidade dos elementos – consumidores, clientes, concorrentes, etc. – que se pretende conhecer. Como o universo é amplo e extremamente difícil de ser pesquisado, utiliza-se uma amostra representativa dele como base para a pesquisa. Amostragem significa a escolha da amostra mais representativa do universo, de maneira que o comportamento da amostra traduza o comportamento do universo. A pesquisa de mercado coleta dados da amostra e tira conclusões a respeito do universo por ela representado. A coleta de sangue para exame médico é um exemplo típico de amostra.

Técnicas de pesquisa de mercado

A pesquisa de mercado geralmente utiliza a técnica da entrevista ou a técnica do questionário.

1. **Entrevista:** coletar dados por meio de perguntas e respostas. A entrevista pode ser feita pessoalmente ou por telefone, utilizando-se um interrogatório do tipo pergunta/resposta de forma direta e objetiva.
2. **Questionário:** coletar dados utilizando-se uma ou mais folhas contendo perguntas de múltipla escolha, a serem respondidas com um traço ou uma cruz. O questionário pode ser entregue pessoalmente ou pelo correio.

Em quaisquer das técnicas empregadas, as pesquisas de mercado podem ser quantitativas ou qualitativas.

Tipos de pesquisas quantitativas de mercado

As pesquisas quantitativas de mercado utilizam técnicas estatísticas, fornecendo resultados numéricos e quantitativos, na forma de quantidades, proporções, porcentagens, etc.

Existem cinco tipos principais de pesquisa de mercado: a pesquisa de vendas, a pesquisa de consumidor, a pesquisa de produto/serviço, a pesquisa de propaganda e a pesquisa de concorrência.

Pesquisa de vendas

A pesquisa de vendas serve para verificar a situação de vendas da empresa. Pode variar desde uma simples análise estatística das vendas até uma verificação mais profunda junto aos atacadistas e varejistas, para situar como estão se desenvolvendo as vendas da empresa. A pesquisa de vendas é utilizada para verificar a comercialização no varejo e no atacado, para detectar problemas de distribuição, calcular estoques do produto, fazer ajustes à produção e às vendas, etc.

A pesquisa de vendas pode ser feita por meio de:

1. **Painel de consumidores:** amostra fixa capaz de representar o universo dos consumidores. O painel pode ser constituído por amostras de lares (famílias) ou de consumidores individuais, ou ainda de segmentos da população de consumidores finais. Em vez de se pesquisar todo o mercado – o que seria uma trabalheira sem fim –, pesquisa-se simplesmente uma amostra fixa e generalizam-se os resultados. Ao pesquisar o consumo dos componentes do painel, pode-se avaliar não somente o mercado total, mas também os seus segmentos.
2. **Painel de varejistas:** a amostra fixa é constituída por varejistas que vendem os produtos/serviços da empresa para os consumidores finais. Com o painel de varejistas, podem-se pesquisar os mercados em unidades e em valores monetários, em termos de compras, estoques e saídas das lojas.
3. **Estudos de distribuição:** a partir de amostras de varejistas (lojas) e atacadistas, pesquisam-se o nível de estoques dos produtos/serviços, a cobertura promocional, a situação no ponto de venda, as condições da concorrência, etc.

Pesquisa de consumidor

Serve para analisar e conhecer as características, as atitudes, as reações e as preferências do consumidor quanto a produtos/serviços. É usada para desenvolver e adequar o produto/serviço às necessidades e às expectativas do consumidor final.

A pesquisa de consumidor pode ser feita por meio de:

1. **Painel de consumidores:** grupo de consumidores escolhido para que a empresa possa interagir com ele, a fim de conhecer mais profundamente seu comportamento de consumo, suas características individuais, suas preferências pessoais, suas necessidades, etc. Em geral, o painel pode ser realizado de maneira virtual, na internet. Em alguns casos, os consumidores podem ser reunido em algum local da empresa para a troca de ideias, entrevistas, questionamentos, etc.
2. **Estudo de comportamento:** é diferente do painel porque utiliza amostras de consumidores tomadas ao acaso e que variam de uma pesquisa para outra. O estudo de comportamento dos consumidores visa tam-

bém a conhecer suas características de consumo, suas preferências pessoais, suas necessidades, etc. É também denominado estudo de base, pois sem ele torna-se difícil penetrar em um mercado novo.

3. **Mercado de prova:** também denominado *market test*, procura eliminar o risco no lançamento de novos produtos/serviços. Consiste em selecionar uma zona representativa de todo o mercado (p. ex., uma cidade ou um bairro) que se pretende conquistar, e agir sobre ela como se fosse o mercado inteiro. Com os resultados, a empresa decide se lançará o produto/serviço nas demais cidades ou bairros, se cancelará o lançamento ou se alterará o plano de lançamento.

Pesquisa de produto/serviço

A pesquisa de produto ou serviço serve para analisar como o produto/serviço está sendo aceito no mercado quanto a suas características, embalagem e qualidade, se há a necessidade de adequações, etc.

A pesquisa de produto pode ser feita por meio de:

1. **Teste de conceito:** permite avaliar a ideia de um novo produto/serviço, ainda em estudos, e verificar se vale a pena levar o projeto adiante. Não é necessário dispor do produto/serviço já acabado para fazer o teste de conceito.
2. **Teste de produto:** permite identificar, dentre duas ou mais alternativas, qual dos produtos/serviços é o mais indicado para o mercado. Trata da aceitação ou da rejeição de um novo produto/serviço. Pode também proporcionar comparações com produtos concorrentes similares, analisando os pontos fortes e fracos de todos.
3. **Teste de embalagem:** equivalente ao teste de produto, mas aplicado especificamente à embalagem.

Pesquisa de propaganda

A pesquisa de propaganda permite verificar o efeito da propaganda e auxiliar no seu direcionamento. É utilizada para avaliar a influência da propaganda sobre o consumidor, o seu reflexo sobre as vendas, a sua eficácia em relação aos objetivos propostos, etc.

A pesquisa de propaganda pode ser feita por meio de:

1. **Pesquisa de audiência:** procura identificar e avaliar a audiência dos meios de comunicação. Muito utilizada pelos canais de televisão para analisar os programas de maior audiência e popularidade.
2. **Pré-teste publicitário:** também chamado de pré-teste de propaganda, é uma forma de avaliar, antes que a propaganda seja passada à população, os níveis de compreensão, aceitação e credibilidade para um grupo de pessoas que, geralmente, é composto pelos dirigentes da própria empresa.
3. **Pós-teste publicitário:** também chamado de pós-teste de propaganda, é uma forma de verificar, depois de finalizada a campanha publicitária, sua eficácia e sua permanência junto às pessoas que receberam a mensagem.

Pesquisa de concorrência

A pesquisa de concorrência serve para verificar qualidade, preço, vendas, aceitação pelo consumidor, etc. dos produtos/serviços similares oferecidos pela concorrência.

A pesquisa de concorrência pode ser feita por meio de:

1. **Barômetro de marcas:** pesquisa, ao longo do tempo e em diferentes épocas, da evolução do mercado global e das cotas de participação das diferentes marcas que o compõem. Indica quais marcas estão evoluindo positiva ou negativamente, crescendo ou decrescendo.
2. **Teste de produto:** da mesma forma que na pesquisa de produto, compara os produtos da empresa com os da concorrência.
3. **Teste de embalagem:** da mesma forma que na pesquisa de produto, compara os produtos da empresa com os da concorrência.

Tipos de pesquisas qualitativas de mercado

As pesquisas qualitativas de mercado fornecem informações descritivas, explicativas e não numéricas. São utilizadas com menor frequência que as quantitativas.

Os principais tipos de pesquisas qualitativas de mercado são os estudos motivacionais e os estudos de imagem.

Estudos motivacionais

Explicam o que motiva a compra dos produtos/serviços, isto é, o que leva o consumidor a comprar determinado produto em detrimento de outros produtos à sua disposição. Com isso, é possível entender os mecanismos psicológicos que levam o consumidor a optar por certos produtos/serviços, e o que eles devem ter para serem escolhidos.

Estudos de imagem

Imagem é a impressão que as pessoas têm sobre um produto/serviço, sobre uma marca ou sobre uma empresa. A imagem – favorável ou desfavorável – é o primeiro passo do comportamento de compra. Se a imagem for negativa, a análise de suas causas permite identificar condições para modificá-la. Se a imagem for positiva, ela deve ser mais bem utilizada para incrementar as vendas.

A importância do conhecimento do mercado

Conhecer o mercado é um fator indispensável para o sucesso das vendas. A empresa não pode ignorar o que se passa ao seu redor nem o que ocorre na mente dos clientes, e muito menos as estratégias de vendas de seus concorrentes. O gestor de vendas deve ter uma visão ao mesmo tempo antecipatória e periférica, para prever possíveis movimentos estratégicos dos concorrentes e preparar-se para enfrentá-los da melhor maneira possível. Embora isso seja uma estratégia de "oceano vermelho", muitas vezes não é possível evitá-la.

A Figura 2 permite uma visão geral dos tipos de pesquisa de mercado, quantitativas ou qualitativas.

A pesquisa pode ser feita pela própria empresa ou encomendada a alguma empresa especializada em pesquisas de mercado, como o Ibope (Instituto Brasileiro de Opinião Pública e Estatística).[2]

Providências que todo planejamento e toda previsão de vendas podem indicar

O planejamento e a previsão de vendas permitem definir metas e objetivos, os quais podem ser utilizados como indicadores ou métricas para avaliar o desempenho e os resultados alcançados pela gestão de vendas (GV). A Figura 3 mostra que o ciclo de planejamento pode indicar aspectos a serem eliminados, reduzidos, aumentados ou criados na empresa. Isso significa aprender com a experiência em campo e aumentar a curva do aprendizado.[2]

---

2 Baseado em: Kim, W. Chan; Mauborgne, Renée. A estratégia do oceano azul: como criar novos mercados e tornar a concorrência irrelevante, op. cit.

Pesquisas quantitativas	Pesquisa de vendas	• Painel de consumidores • Painel de varejistas • Estudos de distribuição
	Pesquisa do consumidor	• Painel de consumidores • Estudo de comportamento • Mercado de prova
	Pesquisa de produto/serviço	• Teste de conceito • Teste de produto • Teste de embalagem
	Pesquisa de propaganda	• Pesquisa de audiência • Pré-teste publicitário • Pós-teste publicitário
	Pesquisa de concorrência	• Barômetro de marcas • Teste de produto • Teste de embalagem
Pesquisas qualitativas		• Estudos motivacionais • Estudos de imagem

Figura 2 Tipos de pesquisa de mercado.

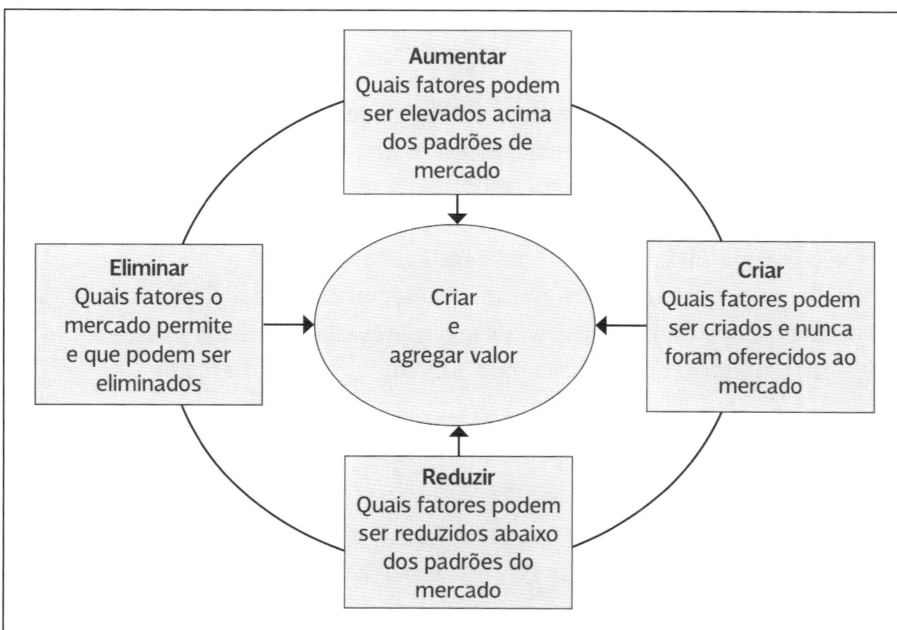

Figura 3 Abordagem de quatro ações.

PREVISÃO DE VENDAS

Para poder vender seu produto/serviço e produzi-lo na quantidade adequada às necessidades do mercado, a empresa precisa prever as suas vendas, para planejar suas atividades de produção e de comercialização. A previsão de vendas é a base para o planejamento de toda a sua produção e comercialização. Saber qual a quantidade semanal, mensal ou anual de produtos/serviços a serem produzidos, e como tudo isso será vendido, é algo que depende da previsão de vendas.

Previsão de vendas

Como o futuro das vendas fica totalmente fora do controle da empresa – porque está nas mãos e na mente do cliente ou consumidor –, fala-se mais de "previsão de vendas". A diferença é que a previsão é mais subjetiva do que o planejamento. Planejar é programar com antecipação a perfeita execução de algo. Prever é estimar, com alguma margem de erro, os eventos futuros. Tanto o planejamento como a previsão são processos que abordam o futuro, só que o planejamento serve para determinar previamente o que deve ser feito, como e quando, enquanto a previsão serve para estimar ou imaginar aquilo que pode acontecer.

A previsão de vendas representa a quantidade de produtos/serviços que a empresa pretende vender ou colocar no mercado durante o exercício. A previsão de vendas deve especificar, para cada produto/serviço da empresa, as vendas previstas ou esperadas para cada mês do exercício. Ela é, portanto, uma estimativa ou expectativa de vendas. Pode ser feita em unidades físicas ou em valores monetários para um determinado período, que geralmente é de um ano, subdividido em meses. A previsão de vendas pode ser feita para o mercado total ou apenas para um segmento de mercado.

Previsão de vendas e posicionamento das demais áreas da empresa

As empresas estão sob constante pressão de seus *stakeholders* internos e externos, no sentido de proporcionar previsões de vendas mais acuradas, para prever e melhorar, no longo prazo, a saúde da organização. Para manter uma posição competitiva no mercado, as empresas têm buscado soluções para a análise de vendas que sejam capazes de transformar fluxos de dados em processos mais seguros de previsão de vendas.

Produtos	Jan	Fev	Mar	Abr	Mai	Jun	Jul	Ago	Set	Out	Nov	Dez	Total
A	200	200	300	300	300	300	300	300	300	300	300	300	3.400
B	100	200	300	300	300	300	300	300	300	300	300	300	3.300
C	100	200	300	300	300	300	300	300	300	300	300	300	3.300
Totais	400	600	900	900	900	900	900	900	900	900	900	900	10.000

Figura 4 Previsão de vendas em milhares de unidades de três produtos.

Trata-se de criar uma abordagem mais refinada, que assegure retornos futuros e um fortalecimento mais eficaz da atividade de vendas, bem como um *timing* que favoreça o trabalho de sua equipe de vendas. As práticas de vendas e sua eficácia dependem de uma previsão de vendas mais segura, que considere as oscilações e surpresas que o mercado costuma proporcionar.

Para tanto, é necessário permitir o acesso à previsão de vendas, habilitando outros executivos da empresa – finanças, produção/operações, recursos humanos, suprimentos – a tomarem melhores decisões em conjunto, e levando em conta suas sugestões e seus problemas. Esse compartilhamento facilita enormemente a ação conjunta e cruzada das várias áreas envolvidas no processo, ajudando a criar um suporte mais amplo na tomada de decisões que afetarão as demais áreas da empresa. Em outras palavras, deve-se criar um senso de equipe integrada para cuidar de assuntos relacionados com o futuro da empresa.

A previsão de vendas pode ser detalhada ou desdobrada por território ou por vendedor, a fim de proporcionar melhor acompanhamento e controle das regiões e da equipe de vendas. A Figura 5 detalha a previsão de vendas do produto A em três diferentes regiões.

Produtos	Jan	Fev	Mar	Abr	Mai	Jun	Jul	Ago	Set	Out	Nov	Dez	Total
Região 1	100	100	150	150	150	150	150	150	150	150	150	150	1.700
Região 2	50	50	75	75	75	75	75	75	75	75	75	75	850
Região 3	50	50	75	75	75	75	75	75	75	75	75	75	850
Totais	200	200	300	300	300	300	300	300	300	300	300	300	3.400

Figura 5 Previsão de vendas em milhares de unidades de um produto para três regiões.

Fatores de cálculo da previsão de vendas

A previsão de vendas é estimada em função de quatro fatores básicos:

1. **Informações sobre as vendas passadas:** isto é, as vendas efetuadas nos períodos anteriores. Essas informações são tiradas dos registros e das estatísticas de vendas, e formam a base da previsão de vendas. Se não houvesse alterações no mercado, elas serviriam para projetar as vendas futuras como decorrência das vendas passadas, como ocorre em mercados estáticos ou estáveis. As vendas passadas refletem a própria experiência da empresa em relação ao seu mercado real.
2. **Informações sobre tendências do mercado:** são obtidas pela análise do mercado e, quando insuficientes, também pela pesquisa de mercado. Essas informações servem para detectar tendências de crescimento ou de diminuição das vendas, ou o aparecimento de clientes ou concorrentes potenciais.
3. **Capacidade de produção da empresa:** capacidade que a empresa tem de produzir bens/serviços no período considerado na previsão de vendas. Se a previsão de vendas for menor do que a capacidade de produção da empresa, haverá capacidade ociosa e não aproveitada. Mas, se for maior, existem três alternativas de solução:

a. **Reduzir a previsão de vendas:** até o nível determinado pela capacidade de produção, cortando a estimativa excedente.
b. **Aumentar a capacidade produtiva da empresa:** até o nível de vendas previsto, por meio da aquisição de máquinas, instalações, pessoal, etc.
c. **Comprar serviços de produção de outras empresas:** transferindo para outros a produção que excede sua capacidade atual.

4. **Capacidade de vendas da empresa:** o que a empresa tem condições de vender e de distribuir. A capacidade de vendas depende da organização das vendas da empresa e do seu sistema de distribuição, aspectos que serão discutidos nos próximos capítulos.

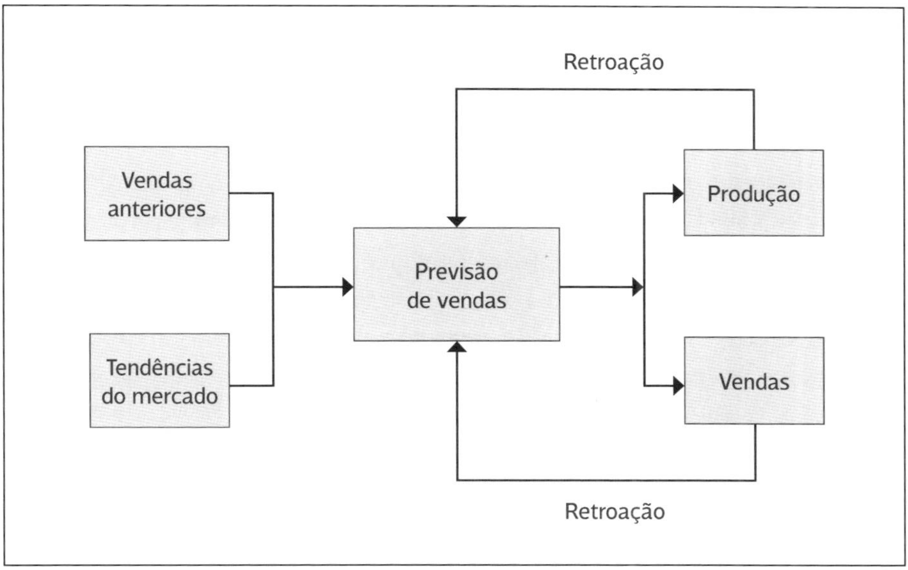

Figura 6 Fatores que influenciam a previsão de vendas.

Na realidade, a empresa faz várias e diferentes previsões de vendas, cada qual consistindo em uma estimativa de vendas prováveis de acordo com diferentes planos comerciais ou diferentes análises do mercado. Em geral, há uma previsão otimista, uma previsão pessimista e uma previsão intermediária, para fornecer não uma linha preditiva, mas uma faixa preditiva, que possa conter possíveis incertezas no caminho futuro.

As pressões que afetam a previsão de vendas

A previsão de vendas deve levar em conta as pressões do negócio, as ações, as capacidades e os habilitadores capazes de indicar o comportamento da empresa em específicos processos do negócio:

1. **Pressões das forças externas**: impactam a posição da empresa no mercado, sua competitividade ou suas operações. São fatores econômicos, sociais, políticos e regulatórios, mudanças na tecnologia, preferências do consumidor, competição externa, etc.
2. **Ações**: abordagens estratégicas utilizadas pela empresa em resposta às pressões externas do mercado, como o alinhamento do modelo de negócio da empresa para alavancar as oportunidades, como a estratégia de produto/serviço, os alvos de mercado, a estratégia financeira, a entrada em novos mercados e a estratégia de vendas.
3. **Capacidades**: competências requeridas pelos processos de negócios para executar a estratégia corporativa, como pessoas habilitadas, marca, posicionamento no mercado, novos produtos/serviços viáveis, financiamento, ecossistema de parceiros, etc.
4. **Habilitadores**: chave para soluções tecnológicas requeridas para apoiar as práticas empresariais, como plataforma de infraestrutura, aplicações, conectividade de *softwares*, interfaces entre usuários, treinamento e apoio, interfaces entre parceiros, tratamento de grandes volumes de dados, etc.

Todos os aspectos acima estão em constante mudança, e afetarão o futuro da empresa quando a previsão de vendas se transformar em vendas efetivamente realizadas.

Por outro lado, a previsão de vendas não é algo definitivo. Ela é feita e refeita continuamente, à medida que vai sendo executada ou à medida que ocorrem alterações no mercado, na produção da empresa ou na execução das vendas. Se houver algum atraso na produção ou nas vendas, ocorrerá uma retroação sobre a previsão. Embora, geralmente, ela cubra um período de doze meses, a previsão de vendas é atualizada a cada mês. O mês que passou reflete as vendas reais, enquanto os meses subsequentes refletem as vendas previstas ou prováveis.

Além disso, a previsão de vendas está sujeita às seguintes alterações:

1. **Alterações no mercado:** a situação do mercado pode melhorar ou piorar, favorecendo ou dificultando as vendas da empresa. Novas tendências podem surgir no sentido de desenvolver clientes ou concorrentes potenciais.
2. **Alterações nas vendas:** os clientes podem antecipar ou adiar suas compras em função de situações imprevistas.
3. **Alterações na produção:** a produção de bens/serviços da empresa pode sofrer atrasos (por falta de matéria-prima, greves, acidentes, etc.) ou antecipações (por melhoria das instalações, novas tecnologias, etc.), alterando um dos importantes fatores da previsão de vendas.

Objetivos da previsão de vendas

Embora pareça que a previsão de vendas sirva simplesmente para programar a produção e as vendas de bens/serviços, na realidade os seus objetivos são bem mais amplos:

1. Conhecer previamente o volume de vendas que pode ser alcançado no período considerado.
2. Preparar a organização de vendas para a realização das vendas previstas. Isso pressupõe o recrutamento e a seleção de vendedores, seu treinamento e sua supervisão.
3. Calcular, em função das vendas previstas e da receita a ser obtida, a porcentagem de comissões e, portanto, a remuneração do pessoal de vendas.
4. Estabelecer as cotas de vendas para cada uma das unidades de vendas, isto é, cada vendedor, cada filial, etc.
5. Controlar o desempenho das vendas e dos vendedores.
6. Planejar as campanhas de promoção de vendas e de propaganda como meios auxiliares para facilitar e incrementar as vendas.
7. Planejar os sistemas de distribuição.
8. Estabelecer os programas de produção de bens/serviços da empresa para atender às vendas e abastecer a distribuição.
9. Calcular as necessidades financeiras da empresa em função das vendas previstas (receita) e da necessária produção de bens/serviços (despesas).

Como é feita a previsão de vendas

Cada empresa tem a sua maneira de elaborar e reelaborar continuamente a previsão de vendas. Isso depende muito do produto/serviço, do mercado, da concorrência, etc. No entanto, geralmente a previsão de vendas é feita utilizando-se uma das modalidades abaixo, ou uma combinação entre elas.

1. **Avaliação individual de cada vendedor:** o executivo de GV coleta, de cada vendedor, uma avaliação do passado, presente e futuro de seu território, e uma projeção de vendas para o ano seguinte. A seguir, totaliza as informações para montar a previsão de vendas da empresa.
2. **Reunião periódica do pessoal de vendas:** para se examinar detidamente as vendas passadas, o potencial do mercado, o comportamento dos clientes, as possíveis alterações do produto/serviço, as alternativas de campanhas de propaganda e de promoção de vendas, a concorrência, etc.
3. **Reunião periódica com os principais clientes:** em que se verificam o grau de satisfação com o produto/serviço, as expectativas de compra, a demanda de consumo futuro, etc.
4. **Utilização da abordagem de acumulação:** a previsão baseia-se em estimativas de vendas futuras, que são fornecidas pelas diferentes unidades da empresa (vendedores, filiais, departamentos, etc.). Essas estimativas são solicitadas periodicamente para todas as unidades da empresa que possam contribuir no processo, calculando-se as médias e as tendências. Além dessas, solicitam-se informações adicionais a distribuidores, varejistas, atacadistas e outras pessoas que possam trazer contribuições interessantes.
5. **Reunião de cúpula da empresa:** em que se examinam as vendas passadas, a capacidade de produção da empresa, as tendências econômicas do país, o potencial de mercado a ser explorado, o grau de risco que a empresa pretende assumir para o futuro, etc.

Importância da previsão de vendas

Qual a importância da previsão de vendas? Lembre-se de que ela serve como base direta para o planejamento da produção dos bens que se deseja vender e, consequentemente,

---

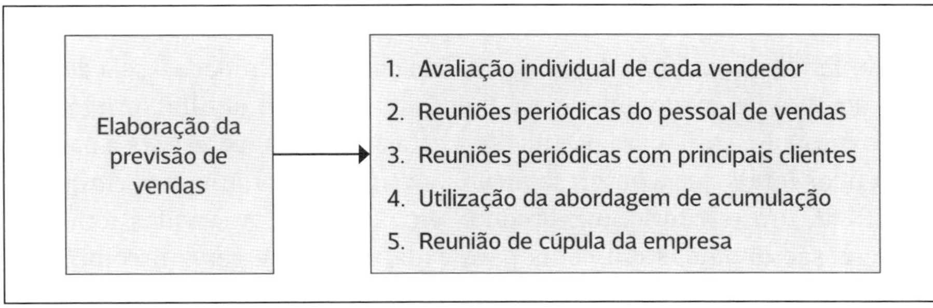

Figura 7 Modalidades de elaboração da previsão de vendas.

do que a empresa deve comprar de seus fornecedores, de quantas pessoas devem ser destinadas à produção e de quais máquinas e equipamentos vai precisar para produzir o necessário para as vendas futuras. Além disso, a previsão de vendas define o orçamento de receitas futuras da empresa, do que depende o seu orçamento de despesas e de investimentos, isto é, como a empresa pode viver das receitas futuras e quais os gastos que tais receitas podem alimentar. Quase toda a vida da empresa, no decorrer do exercício anual em foco, depende direta ou indiretamente da previsão de vendas.

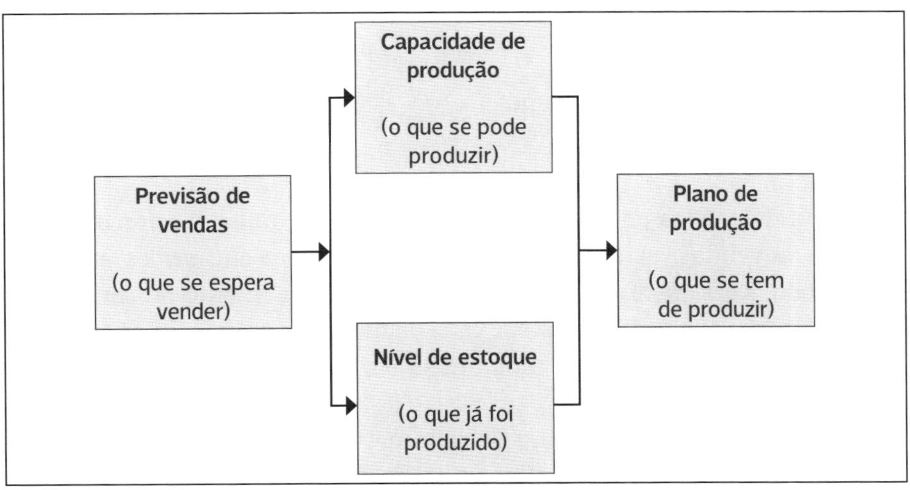

Figura 8 Elaboração do plano de produção da empresa.[3]

3 Chiavenato, Idalberto. Gestão da produção: uma abordagem introdutória. 3. ed. Barueri: Manole, 2014.

DETERMINAÇÃO DAS COTAS DE VENDAS

Cota de vendas é o volume de vendas fixado para uma unidade – seja ela um vendedor, um departamento, uma divisão ou seção, uma filial, um território, um produto, etc. – para uso na GV. A cota de vendas representa a parcela das vendas totais que a empresa atribui a um vendedor, um departamento, uma filial, um território, um produto, etc. Em geral, as vendas totais da empresa são divididas em cotas para cada unidade e servem como objetivos para cada uma delas. A cota de vendas é geralmente fixada para um determinado período – dia, semana, mês ou ano – e pode ser expressa em unidades físicas ou em valores monetários.

Objetivos da determinação de cotas de vendas

A determinação de cotas de vendas é feita para atingir vários objetivos simultâneos:

1. A cota de vendas pode servir como meio para verificar a eficiência de cada unidade, isto é, de cada vendedor, território, filial, produto/serviço, etc. As vendas reais são comparadas com as vendas previstas para proporcionar um índice de eficiência.

$$\text{Eficiência das vendas} = \frac{\text{Vendas reais}}{\text{Vendas previstas}} \times 100$$

2. A cota de vendas pode servir também para estimular o esforço do pessoal de vendas, estabelecendo objetivos a serem cumpridos em cada período. Nesse sentido, funciona como um balizamento ou como uma meta para cada unidade, isto é, cada vendedor, território, filial, produto/serviço, etc., de modo que cada um saiba, antecipadamente, aquilo que deve ser realizado.
3. A cota de vendas permite fixar a remuneração de vendedores ou de grupos de vendedores, pois facilita a fixação de porcentagens de valores monetários de vendas nos períodos considerados, principalmente quando a remuneração é feita por meio de comissões. As comissões funcionam como porcentagens das vendas reais, mas podem ser projetadas como porcentagens das cotas de vendas de cada um.

4. A cota de vendas proporciona um excelente meio de controle do desempenho do pessoal de vendas, indicando o que já foi realizado e quanto falta para cumprir a meta estimada.

Vendedor	Cota anual de vendas	Vendas realizadas					
		Janeiro		Fevereiro		Março	
		Venda	%	Venda	%	Venda	%
João	100.000	10.000	10	20.000	20	40.000	40
Pedro	200.000	20.000	10	40.000	20	50.000	25
Total	300.000	30.000	10	60.000	20	90.000	30

Figura 9 Cotas de venda e confronto com as vendas realizadas mensalmente.

A cota de vendas pode também ser feita regionalmente, para cada cidade, filial, região ou país. Nesse caso, é denominada "zoneamento de vendas" ou "cota regional de vendas", e se confunde com a segmentação de mercado.

A determinação das cotas de venda não é inflexível, nem deve ser obtida simplesmente pela aplicação de fórmulas matemáticas ou estatísticas absolutamente exatas. Deve ser feita considerando os efeitos psicológicos sobre todo o pessoal de vendas, no sentido de estimulá-lo e não o desanimar diante da tarefa a cumprir.

Os envolvidos na previsão de vendas

Para que a previsão de vendas possa acontecer, é necessário que dela participem todos os envolvidos no processo de vendas da empresa. Em outros termos, a previsão de vendas deve ser desdobrada por todos os membros da força de vendas de maneira relativa e proporcional. Da mesma forma como a previsão de vendas é feita em caráter diário, semanal, mensal, trimestral ou anual, as cotas de vendas também o são. As cotas de vendas funcionam como uma espécie de planejamento de vendas para cada membro da força de vendas. Daí a ênfase em metas e resultados a alcançar. As cotas funcionam como sinalização do futuro que se pretende transformar em realidade.

QUESTÕES PARA REVISÃO

1. Quais as diferenças entre previsão e planejamento?
2. De que dependem as vendas?
3. As empresas vendem às cegas?
4. Por que a necessidade de a empresa conhecer o mercado?
5. O que significam tendências de mercado?
6. Conceitue análise do mercado.
7. O que são fontes de informações sobre o mercado?
8. O que são fontes primárias?
9. Conceitue dados primários.
10. O que são fontes secundárias?
11. Conceitue dados secundários.
12. A análise de mercado se baseia em que tipos de fontes?
13. Como é feita a análise de mercado?
14. Explique as fontes secundárias dentro da empresa.
15. Explique as fontes secundárias fora da empresa.
16. Conceitue pesquisa de mercado.
17. Qual a diferença entre análise de mercado e pesquisa de mercado?
18. O que são fontes primárias quantitativas? Exemplifique.
19. O que são fontes primárias qualitativas? Exemplifique.
20. Quais as técnicas de pesquisa de mercado?
21. Quais os tipos de pesquisas de mercado quantitativas?
22. Conceitue pesquisa de vendas.
23. Quais os tipos de pesquisas de vendas?
24. Conceitue painel de consumidores.
25. Conceitue painel de varejistas.
26. Conceitue estudos de distribuição.
27. Quais os tipos de pesquisa de consumidor?
28. O que é mercado de prova?
29. Quais os tipos de pesquisas de produto?
30. O que é teste de conceito?
31. O que é teste de produto?
32. O que é teste de embalagem?
33. Quais os tipos de pesquisa de propaganda?

34. O que é pesquisa de audiência?
35. O que é pré-teste publicitário?
36. O que é pós-teste publicitário?
37. Quais os tipos de pesquisas de concorrência?
38. O que é barômetro de marcas?
39. Quais os tipos de pesquisas de mercado qualitativas?
40. O que são estudos motivacionais?
41. O que são estudos de imagem?
42. Conceitue previsão de vendas.
43. Por que utilizar a previsão de vendas, e não o planejamento de vendas?
44. Quais os fatores relevantes no cálculo da previsão de vendas?
45. Explique as informações sobre as vendas passadas na previsão de vendas, seus prós e contras.
46. Explique as informações sobre tendências do mercado na previsão de vendas, seus prós e contras.
47. Explique a capacidade de produção na previsão de vendas.
48. Explique a capacidade de vendas na previsão de vendas.
49. Quais as alternativas para nivelar previsão de vendas e capacidade de produção da empresa?
50. A previsão de vendas é definitiva ou mutável? Explique.
51. Ocorrem alterações na previsão de vendas em função de que tipos de mudanças? Explique.
52. Explique os objetivos da previsão de vendas.
53. Qual a relação entre previsão de vendas e organização de vendas?
54. Qual a relação entre previsão de vendas e programas de produção?
55. Qual a relação entre previsão de vendas e necessidades financeiras da empresa?
56. O que significa determinação das cotas de venda?
57. Conceitue cotas de venda.
58. Quais os objetivos das cotas de venda?
59. Explique as diferenças entre "oceano vermelho" e "oceano azul".
60. Como identificar e localizar um "oceano azul"?

EXERCÍCIOS

1. Imagine a empresa em que você trabalha ou a instituição em que você estuda. Como você poderia montar um esquema de análise de mercado utilizando fontes primárias e fontes secundárias?
2. Que tipos de pesquisa de mercado você indicaria para sua empresa ou instituição, no sentido de permitir o conhecimento mais aprofundado do mercado? Explique as razões para suas indicações.
3. Como você faria uma previsão de vendas para sua empresa ou instituição, tratando-se de uma empresa prestadora de serviços?
4. Como você faria a determinação de cotas de venda para sua empresa ou instituição? Não seria mais indicado falar em determinação de cotas de produção para as diferentes regiões de vendas, ou departamentos de professores?
5. Imagine uma empresa do ramo de cosméticos, um mercado cheio de concorrentes e de competição. Como ela poderia inventar um "oceano azul" para neutralizar a concorrência?

6

DISTRIBUIÇÃO E ENTREGA

1. Conceito de distribuição
2. Intermediários
3. Utilidades de tempo e lugar
4. Sistemas de distribuição
5. Critérios para definição do sistema de distribuição
6. Questões para revisão
7. Exercícios

O comércio requer que produtos e serviços estejam sempre disponíveis no local e no tempo certos, para que o consumidor possa comprá-los e utilizá-los. Essa disponibilidade significa presença nas prateleiras dos supermercados, nas vitrines das lojas, no balcão das empresas prestadoras de serviços ou na internet. Distribuição é isso: fazer com que os intermediários do processo possam estar sempre disponíveis para entregas rápidas e imediatas, e que os vendedores possam entregar com a maior presteza possível o produto ao cliente. Isso faz parte da gestão de vendas (GV). Não adianta vender se não é possível entregar no momento e no local em que o cliente deseja o produto. A frase seguinte expressa bem esse conceito: quando um produto não é um produto? Quando ele está no Rio de Janeiro, mas sendo procurado em São Paulo. O lugar (*place*) é indispensável, e por isso é parte do composto de marketing.[1]

Os caminhos que o produto faz entre o produtor e o consumidor nem sempre são curtos, ou simples. Os produtos não chegam às mãos do consumidor por encanto. Para saírem como produtos acabados de uma fábrica e chegarem até o consumidor, eles passam por um caminho quase sempre bastante sinuoso e complicado. Esse caminho é composto de rotas previamente definidas pela empresa, no sentido de buscar otimização de percurso e economizar custos, tempo e espaço. Essas rotas pelas quais o produto sai do fabricante e chega até o consumidor são denominadas canais de distribuição. Eles representam os diversos meios pelos quais o produtor faz seus produtos ou serviços chegarem até os pontos em que devem estar disponíveis ao consumidor final.

CONCEITO DE DISTRIBUIÇÃO

A palavra "distribuição" pode ser utilizada com diferentes significados. Para a teoria econômica, distribuição significa o processo de divisão do produto da atividade econômica entre os diversos fatores de produção, como a natureza, o capital e o trabalho. Para a GV, distribuição é sinônimo do fluxo de entrega do produto desde o produtor até as mãos do consumidor final.

É também a movimentação e a manipulação dos produtos/serviços desde a fonte de produção até o ponto de consumo ou utilização. Envolve o fluxo dos produtos/serviços do produtor até o consumidor final e faz parte do composto de marketing (*marketing mix*), com a denominação de praça (*place* ou *placement*). Distribuir um produto é entregá-lo no local certo, no momento certo, na quantidade suficiente, com as características propostas e com os serviços necessários à sua venda e ao seu uso pelo consumidor.

Distribuição

Não importa apenas vender. Provavelmente, o mais importante é colocar o produto nas mãos do cliente ou consumidor. E tão rápido quanto possível. Agilidade e prontidão são indispensáveis. O sistema de distribuição adotado pela empresa é um recurso externo

---

1 Kotler, Philip. Administração de marketing: análise, planejamento, implementação e controle. São Paulo: Atlas, 1996. p. 480.

importantíssimo, principalmente quando envolve intermediários distribuidores. O sistema pode levar anos para ser construído, e nem sempre pode ser mudado com facilidade, por envolver terceiros, na maior parte dos casos. Ele talvez seja tão importante quanto os demais recursos da empresa, pois significa um compromisso que tem várias facetas: de um lado, o compromisso com o mercado de consumidores; de outro, com um grande número de empresas cujo negócio é a distribuição para os mercados específicos que elas atendem; e, finalmente, um compromisso com um conjunto de políticas e práticas internas que refletem a missão e a filosofia da empresa, e que lhe proporcionam confiabilidade.

Assim, dá-se o nome de distribuição às atividades necessárias para conseguir a transferência dos produtos/serviços desde sua origem de produção até o lugar de uso e consumo, com ou sem a presença de intermediários.

Agentes × distribuidores

A distribuição pode variar desde um sistema de distribuição próprio, composto de agentes de venda e armazéns, até a entrega a uma organização externa com responsabilidade pela distribuição (terceirização). Essa escolha depende da dimensão ou do volume da distribuição, do valor das vendas globais, da natureza dos produtos a distribuir, das características dos mercados-alvo e do grau de internacionalização do produtor.

No primeiro caso, temos os agentes contratados pela empresa, que são representantes ou equipes de vendedores no mercado, e geralmente lidam com amostras ou com material impresso de suporte, para apresentação e venda ao comprador potencial. Em geral, os agentes recebem salário e uma determinada comissão pelas vendas, além dos encargos sociais e benefícios.

No segundo caso, temos os distribuidores externos, que prestam os seguintes serviços:

1. Compram e ficam com a propriedade sobre o produto.
2. Assumem os riscos de crédito ao comprador final.
3. Ficam incumbidos de entregar o produto ao comprador final.
4. Promovem, vendem, abrem créditos, efetuam recebimentos.
5. Fazem estoques próprios.
6. Prospectam o mercado para avaliar, comparar e visualizar tendências.
7. Prestam serviços de apoio e dão garantias aos compradores.

Na verdade, os distribuidores fornecem mais serviços ao produtor do que os seus agentes próprios, e constituem uma rede que se torna mais ampla e econômica do que a dos agentes. Além disso, o produtor recebe mais cedo o valor das vendas. Em geral, os distribuidores têm um contrato formal com o produtor por um período determinado, detalhando territórios, formas de remuneração e outros aspectos comerciais. Finalmente, o intermediário goza de margens unitárias de lucro e pode comprar a crédito, o que aumenta o risco do produtor.

Assim, a distribuição pode ser feita por venda direta (agentes) ou venda indireta (intermediários):

1. **Venda direta:** distribuição que não utiliza nenhum intermediário. A própria empresa produtora faz a venda diretamente ao consumidor final, por meio de seus próprios órgãos, como departamentos, filiais, agências, sucursais, lojas, vendedores ou representantes próprios.
2. **Venda indireta:** distribuição na qual o produto/serviço passa por vários intermediários até chegar ao consumidor final. Os intermediários formam os canais de distribuição.

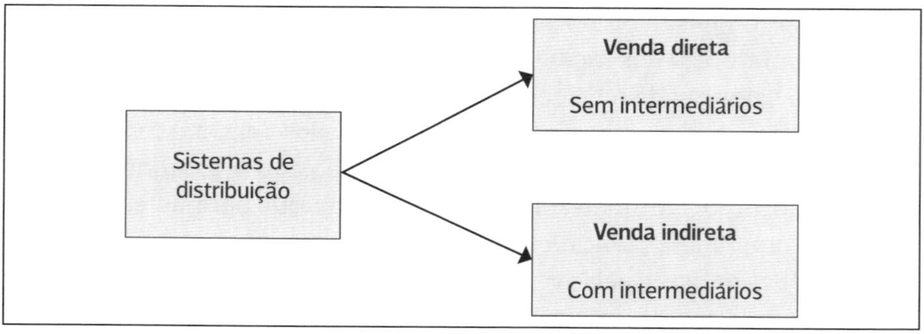

Figura 1 Tipos de distribuição.

Vantagens e desvantagens de intermediários na distribuição

A distribuição por meio de intermediários apresenta as seguintes vantagens:

1. Permite o pagamento imediato dos produtos, sem aguardar a venda e o respectivo pagamento do consumidor final.

---

2. Fornece o armazenamento dos produtos antes das vendas ao consumidor final.
3. Oferece um sistema integrado de distribuição, ao fornecer uma linha variada de produtos complementares e não concorrentes.
4. Abre novos mercados sem qualquer custo para o produtor.
5. Oferece a oportunidade de testar a aceitação do produto no mercado sem qualquer custo ao produtor.
6. Substitui o contato direto em mercados inexplorados.
7. Introduz novas linhas de produtos por meio de novos canais e em diferentes mercados.

Contudo, essa forma de distribuição também traz aspectos negativos:

1. Reduz as margens de lucro, ao oferecer descontos ao intermediário.
2. Diminui o contato direto com o consumidor, gerando informações indiretas a respeito do mercado, pela introdução de um elo a mais na cadeia de distribuição.
3. Se o intermediário trabalhar com produtos concorrentes, limita o apoio dele ao seu produto.
4. Dificulta a identificação da marca nos mercados de exportação.
5. Reduz o domínio direto do produtor nas operações de vendas e de exportação.
6. Diminui a flexibilidade e o controle sobre preço, promoção, serviço e distribuição do produto.

Na escolha do melhor modo de distribuição, é necessário comparar e ponderar as vantagens e as desvantagens inerentes a cada sistema, e decidir por aquele que traga os melhores benefícios e os menores custos. A relação custo/benefício deve ser constantemente examinada.

INTERMEDIÁRIOS

Os sistemas de distribuição podem ser constituídos por órgãos da própria empresa, como departamentos, agências, filiais ou escritórios próprios localizados em diferentes locais ou em diferentes cidades. Os bancos, por exemplo, para poderem prestar seus serviços, precisam espalhar diversas agências bancárias, de acordo com as necessidades e com as conveniências de cada região ou estado. Enquanto os bancos regionais se concentram em alguma região territorial, os bancos nacionais se espalham por diversas cidades em todo o país. Os bancos, as lojas de departamentos e os supermercados são exemplos de empresas que distribuem seus serviços em extensas áreas geográficas, por meio de órgãos próprios e descentralizando geograficamente as suas operações.

Contudo, nem sempre a atividade principal da empresa lhe dá condições de explorar intensivamente o mercado consumidor e de espalhar órgãos próprios para vender seus produtos/serviços em áreas territoriais muito extensas. Torna-se necessário contratar empresas concessionárias, que trabalhem com exclusividade. Ou então vender seus produtos/serviços a terceiros, a fim de que estes os vendam diretamente aos consumidores finais, ou a outros, que finalmente o façam. Os fabricantes de automóveis precisam autorizar diversas empresas concessionárias a vender carros e prestar assistência técnica. Os fabricantes de geladeiras precisam vender seus produtos para inúmeras lojas, a fim de que elas os vendam aos consumidores finais. Os fabricantes de laticínios precisam vender para uma infinidade de supermercados e bares; os fabricantes de cigarros, para uma enorme variedade de bares, charutarias, supermercados, etc. Tudo depende das características dos produtos/serviços e da sua clientela.

Canais de distribuição

Os canais de distribuição constituem o caminho escolhido pelo produtor para o seu produto chegar até o consumidor final, seja por elementos internos (agentes próprios) ou externos (intermediários), interligados dentro de uma cadeia logística.

Toda distribuição utiliza um sistema relativamente complexo. O sistema de distribuição envolve o conjunto ou a combinação de atividades, formas de venda e intermediários que constituem um todo integrado e necessário para fazer com que o produto/serviço da empresa chegue até o consumidor final. O sistema de distribuição, em muitos casos, requer a presença de canais de distribuição, que são as empresas ou os intermediários que adquirem a propriedade dos produtos/serviços com a finalidade de revendê-los ao consumidor final, ou a outro comerciante intermediário, assumindo o risco da compra e da venda. Daí a diferença entre sistema de distribuição (como é organizada a distribuição até o consumidor final) e canal de distribuição (o intermediário que conduz o produto/serviço até o consumidor final).

Os canais de distribuição permitem que os produtos/serviços escoem do produtor até chegar às mãos do cliente ou consumidor final. Se compararmos a empresa a um coração humano, os seus produtos/serviços – da mesma forma como ocorre com o sangue humano – precisam caminhar pelo sistema circulatório para chegar aos pontos em que são necessários para a nutrição das células e dos tecidos. Principalmente nas empresas que cobrem extensas áreas territoriais, os canais de distribuição são importantes artérias que levam os produtos/serviços a diferentes e longínquos lugares, no tempo e na quantidade exigidos, às mãos do consumidor final.

Funções e objetivos dos canais de distribuição

Os canais de distribuição devem realizar as seguintes funções:

1. Oferecer e entregar os produtos com rapidez e eficiência.
2. Reforçar o potencial de vendas do produto.
3. Facilitar o fluxo de material e de informação.
4. Reduzir custos de maneira integrada.
5. Fortalecer a cooperação e a integração entre os componentes.

Os principais objetivos dos canais de distribuição costumam ser:

1. Satisfazer a demanda pelo produto.
2. Oferecer serviços de pós-venda.
3. Induzir a demanda pelo produto.
4. Possibilitar a troca de informações.

Variedade de componentes dos canais de distribuição

Os canais de distribuição são extremamente diferentes de um produto/serviço para outro. São todos os agentes intermediários situados entre a empresa que produz o produto/serviço e o consumidor final que o utiliza. Muitas vezes, existe uma complicada cadeia de agentes intermediários; em outros casos, a empresa produtora utiliza seus próprios meios para fornecer produtos/serviços diretamente à clientela final. Os canais de distribuição formam sistemas de distribuição nos quais assumem grande importância.

1. **Intermediário:** tipo de negociante que se especializa em comprar e vender produtos/serviços durante o fluxo de mercadorias do produtor ao consumidor final. Existem dois tipos de intermediário: o comerciante e o agente.
   a. **Intermediário-agente:** intermediário que negocia compras e/ou vendas de bens, mas sem adquirir a propriedade deles. Sua remuneração consiste geralmente em comissões ou taxas previamente fixadas. É o caso do corretor de imóveis e de seguros, dos agentes de fabricantes, do agente-vendedor, etc.
   b. **Intermediário-comerciante:** intermediário que adquire a propriedade dos produtos, armazena-os e os vende. Ele compra e adquire a propriedade dos produtos com que negocia, e assume todos os riscos do negócio. É o caso dos atacadistas e varejistas, que são os principais tipos de intermediários-comerciantes:
      - **Varejista:** comerciante ou estabelecimento comercial que vende principalmente para o consumidor final. Entende-se por varejo a atividade de venda ao consumidor final.
      - **Atacadista:** comerciante intermediário que vende para varejistas e outros comerciantes e consumidores industriais, institucionais e comerciais. Em geral, o atacadista não vende para consumidores finais. É conhecido também pelo nome de distribuidor ou fornecedor, quando negocia com matérias-primas, produtos semiacabados, ferramentas e maquinário.
2. **Consumidor final:** aquele que compra ou utiliza produtos ou serviços para satisfazer desejos pessoais e necessidades domésticas, e não para revenda ou utilização em estabelecimentos institucionais, industriais e comerciais. É diferente do consumidor industrial, que é uma firma que compra e utiliza produtos ou serviços para produzir outros bens ou serviços.

Nem todo intermediário forma um canal de distribuição. Existem dois critérios que identificam o intermediário como canal de distribuição, e que podem ser assim definidos:

1. **Mudança de propriedade dos produtos/serviços:** o intermediário compra e adquire os produtos/serviços do produtor, tornando-os propriedade sua.
2. **Aceitação do risco de compra e venda:** o intermediário assume totalmente os riscos do negócio, pois, ao comprar e adquirir os produtos/serviços, ele se responsabiliza totalmente pelo êxito ou pelo fracasso das vendas.

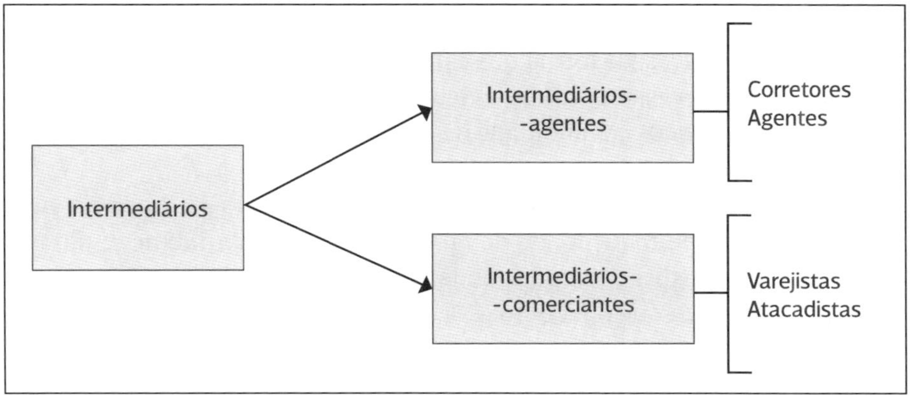

Figura 2 Intermediários nos sistemas de distribuição.

Assim, os intermediários-agentes não são canais de distribuição, pois não adquirem os produtos/serviços, nem assumem os riscos da compra e da venda no mercado consumidor. Os canais de distribuição são constituídos pelos intermediários-comerciantes, pois eles adquirem a propriedade dos produtos/serviços e assumem os riscos de sua colocação no mercado consumidor.

Canais de distribuição

Na verdade, não importa onde esteja a empresa produtora, o importante é que o cliente ou consumidor – também não importando onde ele esteja – receba o produto o mais rapidamente possível. O intermediário é um dos elos que conduzem o produto ao cliente que vai adquiri-lo. Ele pode ser também um mercado independente, ou seja, o foco de um enorme grupo de consumidores para os quais ele vende. Na prática, os canais de distribuição funcionam como conjuntos de organizações independentes, que permitem tornar o produto ou serviço disponível para uso ou consumo no local certo, no tempo certo e na quantidade certa.

UTILIDADES DE TEMPO E LUGAR

Os canais de distribuição permitem duas grandes vantagens: as utilidades de tempo e de lugar. Essas duas vantagens já foram discutidas no Capítulo 3, dedicado ao mercado, mas vale a pena ler de novo.

1. **Utilidade de tempo:** os canais de distribuição compram e guardam os produtos/serviços, de forma que estejam disponíveis para o consumidor quando ele necessitar deles, independentemente da época em que forem fabricados. Disponibilidade no tempo, isto é, no momento em que o cliente busca o produto.
2. **Utilidade de lugar:** os canais de distribuição levam os produtos/serviços dos centros de produção, ou de onde existem em abundância, para os lugares de consumo, ou para onde exista escassez. Disponibilidade no espaço significa que o produto está disponível no local mais próximo do cliente.

Essas duas utilidades constituem vantagens que a empresa pode aproveitar para melhor colocar seus produtos/serviços no mercado.

Ponto de venda

Ponto de venda (PDV) é o local onde um produto é exposto de maneira permanente – independentemente de sazonalidade. É também denominado local primário, e pode ser provisório ou permanente. Quando se pretende aumentar a rotatividade de um produto, cria-se um segundo local de exposição, ou oferecem-se vantagens adicionais ao cliente na aquisição do produto por tempo limitado. O PDV é um conceito amplo, no sentido de também ambientar o produto dentro de uma loja para destacá-lo dos demais, oferecendo maior visibilidade e facilidade na aquisição. Assim, o PDV pode incluir espaços especiais e atrativamente expostos, painéis decorativos, *displays*, vitrines, pilhas, mostruários ou geladeiras que possam ser facilmente reabastecidas.

Ponto de serviço

O ponto de serviço (PoS) é um ponto de venda destinado à prestação de serviços ao cliente, como caixa registradora especial, em que acontece a transação de venda, máquina leitora de cartão de crédito e outros terminais eletrônicos de vendas. Existe em todo e qualquer lugar onde se vende um produto, como lojas de varejo, restaurantes, hotéis, estádios, aeroportos, etc. Na realidade, é um componente que facilita, melhora e ajuda no atendimento ao consumidor.

A expansão dos pontos de serviço

O PoS tem tido enorme expansão no mundo de hoje, e os terminais eletrônicos já existem sob várias formas *on-line*, para emissão de ingressos, venda de tíquetes aéreos, compra de créditos para telefones celulares pré-pagos, jogos eletrônicos, etc. Localizam-se em lotéricas, aeroportos, estações rodoviárias, etc. Além disso, podem ser utilizados para serviços de recebimento de contas ou coleta de dados para pesquisas porta a porta, por exemplo. Seu baixo custo e sua facilidade de uso, aliados a seu tamanho compacto e sua comunicação sem fio, fazem desses terminais enormes facilitadores no atendimento ao cliente.

Critérios de avaliação e escolha dos canais de distribuição

A escolha do canal de distribuição é parte da estratégia do composto de marketing. É necessário que o canal escolhido seja coerente com as demais variáveis do composto de marketing e com o posicionamento da empresa, pois ele fará parte da articulação fundamental para o sucesso da estratégia ou do plano de marketing. O canal deve oferecer sustentação e sinergia com as demais variáveis, para agregar valor ao sistema como um todo.

A seleção e a avaliação do canal de distribuição escolhido devem ser feitas por meio da análise de um conjunto de critérios, adequadamente ponderados em função de sua importância relativa para o negócio da empresa. Esses critérios devem oferecer métricas ou indicadores comparativos.

Os principais critérios estão expostos na Figura 3.

SISTEMAS DE DISTRIBUIÇÃO

Já definimos o que é um sistema de distribuição. Agora, vamos nos dedicar ao estudo das várias alternativas como o sistema de distribuição pode ser estruturado pela empresa, dependendo do número e da dispersão dos consumidores ou usuários. Na realidade, existem três alternativas para essa estruturação:

1. **Alternativa 1:** produtor ao consumidor final.
2. **Alternativa 2:** produtor ao varejista; varejista ao consumidor final.
3. **Alternativa 3:** produtor ao atacadista; atacadista ao varejista; varejista ao consumidor final.

Critérios de marketing:

- Adequação do canal ao composto de marketing
- Nível de excelência do canal
- Características dos clientes
- Imagem percebida do canal
- Sofisticação da concorrência
- Número de concorrentes no canal

Critérios de mercado:

- Cobertura geográfica
- Potencial de crescimento do mercado
- Valor de mercado em termos financeiros
- Valor de mercado em quantidades
- Número de pontos de venda

Critérios financeiros:

- Capacidade financeira
- Custo do investimento
- Rentabilidade do investimento
- Custo por unidade de produto
- Custos de seguros

Critérios logísticos:

- Custos de transporte
- Custos de distribuição
- Custos de estocagem
- Envolvimento de terceiros

Critérios comerciais:

- Nível de fidelização ou exclusividade
- Preços e margens praticados no mercado
- Influência no processo de compra
- Dinamismo comercial do canal
- Compatibilidade com outros componentes
- Conhecimento e competências
- Condições de pagamento
- Capacidade de negociação

Figura 3 Principais critérios de avaliação e escolha de canais de distribuição.

A primeira alternativa é denominada venda direta ou distribuição direta, pois não exige canais de distribuição. As outras duas são denominadas vendas indiretas, pois exigem canais de distribuição. A Figura 4 dá uma ideia resumida das três alternativas.

Alternativa 1: distribuição direta do produtor ao consumidor final

A própria empresa produtora vende seus bens e serviços diretamente ao consumidor ou usuário final. A distribuição direta pode ser feita por cinco meios diferentes:

1. **Do produtor ao consumidor doméstico, pelo correio ou por mala direta (marketing direto):** sistema muito utilizado nos Estados Unidos, foi

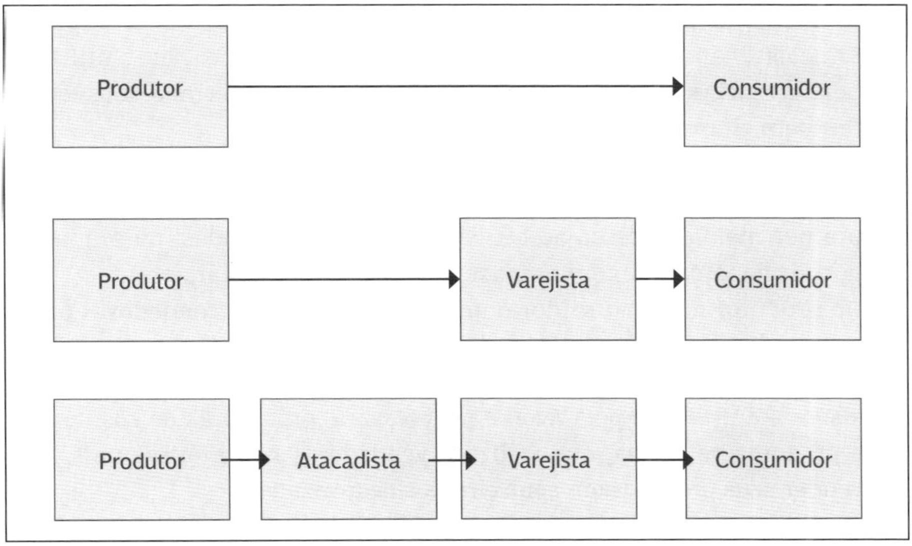

Figura 4 Alternativas básicas de sistemas de distribuição.

introduzido pela Sears norte-americana, que envia periodicamente catálogos de produtos com códigos e preços aos seus clientes cadastrados. Eles preenchem os pedidos com os códigos e preços dos produtos escolhidos e os enviam pelo correio. A empresa remete os produtos solicitados também pelo correio. Tanto a oferta do vendedor (produtor) como o pedido do comprador (consumidor ou usuário final) são feitos pelo correio, sem que haja contato pessoal entre as partes. No Brasil, esse sistema de distribuição tem sido muito utilizado por empresas que operam com cartões de crédito, e envolve produtos como joias, livros, bebidas, etc. A venda pelo correio ou mala direta está gradativamente transformando-se em venda indireta, pelo aparecimento de empresas comerciais especializadas, que formam um arquivo de clientes cadastrados e intermediam as vendas entre produtores e consumidores finais.

A vantagem da mala direta está no fato de que o cliente não precisa sair de sua casa para fazer as compras. A desvantagem está na demora da solicitação e da remessa pelo correio.

2. **Do produtor ao consumidor doméstico, pelo telefone:** é uma forma de distribuição direta, pela qual o consumidor final efetua a compra por telefone via *call center*. A compra é negociada por vendedores pelo telefo-

ne e o produtor envia o pedido em veículos próprios ou de terceiros (automóveis, caminhões ou motocicletas), ou pelo correio. Muito utilizada por farmácias, pizzarias, lojas de conveniência, supermercados, etc. É também chamada de televendas ou telemarketing.

3. **Do produtor ao consumidor final pela internet:** o próprio produtor oferece um canal direto ao consumidor na internet, possibilitando a compra por meio do acesso ao seu site ou portal de vendas, ou ainda por portais de terceiros, como Amazon, Submarino, Decolar, etc.
4. **Do produtor ao consumidor doméstico por meio de vendedores porta a porta:** trata-se de uma forma de distribuição direta, na qual a empresa procura o cliente em sua casa para efetuar a venda. No Brasil, esse sistema é utilizado pela Avon e pela Natura, produtoras de cosméticos e produtos de beleza, que utilizam vendedoras não profissionais para vender seus produtos em seus círculos de amizades.
5. **Do produtor ao consumidor final em lojas próprias:** o próprio produtor estabelece uma cadeia de lojas ou de filiais para efetuar suas vendas diretamente ao consumidor final. As vendas são realizadas nos estabelecimentos de propriedade do produtor, mas que parecem lojas de varejistas para o público. Esse método exige investimentos em locais, instalações, pessoal e estoques. Muitos fabricantes de calçados, chapéus, livros, etc. têm optado por esta alternativa.

Nas diversas opções dessa primeira alternativa, é o próprio produtor que assume o papel de interface com o consumidor final.

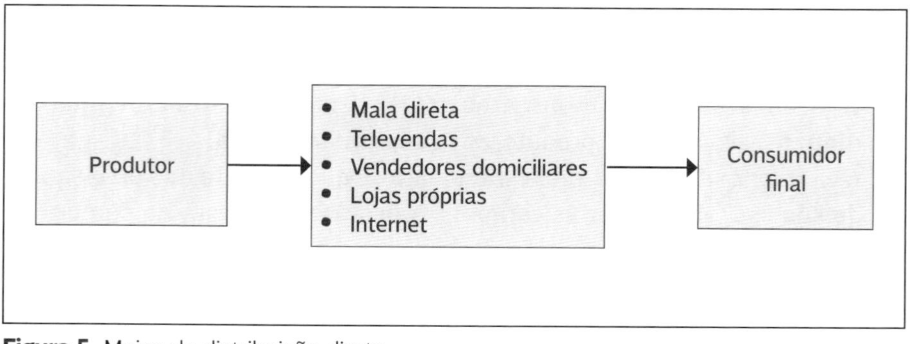

Figura 5 Meios de distribuição direta.

Alternativa 2: do produtor ao varejista; do varejista ao consumidor final

O produtor utiliza intermediários para levar seus produtos/serviços ao consumidor final. Assim, ele vende seus produtos/serviços a varejistas, para que estes os vendam aos consumidores finais. O varejista é um comerciante ou um estabelecimento comercial que vende principalmente para o consumidor final. É também chamado de "retalhista", por realizar vendas em pequenas quantidades ao consumidor, segundo suas necessidades. O varejo envolve as atividades pertinentes à venda ao consumidor final, e os produtos vendidos podem ser produzidos, adquiridos ou armazenados pelo vendedor. A alternativa 2 é também denominada "circuito curto".

Na segunda alternativa, o produtor utiliza canais de distribuição, pois vende a lojas independentes (pequenos, médios e grandes lojistas individuais), a cadeias de lojas (Lojas Americanas, Casa e Vídeo, entre outras), a grandes cadeias de supermercados (Pão de Açúcar, Carrefour, etc.), a lojas de departamentos, a empresas comerciais especializadas em vendas por mala direta, etc.

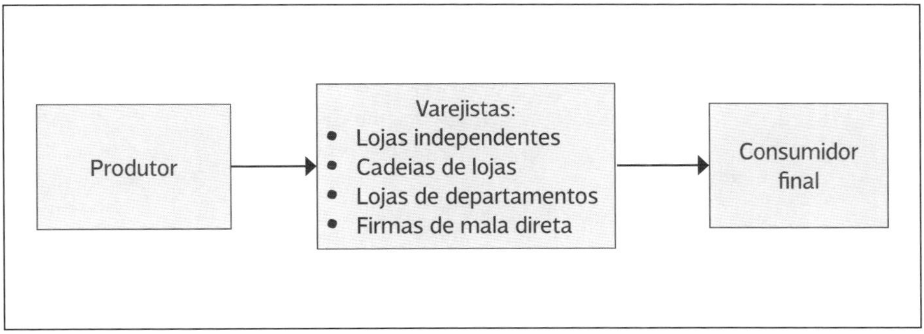

Figura 6 Alternativa 2 de sistemas de distribuição.

Alternativa 3: do produtor ao atacadista; do atacadista ao varejista; do varejista ao consumidor final

O produtor vende a atacadistas, os quais vendem para varejistas que, por sua vez, vendem no varejo. O atacadista é um comerciante intermediário que vende para varejistas e outros comerciantes e consumidores industriais, institucionais e comerciais. Em geral, o atacadista não vende para consumidores finais. É conhecido também como distribuidor ou fornecedor, quando negocia com matérias-primas, produtos semiacabados, ferramentas e maquinário.

O comércio atacadista é também chamado de "grossista", por envolver grandes quantidades de compra e venda. Embora não sejam muito conhecidos pelo grande público, alguns atacadistas, como o Makro, conseguem se projetar bastante.

Essa alternativa é a mais complicada e a que mais distancia o produtor do consumidor final, a quem é destinado o produto/serviço. Nela, o produtor tem muito pouco controle sobre as vendas finais ao consumidor, já que não sabe exatamente como os diversos varejistas vendem seu produto/serviço ao consumidor final. Ela envolve dois estágios de canais de distribuição: os atacadistas (A) e os varejistas (V), antes que o produto/serviço chegue às mãos do consumidor final (C). A Figura 7 retrata resumidamente a cadeia de canais de distribuição que liga o produtor ao consumidor final.

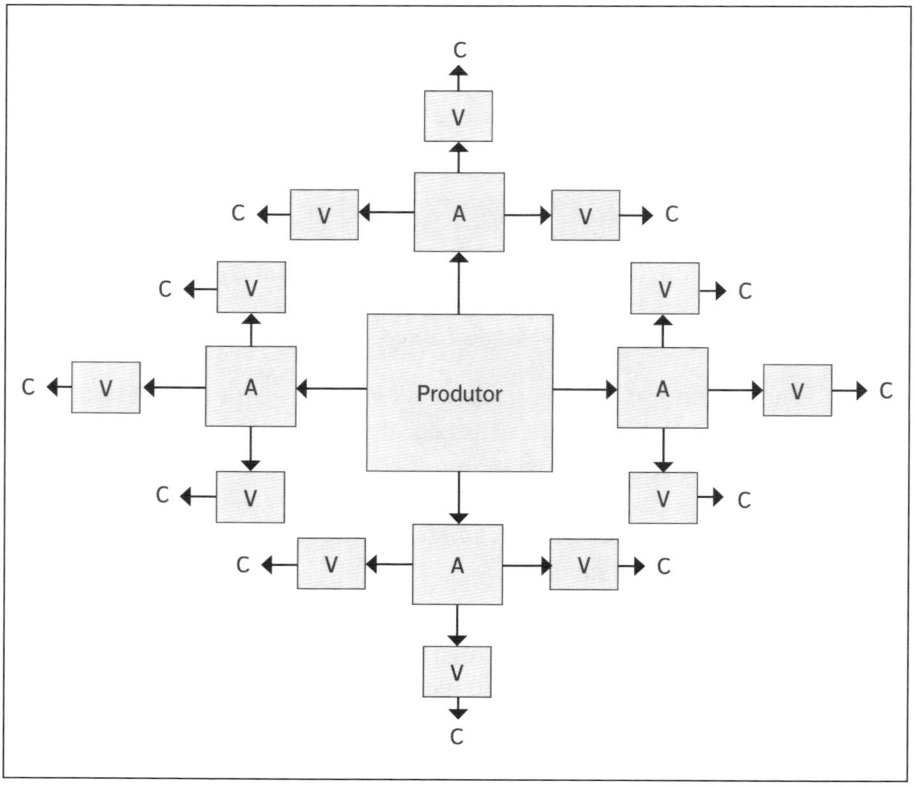

Figura 7 Alternativa 3 e seus dois estágios de canais de distribuição.

Cada produto/serviço requer uma alternativa diferente para sua distribuição. Muitas empresas utilizam canais de distribuição múltiplos para colocar adequadamente seu produto/serviço no mercado. Os fabricantes de óleos lubrificantes e aditivos de combustível para automóveis, por exemplo, utilizam três diferentes canais de distribuição:

1. Postos de serviço de combustível e lojas de autopeças, para atender aos consumidores finais.
2. Distribuidores de autopeças, para atender aos mecânicos das oficinas de automóveis.
3. Representantes de vendas diretas, para atender às empresas fabricantes de automóveis.

Obviamente, o sucesso das vendas de um produto/serviço depende da escolha adequada de seu sistema de distribuição.

Do produtor ao consumidor

Os caminhos que o produto percorre desde o produtor até o consumidor final são muito variados, e, algumas vezes, complexos, sobretudo no comércio internacional. Agilidade e rapidez são indispensáveis nesse percurso. A globalização tem provocado milagres nesse sentido.

CRITÉRIOS PARA DEFINIÇÃO DO SISTEMA DE DISTRIBUIÇÃO

As empresas produtoras escolhem o seu sistema e os canais de distribuição à medida que adquirem experiência com o mercado e ao longo do tempo. Algumas empresas mudam frequentemente o seu sistema de distribuição, alterando os canais para aprimorar continuamente o seu funcionamento.

Existem critérios que orientam os produtores na definição e na escolha do seu sistema de distribuição: a cobertura de mercado, o controle das vendas e os custos de distribuição.

1. **Cobertura de mercado:** quanto maior a extensão do canal de distribuição, tanto maior será a área de mercado coberta. Um critério importante para selecionar o sistema de distribuição é o tamanho do mercado, seja ele real ou potencial. Quanto maior o número de intermediários, mais aumenta o número de contatos e transações. Se uma empresa produtora efetua vendas

diretas, ela precisará de muitos contatos para efetuar transações com seus consumidores diretos. Contudo, se ela utilizar varejistas, cada um deles poderá fazer muito mais contatos e transações com os consumidores finais.

2. **Controle das vendas do produto/serviço:** outro importante critério para a escolha do sistema de distribuição é a necessidade que o produtor tem de controlar a venda do produto/serviço. Na medida em que a venda final é transferida para outras mãos, o produtor perde o controle sobre como é feita essa venda. Muitos produtores querem oferecer um produto/serviço de alta qualidade, mas os intermediários podem misturá-lo com produtos de segunda categoria, ou oferecer promoções de vendas com descontos que possam prejudicar a sua imagem. Muitos produtores pretendem, ainda, que a venda seja agressiva, enquanto os intermediários podem simplesmente colocar o produto sobre a prateleira e deixar que o consumidor faça a sua opção por outros produtos similares concorrentes. Por essas razões, muitos produtores que não podem fazer vendas diretas exigem a chamada distribuição exclusiva: o intermediário vende apenas determinada marca e seu produto/serviço.
3. **Custos de distribuição:** muitas pessoas acreditam erroneamente que, quanto mais curto for o canal de distribuição entre produtor e consumidor final, menor deve ser o custo de distribuição, e tanto mais baixo o preço de venda do produto/serviço. Isso leva muitos consumidores finais a procurarem diretamente o produtor para fazer suas compras. Na realidade, quase sempre ocorre o inverso. Para fazer vendas diretas, o produtor precisa fazer investimentos em instalações, lojas, pessoal de vendas, estoques para atender ao consumidor final e outras necessidades. Os intermediários podem fazer a distribuição mais eficientemente do que o produtor, com menores custos. Por outro lado, quanto mais curto o sistema de distribuição, mais limitada fica a cobertura de mercado, embora o controle sobre a venda do produto/serviço seja maior.

Distribuição

O comércio sempre dependeu de uma adequada distribuição. Cobrir mercados e abastecer os canais de distribuição é uma tarefa complexa, principalmente quando a empresa é multiprodutos e precisa mantê-los todos disponíveis no mercado. Vender depende fortemente de entregar ao cliente o produto adquirido de maneira rápida e eficaz. Vender e não entregar é o mesmo que prometer e não cumprir.

A escolha do sistema de distribuição deve ser feita inteligentemente, no sentido de aumentar e intensificar a cobertura de mercado e permitir que o produtor acompanhe a forma de venda do seu produto/serviço, para tomar decisões e ações corretivas e reduzir os custos de distribuição, a fim de reduzir o preço final de venda.

QUESTÕES PARA REVISÃO

1. Como os produtos/serviços escoam do produtor até o consumidor final?
2. O que é distribuição?
3. Quais os tipos de distribuição?
4. Conceitue venda direta.
5. Conceitue venda indireta.
6. O que é um sistema de distribuição?
7. Conceitue canal de distribuição.
8. Qual a diferença entre sistema de distribuição e canal de distribuição?
9. De que são constituídos os sistemas de distribuição?
10. Exemplifique sistemas de distribuição com casos de bancos regionais, bancos nacionais e supermercados.
11. Exemplifique sistemas de distribuição com casos de fabricantes de automóveis, de laticínios, de geladeiras e de cigarros.
12. Conceitue intermediários.
13. Quais os tipos de intermediários?
14. Conceitue intermediário-agente.
15. Dê exemplos de intermediários-agentes.
16. Conceitue intermediário-comerciante.
17. Dê exemplos de intermediários-comerciantes.
18. Conceitue varejista.
19. Dê exemplos de varejistas.
20. O que é varejo?
21. Conceitue consumidor final.
22. Dê exemplos de consumidores finais.
23. Conceitue atacadista.
24. Dê exemplos de atacadistas.
25. O que é atacado?
26. Todo intermediário forma um canal de distribuição?
27. Quais os dois critérios que identificam o intermediário como um canal de distribuição?
28. O que significa mudança de propriedade dos produtos/serviços?
29. O que significa aceitação do risco de compra e venda?
30. Quais as duas grandes vantagens dos canais de distribuição?
31. O que significa utilidade de tempo?

32. O que significa utilidade de lugar?
33. A estruturação de um sistema de distribuição depende de que fatores?
34. Quais as três alternativas para se estruturar um sistema de distribuição?
35. Explique a alternativa 1.
36. Explique a alternativa 2.
37. Explique a alternativa 3.
38. Como é denominada a alternativa 1?
39. Como são denominadas as alternativas 2 e 3?
40. A alternativa 1 exige a presença de canais de distribuição? Por quê?
41. Quais os cinco meios para se estruturar a alternativa 1?
42. Explique a distribuição do produtor ao consumidor final pelo correio.
43. Como é denominado esse tipo de distribuição direta?
44. O que é mala direta?
45. Quais as vantagens da mala direta?
46. Quais as desvantagens da mala direta?
47. Explique a distribuição do produtor ao consumidor final pelo telefone.
48. Quais as vantagens das televendas?
49. Explique a distribuição do produtor ao consumidor final por meio de vendedores porta a porta.
50. Explique a distribuição do produtor ao consumidor final por meio de lojas próprias.
51. Qual o papel que o produtor assume quando utiliza a alternativa 1?
52. Explique a distribuição pela alternativa 2.
53. Como é denominada a alternativa 2? Por quê?
54. Explique a distribuição pela alternativa 3.
55. Como também é chamado o comércio atacadista? Por quê?
56. O que significam canais de distribuição múltiplos? Dê exemplos.
57. Quais são os principais critérios para a escolha da distribuição?
58. Comente o critério de cobertura do mercado.
59. Comente o critério de controle sobre as vendas do produto/serviço.
60. Comente o critério de custos de distribuição.

EXERCÍCIOS

1. Imagine a empresa em que você trabalha ou a instituição em que estuda. Como você a enquadraria, em termos de distribuição, quanto à interface com seus clientes/usuários e quanto aos intermediários que ela utiliza na colocação de seus produtos/serviços?
2. Dê exemplos de empresas produtoras que utilizam intermediários-agentes.
3. Dê exemplos de empresas produtoras que utilizam intermediários-comerciantes.
4. Dê exemplos de empresas varejistas.
5. Dê exemplos de empresas atacadistas.
6. Dê exemplos de empresas produtoras que utilizam o sistema de distribuição típico da alternativa 1.
7. Dê exemplos de empresas produtoras que utilizam o sistema de distribuição típico da alternativa 2.
8. Dê exemplos de empresas produtoras que utilizam o sistema de distribuição típico da alternativa 3.

7

PROPAGANDA E PROMOÇÃO

1. Informação
2. Comunicação
3. Propaganda
4. Promoção de vendas
5. Relações públicas
6. *Stakeholders*
7. Questões para revisão
8. Exercícios

Não adianta produzir o melhor produto e oferecer o melhor serviço se o cliente não sabe disso, ou não sabe onde e como o encontrar. Muitas empresas focalizam com enorme disciplina a produção excelente, mas se esquecem de comunicar isso claramente ao cliente. Dizem que a propaganda é a alma do negócio. E ela faz milagres. Mas como fazer com que o cliente saiba daquilo que a empresa está produzindo e oferecendo ao mercado? Como atrair a atenção do cliente para o seu produto? Como colocar o produto/serviço no altar da excelência?

O mercado não adivinha as coisas que estão acontecendo. Ele precisa ser continuamente informado e persuadido a respeito dos produtos/serviços que estão à sua disposição. Isso custa muito esforço e dinheiro. Em um complexo mundo de negócios, caracterizado por profundas mudanças e transformações, cada empresa precisa constantemente garantir sua presença no mercado e demonstrar a existência, a utilidade e as vantagens de seu produto/serviço. Precisa transformar cada cliente potencial em cliente real e pagante, "fazendo a cabeça" das pessoas e incentivando sua preferência. Essa atividade de informar e persuadir recebe o nome de comunicação. E quanto maior a comunicação entre a empresa e seus clientes, maior será sua integração no mercado.

INFORMAÇÃO

Boa parte dessa comunicação envolve informação. O conceito de informação expressa um processo de redução da incerteza. A ideia de informação está relacionada à novidade e à utilidade, pois ela envolve conhecimento disponível para uso imediato, e que permite orientar a ação humana ao reduzir a margem de incerteza que cerca as decisões cotidianas. Na sociedade moderna, a importância da disponibilidade de informação ampla e variada cresce proporcionalmente ao aumento da complexidade da própria sociedade.[1]

Dados, informação e comunicação

O conceito de informação repousa sobre outros conceitos[2]:

1. **Dado**: registro ou anotação a respeito de um evento ou ocorrência. Em geral, é um conjunto de letras ou de números. Um banco de dados, por exemplo, é um meio de acumular e armazenar conjuntos de dados para serem posteriormente processados ou combinados. Quando um conjunto de dados possui um significado (como um conjunto de números para formar uma data, ou um conjunto de letras para formar um nome ou uma frase), temos uma informação. É impressionante o volume de dados que transita cotidianamente em uma empresa. E, quando esses megadados são combinados em *softwares* adequados, eles podem oferecer vislumbres de tendências ou projeções de futuro.
2. **Informação**: conjunto de dados com um significado, ou seja, que reduz a incerteza ou que aumenta o conhecimento a respeito de algo.

---

1 Chiavenato, Idalberto. Introdução à teoria geral da administração. 9. ed. Barueri: Manole, 2014.

2 Chiavenato, Idalberto. Introdução à teoria geral da administração, op. cit.

3. **Comunicação**: a informação é transmitida a alguém, e é então compartilhada também por essa pessoa. Para que haja comunicação, é necessário que a pessoa que a recebe possa compreendê-la. A informação transmitida, mas não recebida ou compreendida, não foi comunicada. Comunicar significa "tornar comum" (daí o nome comunicação) a uma ou mais pessoas uma determinada informação.

COMUNICAÇÃO

Grande parte da atividade da GV é dedicada à comunicação com o mercado e com a clientela. A comunicação proporciona informação. Ela esclarece ao mercado e à clientela que o produto/serviço existe, e como ele pode suprir as necessidades e as expectativas das pessoas. No fundo, o objetivo principal da comunicação é informar e persuadir; é proporcionar conhecimento.

A palavra comunicação (do latim *comune*) significa o compartilhamento de algo em comum. Comunicar é transmitir uma informação e fazê-la comum entre as pessoas. A comunicação é a base fundamental do entendimento humano e da vida em sociedade.

A comunicação envolve um sistema integrado, constituído pelos seguintes elementos básicos:[3]

1. **Fonte:** pessoa, coisa ou processo que emite ou fornece as mensagens por intermédio do sistema. É o emissor da mensagem.
2. **Transmissor:** processo ou equipamento que opera a mensagem, transmitindo-a da fonte até o canal. O transmissor codifica a mensagem fornecida pela fonte para poder transmiti-la. É o caso dos impulsos sonoros (voz humana da fonte) que são transformados e codificados em impulsos elétricos pelo telefone (transmissor), para serem transmitidos para um outro telefone (receptor) distante. Em princípio, todo transmissor é um codificador de mensagens.
3. **Canal:** equipamento ou espaço intermediário entre o transmissor e o receptor no sistema de comunicação. Em telefonia, o canal é o circuito de fios condutores da mensagem de um telefone para outro. Em radiotransmissão, é o espaço livre através do qual a mensagem se difunde, a partir de uma antena transmissora para uma antena receptora.

3 Chiavenato, Idalberto. Introdução à teoria geral da administração, op. cit.

4. **Receptor:** processo ou equipamento que recebe a mensagem do canal. O receptor decodifica a mensagem para colocá-la à disposição do destinatário. É o caso dos impulsos elétricos (canal telefônico) que são transformados e decodificados em impulsos sonoros pelo telefone (receptor), para serem interpretados pelo destinatário (pessoa que está ouvindo o telefone receptor). Em princípio, todo receptor é um decodificador de mensagem.
5. **Destinatário:** pessoa, coisa ou processo a que é destinada a mensagem no ponto final do sistema de comunicação.
6. **Ruído:** perturbações indesejáveis que tendem a deturpar e alterar, de maneira imprevisível, as mensagens transmitidas. A palavra ruído envolve as perturbações presentes nos diversos componentes do sistema, como é o caso daquelas provocadas por defeitos no transmissor ou no receptor, por ligações inadequadas nos circuitos, etc. A palavra interferência é utilizada para conotar uma perturbação de origem externa ao sistema, mas que influencia negativamente o seu funcionamento, como é o caso de ligações cruzadas, ambiente barulhento, interrupções por falta de sinal, interferências climáticas, etc. Em um sistema de comunicação, toda fonte de erros ou distorções está incluída no conceito de ruído. Uma informação ambígua ou que induz a erro é uma informação que contém ruído.

Redundância

Significa a repetição da mensagem, para que sua recepção correta seja mais garantida. A redundância introduz no sistema de comunicação certa capacidade de eliminar o ruído e prevenir possíveis distorções e enganos na recepção da mensagem. Por isso, quando se quer entrar em uma sala, bate-se na porta mais de duas vezes, ou quando se quer comprovar o resultado de uma operação aritmética complexa, torna-se a fazê-la para confirmar. A redundância é desnecessária quando a mensagem passa bem por todos os componentes do sistema.

O sistema de comunicação pode ser representado pela Figura 1.

A capacidade limitada em qualquer um dos elementos que compõem o sistema de comunicação reduz a capacidade do sistema como um todo. É preciso que todos funcionem adequadamente, e com o mínimo de ruído possível.

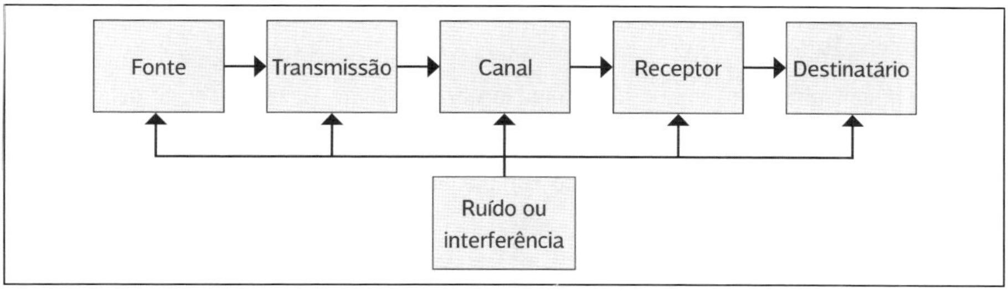

Figura 1 Sistema de comunicação.[4]

Componentes	Sistema telefônico	Porta automática	Programa de TV
Fonte	Voz humana	Afluência de pessoas interrompendo um raio de luz	Atores e palcos
Transmissor	Aparelho telefônico	Célula fotoelétrica e circuitos auxiliares	Câmera, transmissores e antenas
Canal	Fio condutor que liga um aparelho a outro	Fios conduzindo ao solenoide que move a porta automática	Espaço livre; fonte
Receptor	O outro aparelho telefônico	Mecanismo solenoidal	Antena receptora e aparelho de TV
Destinatário	Ouvido humano	Porta automática	Telespectador
Ruído	Estática, interferência, linha cruzada, barulho	Mau funcionamento de algum dispositivo	Estática, interferência, mau funcionamento de algum componente

Figura 2 Exemplos de sistemas de comunicação.[5]

4 Chiavenato, Idalberto. Introdução à teoria geral da administração, op. cit.

5 Chiavenato, Idalberto. Introdução à teoria geral da administração, op. cit.

Comunicação

Em um mundo altamente competitivo, como localizar o cliente, "fazer a cabeça" dele e persuadi-lo de que seu produto é conveniente e perfeitamente adequado às suas necessidades? Afinal, onde está o cliente, como o localizar e como entrar em contato com ele, seja direta ou indiretamente?

A comunicação entre a empresa e seu mercado de clientes é feita por três meios principais: propaganda, promoção de vendas e relações públicas. Cada um desses três meios de comunicação será discutido a seguir.

PROPAGANDA

Propaganda (do latim *propagare* = propagar, difundir algo) é toda e qualquer forma de apresentação não pessoal de produtos/serviços. A propaganda é uma forma de comunicação entre a empresa e seu mercado. Trata-se de um modo específico de apresentar informação sobre um produto, uma marca, uma empresa ou uma política, no sentido de influenciar a atitude de uma audiência para uma causa, uma posição ou uma atuação. No fundo, é uma forma propositada e sistemática de persuasão, que visa a influenciar, com fins ideológicos, políticos ou comerciais, as emoções, as atitudes, as opiniões e as ações de públicos-alvo, por meio da transmissão controlada de informação parcial (que pode ou não ser factual), por canais diretos e de mídia.[6] Quando a propaganda tem fins comerciais, ela é normalmente denominada publicidade. Enquanto a comunicação em geral é caracterizada pela imparcialidade, a propaganda apresenta informações com o objetivo principal de influenciar uma audiência, apresentando fatos seletivamente, para influenciar conclusões ou conduzir a uma resposta emocional e não racional à informação apresentada. O resultado desejado é uma mudança de atitude em relação ao produto ou serviço oferecido pela empresa.

A empresa que paga a propaganda é denominada patrocinadora. As verbas destinadas à propaganda constituem um valor bastante significativo nos custos comerciais da empresa.

6 Nelson, Richard Alan. A chronology and glossary of propaganda in the United States. Westport: Greenwood, 1996.

Veículos de propaganda

A propaganda utiliza veículos ou meios para comunicar ao mercado, denominados mídia (do inglês *media*), pois são os caminhos pelos quais a propaganda pode fazer chegar uma mensagem até o público-alvo. Público-alvo é o grupo de pessoas a quem é destinada a propaganda. Assim, os veículos são a ponte entre a empresa e o público-alvo.

Os veículos (mídia) mais utilizados pela propaganda são:

1. **Televisão e cinema:** os únicos meios publicitários audiovisuais, pois oferecem simultaneamente imagem, cor, movimento, música e texto escrito. Em outros termos, utilizam os sentidos da visão e da audição, o que proporciona uma imagem mais completa. A televisão e o cinema envolvem elevados custos de produção. A propaganda na televisão é vendida por tempo, por horário e por dia da semana. O horário nobre (das 20 às 22 horas) é mais caro, assim como determinados dias da semana (sábados e domingos).
2. **Rádio:** é uma mídia flexível e ágil, pois transmite mensagens de forma oportuna, integrando-se facilmente ao mundo de cada ouvinte. O rádio pode acompanhar as pessoas enquanto elas realizam outras atividades, como trabalhar, estudar, dirigir, tomar banho de sol, etc. A propaganda cantada (*jingle*) pode popularizar marcas com mais rapidez que a televisão e por um custo muito menor. O rádio envolve custos de produção econômicos quando comparados com os de outros meios de comunicação.
3. **Imprensa:** é a chamada "propaganda gráfica" e envolve meios de comunicação como os jornais e as revistas. A propaganda gráfica é vendida por espaço, sendo que a publicação em determinadas páginas ou em determinados dias da semana é mais cara. Se o título, a ilustração e o texto forem bem feitos, o anúncio chamará a atenção do leitor. Quanto mais especializado for o meio, maior a quantidade de informação escrita para convencer o leitor. A maior vantagem da propaganda escrita é permitir que o leitor determine o ritmo e o tempo de exposição, lendo mais depressa ou mais devagar, conforme sua capacidade; ele pode ainda reler ou recortar o anúncio.
4. **Propaganda exterior:** é a propaganda colocada nas ruas, nas estradas, no interior de ônibus ou trens, nas paredes de edifícios, nas cabines

telefônicas, em locais de alta circulação, etc. A propaganda exterior é conhecida pela denominação *outdoor*, e permite colocar o produto/serviço na rua e ao ar livre. Ela é feita em cartazes, placas, painéis luminosos, etc., como se fossem gigantescas vitrines externas, atingindo o público-alvo várias vezes por dia e provocando impacto pelo seu tamanho.

5. **Propaganda no local de venda:** é a mídia mais próxima do momento da compra, e permite recordar a mensagem publicitária do produto, apresentando-o de forma mais atraente e o destacando dos concorrentes. A propaganda no local de venda (PLV) é feita em vitrines, cartazes, *displays*, mostruários, etc., colocados próximos ao ponto de venda do produto/serviço.
6. **Correspondência por mala direta:** é uma das mídias mais baratas. Trata-se de enviar por correio, aos clientes cadastrados, publicações da empresa, como catálogos de produtos/serviços, listas e guias de referência, etc. Essa remessa postal é feita periodicamente, para atualizar os produtos oferecidos.
7. **Internet:** é impressionante a quantidade de sites de empresas disponíveis na internet, para anunciar produtos e serviços, disponibilizar contatos e assistência técnica, oferecer informações sobre produtos e serviços, locais físicos de atendimento, etc.
8. **Mídias sociais:** são meios – físicos ou virtuais – por meio dos quais as pessoas se conectam e se comunicam. É impressionante a quantidade de participantes e visitantes do Facebook, do Twitter, do LinkedIn, etc.

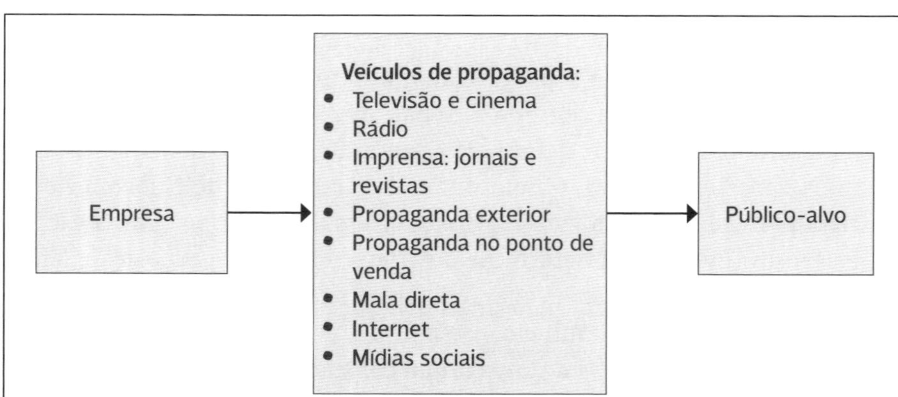

Figura 3 Veículos de propaganda.

Agências de propaganda

Existe uma enorme variedade de empresas especializadas em planejar, organizar e executar campanhas de propaganda – as agências de propaganda –, como a WMcCann, a MPM Propaganda, a Ogilvy & Mather, etc. Geralmente, as empresas produtoras contratam agências de propaganda para planejar, organizar e executar suas campanhas. O ponto de partida para uma campanha de propaganda é o resumo (*briefing*), que é a informação que a empresa-cliente fornece à sua agência sobre como pretende que seja feita a campanha. Daí para a frente, entram a criatividade e a competência da agência.

Há uma diferença entre propaganda e publicidade. Publicidade é qualquer forma de notícia comercialmente significativa sobre um produto, um serviço, uma instituição ou uma pessoa, publicada em jornal, rádio ou televisão, e que não é paga pelo patrocinador. Muitas pessoas empregam o termo publicidade com o mesmo sentido de propaganda, o que não é aconselhável.

Há ainda um tipo de propaganda que não é dirigida ao produto/serviço. É a propaganda institucional, que visa a marcar o nome da empresa e firmar sua imagem frente ao público-alvo. A propaganda institucional procura realçar a empresa como instituição social e contribuir para manter sua presença no mercado.

Divulgação

Divulgar o produto ou serviço é uma coisa; divulgar a marca é outra; divulgar a empresa é ainda outra. A propaganda institucional nada tem a ver com o produto ou com a marca, mas serve para criar uma imagem favorável da empresa, que, direta ou indiretamente, ajuda a vender seu produto ou serviço. Em geral, a propaganda institucional procura oferecer uma excelente imagem da empresa, o que consequentemente ajuda a criar uma imagem favorável da marca ou do produto.

PROMOÇÃO DE VENDAS

Promoção de vendas é toda ação comercial de duração limitada, efetuada sobre os canais de distribuição, para influenciar positivamente o volume de vendas e a rentabilidade de um produto/serviço no curto prazo. Em muitos casos, a promoção pode ser uma ação comercial efetuada também diretamente sobre o consumidor final, que pode ser ou não feita por meio da equipe de vendas.

A promoção envolve um conjunto de ferramentas utilizadas para desenvolver e acelerar as vendas de um produto/serviço. Em geral, é um conjunto variado e diversificado de incentivos de curto prazo, no sentido de estimular a venda ou a compra de um produto/serviço:

- **Amostras gratuitas:** ofertas de produtos para que o consumidor prove e aprove, sem o vínculo necessário de compra.
- **Cupons:** certificados que garantem ao comprador certas vantagens em relação à compra, ou que oferecem sorteios pelo produtor ou pelo canal de distribuição.
- **Brindes:** artigos úteis, como calendários, imãs de geladeira, sacolas, etc., com o nome do anunciante impresso, oferecidos como presentes ao consumidor.
- **Recompensas por preferência:** certas bonificações para o consumidor oferecidas para provocar certa regularidade de compra ou de uso dos serviços da empresa, como é o caso de selos de trocas para fidelização do cliente.
- **Promoções no ponto de venda:** forma mais comum de promoção de vendas, em que o produto é exposto em pontas de gôndolas, a fim de atrair a atenção do consumidor.
- **Concursos e sorteios:** são feitos em grandes campanhas que possibilitam ao consumidor ganhar um prêmio, como carro, casas, etc.

O passo mais difícil na gestão de vendas (GV) é decidir que ferramentas promocionais usar, como as combinar e as fazer chegar à audiência-alvo. Cada ferramenta tem as suas vantagens e os seus inconvenientes, que podem mudar quando combinados com outras ferramentas da comunicação de marketing.

As principais ferramentas de promoção são:

- **Promoção de vendas:** envolve incentivos de curto prazo para encorajar a compra de um produto ou serviço.
- **Propaganda:** qualquer forma paga de apresentação impessoal para promoção de ideias, bens ou serviços por um patrocinador identificado.
- **Relações públicas:** construção de boas relações com vários públicos da empresa, para a criação de uma imagem corporativa e o manuseio ou o afastamento de rumores.

- **Venda pessoal:** apresentação oral em uma conversa com um ou mais compradores em potencial, com o propósito de fazer vendas.

Objetivos da promoção de vendas

A formulação do objetivo da promoção de vendas depende de dois fatores:

1. **Audiência-alvo:** clientela, ou público-alvo a ser atingido. O objetivo da promoção de vendas varia conforme a audiência focada. O público-alvo pode ser o cliente feminino, masculino ou infantil, ou o cliente de alto ou baixo poder aquisitivo, ou ainda o cliente da capital ou do interior. O importante é definir antecipadamente qual o alvo a ser atingido pela promoção e adequá-la a esse alvo.
2. **Finalidade:** se a promoção tem a finalidade de criar uma oportunidade e, portanto, será antecipatória e proativa, ou se pretende reagir à ação de um concorrente ou enfrentar um desafio atual e, portanto, será reativa.
   a. **Promoção proativa:** o objetivo é proativo e antecipatório:
      - Gerar uma receita adicional ou aumentar a participação no mercado.
      - Ampliar o mercado alvo da empresa em relação ao produto/serviço.
      - Aumentar o valor do produto ou da marca.

   b. **Promoção reativa:** o objetivo é reativo, em resposta a algum desafio:
      - Equiparar-se à concorrência.
      - Gerar liquidez ou dinheiro em caixa.
      - Reduzir o estoque de produto acabado.
      - Sair do negócio.

Após definir o orçamento destinado à GV, a empresa geralmente divide o montante para as campanhas de propaganda e de promoção de vendas. As campanhas de propaganda são destinadas ao consumidor final, enquanto as de promoção de vendas são destinadas aos canais de distribuição e, eventualmente, ao consumidor final. Enquanto a propaganda dá informações sobre as vantagens e os benefícios de um produto/serviço, e visa a diferenciá-lo dos concorrentes e aumentar a lealdade da marca, a promoção de vendas é um meio relativamente rápido e simples de aumentar o volume de compras dos atacadistas e varejistas, ou de antecipar o momento da compra. A promoção de vendas ao consumidor final tem características que vão desde uma semelhança com a propaganda até uma semelhança com a promoção nos canais de distribuição.

Propaganda	Promoção de vendas
• Ação direta sobre o consumidor final • Efeito a médio e longo prazos • Focaliza as vantagens do produto/serviço • Faz a marca • Planejamento a longo prazo • Demora entre decisão e ação	• Ação sobre o canal de distribuição • Efeito a curto prazo • Focaliza o preço do produto/serviço • Não faz a marca • Acionada no curto prazo • Rapidez entre decisão e ação

Figura 4 Comparação entre as características da propaganda e da promoção de vendas.

Existem duas classes de promoção de vendas: a dirigida aos canais de distribuição e a dirigida aos consumidores finais. No primeiro caso, o produtor procura azeitar e estimular os canais de distribuição, enquanto, no segundo, procura facilitar e incentivar o consumidor final a comprar o seu produto/serviço.

Promoção de vendas dirigida aos canais de distribuição

A promoção de vendas dirigida aos canais de distribuição tem por objetivo o aumento, no curto prazo, do volume de vendas e da participação no mercado. Geralmente, a promoção ao canal oferece um incentivo econômico durante um período limitado, para que o canal modifique seu comportamento, comprando mais, antecipando suas compras ou realçando a exibição do produto/serviço.

Os principais tipos de promoção ao canal são:

1. **Descontos por volume de compras:** o produtor oferece um desconto em dinheiro ou em porcentagem para cada volume de compras dentro de um determinado período. Existem outros tipos de descontos, como o famoso "treze por dúzia", a entrega gratuita de uma quantidade adicional de produtos ou, ainda, o abono especial.
2. **Desconto por exibição ostensiva do produto no ponto de venda:** o produtor oferece esse desconto geralmente junto com o desconto por volume de compras, para que o intermediário apresente o produto de ma-

neira ostensiva no ponto de venda, isto é, no local em que as vendas são efetuadas ao consumidor final.

3. **Desconto por pagamento à vista:** concessão feita quando o atacadista ou varejista paga à vista ou antes do prazo habitual de cobrança.
4. **Desconto pela retirada da mercadoria no armazém:** é uma modalidade utilizada quando o produtor entrega o produto e o canal aceita buscá-lo com seus próprios meios de transporte.
5. **Desconto por avarias ou por deterioração da mercadoria:** para preservar a imagem da marca, o produtor concede um abono total ou parcial da mercadoria, quando a avaria é atribuível ao produtor.
6. **Desconto especial pela introdução de novo produto:** quando o canal tem pouco espaço para apresentar os produtos, e quando eles são pouco diferenciados, o produtor faz concessões especiais para que o canal trabalhe cada produto individualmente.
7. **Incentivos ou brindes:** são distribuídos ao pessoal do atacadista ou do varejista (vendedores, empregados, etc.) na forma de concursos de vendas ou de sorteios, para obter maior dedicação e atenção ao produto.

Promoção de vendas dirigida ao consumidor final

A promoção de vendas dirigida diretamente ao consumidor final procura influenciar seu comportamento de compra, no sentido de estimulá-lo a escolher o produto/serviço do produtor.

Os principais tipos de promoção de vendas ao consumidor final são:

1. **Distribuição de amostras grátis:** técnica promocional que serve para facilitar a prova do produto pelos consumidores que ainda não o conhecem. Seu custo costuma ser elevado, e é aplicável aos novos lançamentos. A amostra grátis pode ser distribuída pelo correio, de porta em porta, no próprio ponto de venda ou em pontos de muito trânsito de consumidores potenciais. Pode ser, ainda, distribuída anexa a outro produto, como promoção especial.
2. **Desconto no preço:** o desconto no preço ou a maior quantidade pelo mesmo preço é um desconto especial pela compra de uma unidade ou pela compra de várias unidades (o clássico "três pelo preço de dois"), ou, ainda, é a oferta de uma embalagem de tamanho maior pelo preço normal.

3. **Cupons:** documentos que concedem determinado desconto ao portador no momento da compra do produto. O fornecimento de cupons pode ser feito de várias maneiras:
   - Distribuição em jornais e revistas.
   - Inclusão na embalagem do produto.
   - Distribuição direta por correio, de porta em porta ou na própria loja.
4. **Devoluções em dinheiro:** as ofertas de devolução em dinheiro do preço total ou parcial do produto ao consumidor são meios para estimular a repetição da compra.
5. **Brindes:** são objetos concedidos gratuitamente aos compradores do produto. Alguns brindes são incluídos na própria embalagem, enquanto outros são concedidos pela repetição da compra.
6. **Concursos e loterias:** nos concursos, o consumidor deve demonstrar capacidade para resolver charadas ou problemas, enquanto, nas loterias, o prêmio é dado após um sorteio ou outro procedimento de escolha ao acaso.

As empresas utilizam esses tipos de promoção de vendas individualmente ou em conjunto, no sentido de incrementar vendas e neutralizar a atuação dos concorrentes.

Cada empresa precisa estudar quais os tipos de promoção de vendas mais adequados ao seu produto/serviço, tendo em vista o seu mercado real e potencial de clientes e a concorrência.

Custo da promoção

Quanto custa promover um produto? Essa pergunta merece uma resposta relativa: o suficiente para que o produto seja bem-sucedido no mercado. Todavia, quando a promoção custa mais do que a margem de crescimento do produto, a empresa está jogando dinheiro fora. A menos que ela pense no futuro: promover agora para que o produto seja mais vendido amanhã. De qualquer forma, o importante é saber qual porcentagem das vendas do produto está sendo gasta em promoção de vendas, e se o custo compensa o benefício. Isso significa pensar sobre o retorno do investimento. Se estiver valendo a pena, ótimo. Se não, o negócio é buscar outro caminho.

Promoção de vendas dirigida...	
... aos canais de distribuição	... diretamente ao consumidor final
• Desconto por volume de compras • Desconto por exibição do produto • Desconto por pagamento à vista • Desconto por retirada da mercadoria no armazém • Desconto por introdução de novo produto • Incentivos • Brindes • Ofertas especiais	• Distribuição de amostras grátis • Desconto especial no preço • Cupons • Devoluções em dinheiro • Incentivos • Brindes • Concursos e loterias • Ofertas especiais

Figura 5 Tipos de promoção de vendas.

RELAÇÕES PÚBLICAS

Dá-se o nome de relações públicas (RP) a todas as atividades desenvolvidas pela empresa no sentido de melhorar seu relacionamento com o mercado e proporcionar uma boa imagem.

Tipos de RP

Existem dois tipos básicos de RP, em duas direções: para fora e para dentro da empresa.

1. **Relações com o público externo:** RP com o mercado, seja com clientes, fornecedores, concorrentes, governo, meios de comunicação ou com o meio em geral. São as atividades de RP voltadas para fora da empresa, também chamadas de relações públicas externas.
2. **Relações com o público interno:** RP com os próprios empregados e acionistas da empresa, que devem ser os seus mais fortes defensores. São as

atividades de RP voltadas para dentro da empresa, também chamadas de relações públicas internas.

Enquanto a propaganda se orienta mais para médio e longo prazos, as RP se orientam mais para o longo prazo. A propaganda concentra-se mais no produto e em sua imagem, as RP concentram-se na criação de uma boa imagem da empresa. Na prática, os limites entre propaganda e RP são bastante indefinidos, principalmente quando se trata de propaganda institucional. Na realidade, a propaganda institucional e as RP visam a melhorar a marca e a imagem da empresa diante do mercado. Por isso, alguns especialistas definem RP como o conjunto de técnicas não publicitárias de comunicação, relacionamento e melhoria da imagem empresarial.

Técnicas de RP

As principais técnicas de RP são:

1. **Comunicado de imprensa:** comumente chamado de *press release*. É enviado a jornais e revistas quando surge alguma notícia interessante sobre a empresa ou seu produto/serviço. Se a notícia não for publicada de forma espontânea, ela precisa ser preparada por meio de uma ação de RP, que é o comunicado de imprensa.
2. **Entrevista coletiva:** quando a notícia requer algo mais do que um simples comunicado de imprensa, convoca-se uma entrevista coletiva à imprensa.
3. **Participação em feiras e exposições:** excelente oportunidade para o contato direto com o público.
4. **Patrocínio de atividades culturais, esportivas, etc.:** pode funcionar como um bom investimento na melhoria das relações com o mercado. É o caso do patrocínio de transmissão de jogos de futebol pela televisão, de apresentações de peças teatrais, de concertos de música clássica ou popular, etc.
5. **Jornal interno:** atividade de RP voltada para o público interno, mas que pode também ser aproveitada para o público externo. O jornal interno (*house organ*) é um interessante meio de comunicação da empresa com seus empregados, com seus acionistas e com o público externo em geral.

Figura 6 Principais técnicas de relações públicas.

Em resumo, a comunicação entre empresa e mercado pode ser feita por meio da propaganda, da promoção de vendas ou das relações públicas. Na realidade, as empresas utilizam todos esses meios de comunicação de forma intensiva e contínua com seu mercado, seja para incrementar vendas, para transformar clientes potenciais em clientes reais ou para melhorar a imagem da empresa junto ao público interno e externo. Quase sempre, esses meios de comunicação são planejados, organizados e executados de forma conjunta, de maneira que cada um não só some, mas multiplique os efeitos do outro, para proporcionar um efeito de sinergia.

Públicos da empresa

Cada empresa tem vários públicos diferentes. Seu público interno é constituído por funcionários, executivos, diretores, acionistas e investidores. Seu público externo é constituído de clientes e consumidores, fornecedores, governo, agências regulamentadoras (como órgãos governamentais, sindicatos, associações de ajuda a consumidores e usuários, como o Procon), concorrentes, etc. Essa enorme variedade de públicos impõe que a empresa busque relacionamentos também diferenciados, para melhorar sua imagem e facilitar sua vida.

STAKEHOLDERS

Sempre surge a pergunta: para quem a empresa trabalha? Para os proprietários ou acionistas? Para os clientes? Para o mercado ou para a sociedade? Na verdade, o sucesso de uma empresa depende de uma imensa variedade de públicos estratégicos ao seu redor. São organizações, empresas, grupos e indivíduos que contribuem para o sucesso do negócio e que esperam algum retorno de sua contribuição. No passado, esses públicos estratégicos eram os chamados *shareholders*: os proprietários, acionistas ou investidores que forneciam o capital para girar o negócio da empresa. Os documentos mais importantes da empresa eram o balanço patrimonial ou contábil e os demonstrativos financeiros, que forneciam a posição financeira da empresa e o retorno de seus investimentos. Hoje, esses públicos estratégicos se ampliaram enormemente, e se situam ao redor da empresa em 360°. São os *stakeholders*. Podem ser internos, como os gestores e colaboradores, ou externos, como clientes e consumidores, fornecedores de insumos, comunidade, sociedade, governo, agências reguladoras, etc.

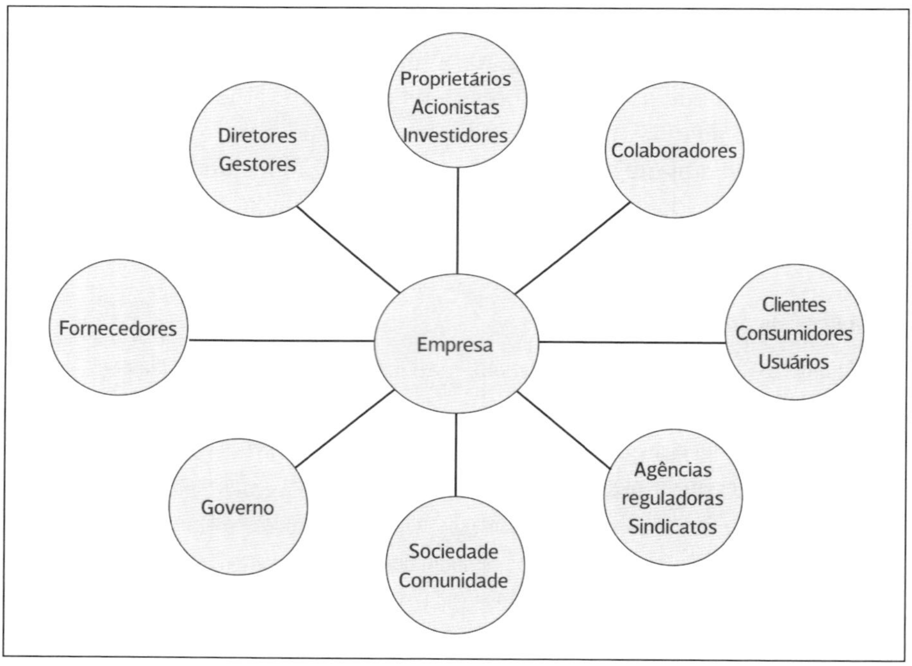

Figura 7 *Stakeholders* da empresa.

Para que a empresa seja competitiva e sustentável, é indispensável que ela seja capaz de:

1. **Criar, agregar e entregar valor:** aos seus clientes e consumidores, ao mercado, à comunidade e à sociedade, como retorno e benefícios do sucesso empresarial.
2. **Repartir parte da riqueza criada entre todos os seus *stakeholders*:** na proporção de sua contribuição ao seu sucesso, como retorno de seus investimentos ou como forma de reforço para manter sua contribuição no longo prazo.
3. **Capturar parte da riqueza criada em termos de lucratividade:** para reaplicação no próprio negócio ou entre seus proprietários e acionistas (*shareholders*), como dividendos ou retorno de seus investimentos financeiros.

E qual é o papel da GV nesse turbilhão de pessoas, grupos, empresas e organizações que, fora ou dentro, e de uma maneira ou de outra, influenciam direta ou indiretamente e contribuem para o sucesso da empresa? Não é difícil entender como essa imensa variedade de *stakeholders* tem forte influência sobre a vida da empresa. Eles podem afetar positiva ou negativamente o destino da empresa, dependendo da maneira como percebem a atuação dela no mercado. Em termos simplórios, eles constituem a opinião pública que aprova ou condena a empresa, que facilita ou dificulta suas operações, que ajuda ou atrapalha suas ações e que a torna melhor ou pior, do ponto de vista da percepção que dela possuem.

Dentro desse contexto, a GV assume três responsabilidades distintas em relação à empresa e ao mercado:

1. **Responsabilidade financeira:** a GV tem a sua parcela de responsabilidade sobre os resultados financeiros da empresa. Ao executar o programa de vendas, ela influencia o faturamento da empresa e as entradas sucessivas de caixa que garantem os pagamentos de contas, salários, aluguéis, impostos, dividendos, etc. E, simultaneamente, ajuda a aumentar o capital financeiro, a riqueza financeira da empresa e o seu sucesso no mercado.
2. **Responsabilidade social:** a GV tem também responsabilidade sobre as relações da empresa com a sociedade, a comunidade, o mercado, a clientela, os fornecedores, as agências reguladoras, o governo, etc. Na realidade, boa parte do capital externo da empresa – constituído de clientes, consumidores e usuários – é tratada e cultivada diretamente pela GV.

Stakeholders:	Investem e contribuem com:	Esperam retornos e satisfações em:
• Acionistas • Proprietários • Investidores	Capital e investimentos	Lucros, dividendos e sustentabilidade no longo prazo
• Clientes • Consumidores • Usuários	Aquisição de bens e serviços	Produtos e serviços com qualidade, preço e atendimento
• Fornecedores • Prestadores de serviços • Concessionários	Insumos em geral, matérias-primas, serviços e tecnologias	Atividade econômica, novos negócios e lucros
• Presidente • Diretores • Gerentes	Competência e administração dos negócios	Participação nos resultados do negócio
• Funcionários	Competências, dedicação e tarefas operacionais	Salários, benefícios, retribuições, desenvolvimento, segurança e bem-estar
• Comunidade • Vizinhança	Espaço físico e social e infraestrutura imediata	Sustentabilidade econômica, social, cultural e ambiental
• Sociedade • Organizações • Agências reguladoras	Ambiente salutar de negócios	Satisfação de necessidades sociais, econômicas, culturais e ambientais
• Governo	Infraestrutura de apoio, saúde, educação, segurança, etc.	Impostos, contribuições, desenvolvimento econômico, competitividade global

Figura 8 Entendendo os investimentos e retornos esperados pelos *stakeholders*.[7]

7 Chiavenato, Idalberto. Administração nos novos tempos: os novos horizontes em administração. 3. ed. Barueri: Manole, 2014.

3. **Responsabilidade ambiental:** a GV tem, ainda, responsabilidade sobre o ambiente que a empresa ocupa, explora e utiliza para as suas operações. Boa parte daquilo que a empresa produz ou presta utiliza uma extensiva reunião de recursos naturais de maneira recorrente, como água, ar e energia. Ao mesmo tempo, a empresa deposita no ambiente lixo, dejetos, resíduos, sujeira, poluição e devastação. A GV pode colaborar para que sua equipe promova o uso racional de energia elétrica e água, economize recursos naturais, não jogue lixo em locais inadequados e contribua para a melhoria ambiental, no sentido de construir um planeta melhor para se viver.

QUESTÕES PARA REVISÃO

1. Como o mercado pode ser informado a respeito do produto/serviço da empresa?
2. Conceitue comunicação.
3. Quais os três meios de comunicação entre a empresa e o mercado?
4. Conceitue propaganda.
5. O que significa patrocinador de propaganda?
6. O que é veículo de propaganda?
7. Conceitue mídia.
8. O que é público-alvo?
9. Quais os veículos utilizados pela propaganda?
10. Explique a televisão como veículo de propaganda e suas vantagens.
11. Explique o cinema como veículo de comunicação e suas vantagens.
12. Explique o rádio como veículo de comunicação e suas vantagens.
13. Explique a imprensa como veículo de comunicação e suas vantagens.
14. Explique a propaganda gráfica.
15. Explique a propaganda externa como veículo de propaganda.
16. Quais são as vantagens do *outdoor*?
17. O que é PLV? Quais são suas vantagens como veículo de propaganda?
18. Explique a correspondência por mala direta e suas vantagens.
19. O que é agência de propaganda? Quais são os seus serviços?
20. O que significa resumo ou *briefing*?
21. Qual a diferença entre propaganda e publicidade?
22. O que é propaganda institucional?
23. Conceitue promoção de vendas.
24. Como é feito e dividido o orçamento de despesas da GV?
25. Qual a diferença entre propaganda e promoção de vendas, quanto ao destino ou ao alvo das campanhas?
26. Qual a diferença entre propaganda e promoção de vendas, quanto às informações prestadas?
27. Quais as demais diferenças entre propaganda e promoção de vendas?
28. Quanto aos efeitos a curto, médio e longo prazos, quais as diferenças entre propaganda e promoção de vendas?
29. Explique as duas classes de promoção de vendas.
30. Conceitue PV dirigida aos canais de distribuição.

31. Quais os tipos de PV dirigidos aos canais de distribuição?
32. Explique o desconto por volume de vendas.
33. Explique o desconto por exibição ostensiva do produto no ponto de venda.
34. O que é ponto de venda?
35. Explique o desconto por pagamento à vista.
36. Explique o desconto por retirada da mercadoria no armazém.
37. Explique o desconto por avarias ou deterioração do produto.
38. Explique o desconto por introdução de novo produto.
39. Explique os incentivos e os brindes aos canais de distribuição.
40. Conceitue PV dirigida ao consumidor final.
41. Quais os tipos de PV dirigida ao consumidor final?
42. Explique a distribuição de amostras grátis.
43. Explique o desconto no preço.
44. Explique os cupons.
45. Como pode ser feito o fornecimento de cupons?
46. Explique a devolução em dinheiro.
47. Explique os brindes.
48. Explique os concursos e as loterias.
49. Conceitue relações públicas (RP).
50. Quais as diferenças entre propaganda e RP?
51. Quais os tipos de RP?
52. Conceitue RP internas.
53. Conceitue RP externas.
54. Quais as principais técnicas de RP?
55. Explique o comunicado à imprensa ou *press release*.
56. Explique a entrevista coletiva.
57. Explique a participação em feiras e exposições.
58. Explique o patrocínio a atividades culturais e esportivas.
59. Explique o jornal interno.
60. Explique o site da empresa e as mídias sociais.
61. Conceitue o papel dos *shareholders*.
62. Explique o significado de *stakeholders* e o seu papel no sucesso da empresa.
63. Como repartir benefícios do sucesso empresarial pelos diversos *stakeholders*?

EXERCÍCIOS

1. Faça um quadro comparativo dos três meios de comunicação entre empresa e mercado: propaganda, promoção de vendas e relações públicas. Aponte, no quadro, os principais objetivos de cada um desses meios de comunicação.
2. Pense na empresa em que você trabalha ou na instituição em que estuda. Suponha que o seu diretor o procure para desenvolver um trabalho integrado de comunicação com o mercado coberto pela empresa ou instituição, no sentido de melhorar sua imagem e, sobretudo, aumentar o número de clientes ou de alunos. Explique como você apresentaria a ele um esboço inicial de um trabalho envolvendo propaganda, promoção de vendas e relações públicas.

8

ORGANIZAÇÃO DA FORÇA DE VENDAS

1. O papel do líder da equipe de vendas
2. Recrutamento e seleção da força de vendas
3. Treinamento da força de vendas
4. Remuneração da força de vendas
5. Avaliação do desempenho da força de vendas
6. Questões para revisão
7. Exercícios

A interface entre a empresa e sua clientela é um dos mais importantes aspectos da GV. Quanto maior o contato da empresa com seus clientes, usuários ou consumidores, tanto melhores sua comunicabilidade, sua influência e seu relacionamento. A empresa pode utilizar a propaganda, a promoção de vendas e as relações públicas como meios de comunicação com sua clientela. No entanto, esses são meios impessoais, indiretos, distantes e superficiais, além de padronizados e estandartizados. A empresa também pode adotar métodos impessoais de vendas – como por mala direta, por telefone ou pela internet, das quais já tratamos antes –, mas esses métodos são feitos a distância e quase que mecanicamente, tratando as pessoas de forma genérica, como se todas elas fossem iguais. A interface que permite realmente uma comunicação mais ampla e profunda entre a empresa e sua clientela ocorre por meio da equipe de vendedores, que é a força de vendas da empresa. O vendedor representa o meio direto, mais inteligente e mais dinâmico de contato com a clientela. Daí todo o cuidado em recrutá-lo, selecioná-lo, treiná-lo, supervisioná-lo, remunerá-lo e motivá-lo. Este capítulo trata da organização da força de vendas: como criá-la, desenvolvê-la e dirigi-la adequadamente para o alcance dos objetivos da empresa.

A organização da força de vendas é o esquema adotado pela empresa para efetuar a venda de seus produtos/serviços da maneira mais eficiente e eficaz possível. A organização de vendas pode ser estruturada de acordo com os critérios de departamentalização mais adequados ao produto/serviço oferecido. Na verdade, a organização de vendas é constituída por uma rede formada por equipes de vendedores.

O objetivo final da organização de vendas é, evidentemente, vender. Para que o objetivo final seja alcançado da melhor maneira possível, outros objetivos intermediários são também fixados paralelamente, entre os quais podemos citar:

1. Atingir determinado volume de vendas no período considerado.
2. Elevar progressivamente o número de clientes reais e de longo relacionamento com a empresa.
3. Alcançar determinada participação da empresa no mercado.
4. Garantir a imagem e a reputação da empresa e de seus produtos/serviços no mercado.
5. Obter informações relevantes sobre a atuação dos concorrentes no mercado.

Tanto o objetivo final como os objetivos intermediários podem ser alcançados com a ajuda de uma valorosa equipe de vendas. Essa equipe, uma vez formada, preparada e liderada, está sujeita a variações e reciclagens por conta da saída de velhos integrantes e da entrada de novos, que os substituem dentro da dinâmica normal de rotatividade de talentos na empresa. O cuidado especial da empresa na formação e no desenvolvimento da equipe de vendas é fundamental para o sucesso das vendas e, principalmente, do negócio.

A força de vendas

A força de vendas de uma empresa depende da maneira como os vendedores estão organizados, articulados, liderados, orientados e alinhados a um objetivo comum. Essa força pode ser incrivelmente incrementada para tornar-se uma verdadeira máquina de vender por meios relativamente simples e eficazes. Tudo depende de saber lidar com pessoas, tanto aquelas que devem vender como aquelas que pretendem comprar. A organização de vendas busca fazer com que os integrantes da força de vendas tenham sucesso no contato com os clientes. Gente tratando de gente. O contato humano é o mais eficaz de todo tipo de contato com o mercado de clientes.

O PAPEL DO LÍDER DA EQUIPE DE VENDAS

Para alcançar objetivos e oferecer resultados, todo gestor depende de sua equipe de trabalho, independentemente de sua área da empresa (marketing, finanças, produção/operações ou RH) e de sua posição hierárquica. Isso acontece com o presidente (e sua equipe de diretores), com cada diretor (e sua equipe de gestores) e com cada gestor (e sua equipe de colaboradores). Assim, todo gestor é basicamente um líder de equipe. A gestão de vendas exige a presença de liderança, muita comunicação, motivação, alinhamento e cooperação de todos, sempre mantendo competição saudável e colaboração, para que a equipe como um todo saia ganhando. A construção de uma equipe de vendas exige que o gestor – o líder do time – desenvolva algumas habilidades, como mostra a Figura 1.

São sete as habilidades indispensáveis para o líder de equipe de vendas:

1. Escolher sua equipe.
2. Modelar o trabalho da equipe.
3. Preparar e treinar a equipe.
4. Manter comunicações claras e objetivas com a equipe.
5. Incentivar e estimular a equipe.
6. Avaliar o desempenho da equipe e tomar as medidas adequadas.
7. Reconhecer e recompensar o bom trabalho da equipe.

RECRUTAMENTO E SELEÇÃO DA FORÇA DE VENDAS

A escolha da equipe de vendas é fundamental para o sucesso da empresa. Saber escolher bons vendedores é tão importante quanto saber liderá-los e

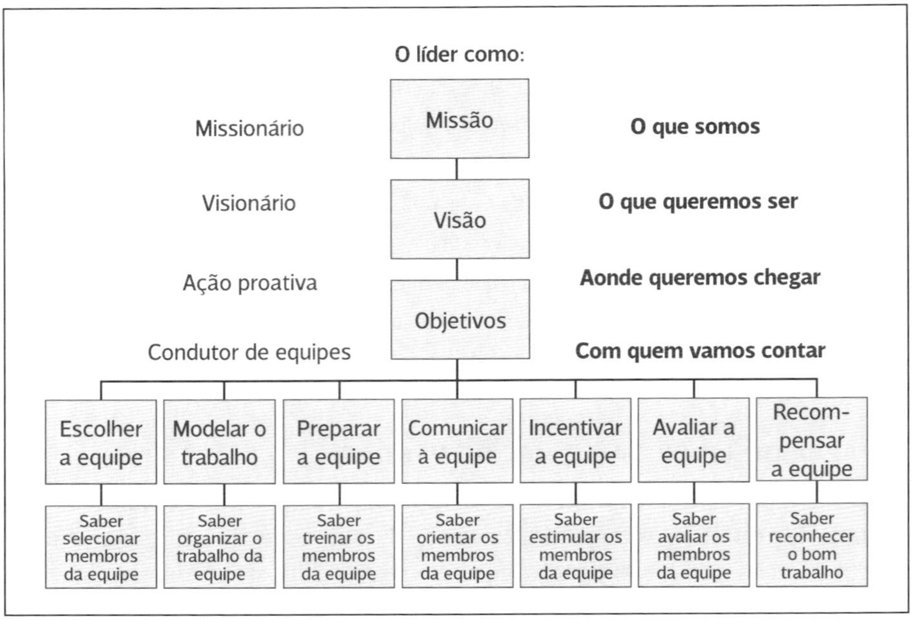

Figura 1 Papéis do líder de equipe de vendas.

conduzi-los ao sucesso. A seleção da equipe de vendas é uma tarefa muito mais importante do que pode parecer, pois a atuação dos vendedores depende muito das suas qualificações e competências pessoais, das suas características de personalidade, do seu preparo profissional e, sobretudo, de sua atitude e garra. É certo que o treinamento e a supervisão competente podem melhorar muito o desempenho, mas quanto menos recursos pessoais tiver o vendedor, mais investimentos em treinamento e supervisão serão necessários para compensar suas fragilidades. A escolha da equipe de vendas é feita em um processo seletivo de recrutamento e seleção de candidatos.

Recrutamento

O recrutamento é o meio pelo qual a empresa atrai candidatos para concorrer às oportunidades e às vagas disponíveis. É basicamente uma atividade de comunicação e de atração, que serve para informar ao mercado de candidatos que a empresa possui oportunidades que precisam ser preenchidas. É por meio do recrutamento que as pessoas ficam sabendo das oportunidades de trabalho que existem nas empresas.

As principais técnicas de recrutamento são:[1]

1. **Anúncios em jornais ou revistas:** ou em outros veículos adequados – mídias tradicionais ou virtuais – para atingir o público-alvo.
2. **Quadro de avisos da empresa:** informando a posição, as qualificações e competências necessárias e o local para atendimento dos candidatos internos ou externos.
3. **Agências de recrutamento:** empresas especializadas em recrutar e selecionar candidatos para empresas-clientes, que definem o perfil da posição a ser preenchida e as competências necessárias. A agência de recrutamento, então, procura o candidato adequado em seus arquivos ou no mercado. A seguir, encaminha os candidatos finalistas para entrevista com os executivos da empresa, que devem dar o parecer final. Existem agências de recrutamento especializadas na procura de pessoal para todas as áreas da empresa.
4. **Indicações de colaboradores:** técnica simples e barata em que os próprios colaboradores da empresa apresentam pessoas de suas relações que acreditam ter condições pessoais e profissionais que possam interessar à empresa.
5. **Recrutamento virtual:** feito pelo site da empresa, em um local específico.
6. **Redes sociais:** possibilitam consultar os perfis dos candidatos e inclusive recrutá-los para entrevistas, permitindo contatos em diversas mídias.

Para preencher uma posição vaga, a empresa pode optar pelo recrutamento interno ou externo, ou ainda pela conjugação de ambos. Assim, os principais meios de recrutamento são:[2]

1. **Recrutamento interno:** procura dos candidatos dentro da própria empresa, isto é, os futuros vendedores da empresa são recrutados dentre colaboradores da área ou de outras áreas, que queiram migrar para a área de vendas. O recrutamento interno deve ser feito com base na meritocracia. Sua vantagem maior é proporcionar oportunidades de carreira e desenvolvimento para os próprios colaboradores, motivando-os continuamente a se preparar e a se desenvolver para concorrer a futuras promoções para o quadro de ven-

1 Chiavenato, Idalberto. Recursos humanos: o capital humano das organizações. Rio de Janeiro: Elsevier-Campus, 2011.

2 Chiavenato, Idalberto. Recursos humanos: o capital humano das organizações, op. cit.

das. O recrutamento interno exige um sistema de monitoração e avaliação do desempenho que seja capaz de proporcionar informações seguras sobre cada colaborador e sobre suas condições de promovabilidade ou de lateralidade. Afinal, não se trata apenas de promover, mas também de proporcionar transferências ou rotações (*job rotation*) aos funcionários, no sentido de incrementar seus conhecimentos e suas experiências em outras atividades.

2. **Recrutamento externo:** procura dos candidatos no mercado, fora da empresa. A oferta de posições vagas é feita para o mercado em geral. Os futuros vendedores da empresa são recrutados fora dela. A vantagem do recrutamento externo é injetar "sangue novo", ideias novas e experiências diferentes no quadro de vendas.
3. **Recrutamento misto:** recrutamento feito tanto interna quanto externamente, valendo a procura do candidato mais adequado ao cargo em foco. É o tipo mais indicado, porque conjuga as vantagens do recrutamento interno e do externo, proporcionando condições de localizar candidatos capazes de melhorar gradativamente o capital humano da empresa. Nos casos de "empate", dá-se preferência ao pessoal da casa.

Feito o recrutamento, os candidatos se apresentam. E aí começa o processo de seleção de pessoal.

Triagem dos candidatos

Muitas empresas utilizam *softwares* capazes de receber currículos de candidatos enviados via e-mail ou site, analisá-los inicialmente do ponto de vista de determinados parâmetros (fornecidos previamente) e fazer uma triagem prévia, ou seja, uma pré-seleção dos candidatos. Esses *softwares* podem inclusive agendar datas e horários para entrevistas. Isso evita perda de tempo da equipe de Recursos Humanos, dos gestores e dos candidatos.

Seleção

A seleção é um processo de escolha, que representa a opção por um entre vários candidatos que se apresentam. É uma decisão que se baseia no critério de adequação, isto é, a localização do candidato mais adequado à posição a ser preenchida. Para tanto, existem várias técnicas:[3]

3 Chiavenato, Idalberto. Recursos humanos: o capital humano das organizações, op. cit.

1. **Entrevista:** baseia-se no contato pessoal entre o entrevistador – que pode ser o executivo, o supervisor de vendas ou um psicólogo especializado no assunto – e o candidato. O entrevistador faz perguntas e o candidato as responde, para que se possa analisar suas respostas (conteúdo) e suas reações (comportamento), e conhecer sua experiência profissional, suas qualificações e competências pessoais, seu comportamento, sua apresentação pessoal, etc. A entrevista é a técnica seletiva mais barata e mais amplamente utilizada, embora seja a que gera menos precisão nos resultados. O entrevistador deve ser adequadamente treinado para extrair duas vantagens da entrevista: o contato direto com o candidato e a possibilidade de perceber as reações e o comportamento dele. Algumas empresas utilizam a entrevista coletiva: vários entrevistadores conversam simultaneamente com o mesmo candidato, colocando-o em uma situação de extrema visibilidade. A tecnologia da informação (TI) tem facilitado o contato com candidatos: o Skype, por exemplo, oferece a oportunidade de entrevista a distância, o que facilita enormemente o contato com profissionais que moram em regiões distantes.
2. **Provas de conhecimento ou de capacidade:** provas ou testes constituídos por perguntas ou situações a serem resolvidas pelo candidato. Noções de português, matemática, conhecimentos profissionais e conhecimentos gerais são avaliados por essa técnica de seleção com relativa facilidade.
3. **Testes psicológicos:** testes para aferir aptidões ou características de personalidade. São geralmente aplicados e interpretados por psicólogos, e permitem ampliar a avaliação dos candidatos, quando a posição a ser preenchida exige determinados tipos de comportamento ou competências.
4. **Simulação:** baseia-se no "faz-de-conta", ou seja, na representação de uma situação real. É também denominada dramatização ou dinâmica de grupo. A simulação é uma maneira de imitar uma situação real: o candidato deve simular uma venda a algum cliente, representado pelo selecionador ou pelo supervisor de vendas. Desafios são colocados no processo, para avaliar como o candidato se desempenha em situações complexas.

Recrutados e selecionados os novos vendedores, isto é, feita a escolha dos novos integrantes da equipe de vendas, o trabalho a seguir é a sua integração na empresa. Quanto mais rápida a integração, mais cedo eles poderão assumir suas atividades normais. Existem empresas cujo programa de integração dura dias ou até semanas, para que o recém-admitido receba todas as informações necessárias para o seu trabalho, como portfólio de produtos ou serviços, clientela, concorrência, características do mercado, tabelas de preços, estrutura da empresa, cultura corporativa, procedimentos normais, quem são as pessoas que terão contato com ele, locais, horários, etc.; enfim, uma enxurrada de informações para que o novato não se perca nos meandros do negócio.

Integração dos novos colaboradores

Quanto mais organizada, sincronizada e intensa a sua integração nos quadros da empresa, mais rapidamente produtivos se tornam os novos colaboradores. Trata-se de uma ambientação – também denominada socialização organizacional – por meio da qual o colaborador pode se sentir em casa, conhecendo todas as características da empresa. É altamente recomendável que haja um mentor ou tutor que acompanhe o novo colaborador nos primeiros passos dentro da empresa.

TREINAMENTO DA FORÇA DE VENDAS

Treinamento é um processo educacional pelo qual as pessoas adquirem conhecimentos, habilidades e atitudes para o desempenho de seu trabalho. É um processo educacional que visa à formação e à preparação das pessoas por meio da aprendizagem, e está voltado para o desempenho de sua atividade, seja a atual ou uma futura oportunidade na empresa.

O responsável pelo treinamento de sua equipe é o gestor de vendas. Essa responsabilidade é indelegável, mas ele pode contar com o suporte do RH da empresa. Sua equipe precisa estar sempre preparada, afinada e motivada para o sucesso. Hoje, o treinamento é considerado um meio de desenvolver competências nas pessoas, para que se tornem mais produtivas, criativas e inovadoras. Assim, é uma fonte de lucratividade, por permitir que as pessoas contribuam efetivamente para os resultados do negócio, e também ganhem com isso.[4]

O treinamento segue um processo cíclico e contínuo, composto de quatro etapas:

1. **Diagnóstico:** levantamento das necessidades ou carências de treinamento a serem atendidas ou satisfeitas. Essas necessidades podem ser passadas, atuais ou futuras.
2. **Desenho do programa de treinamento:** elaboração do projeto ou programa de treinamento para atender às necessidades diagnosticadas.

---

4 Chiavenato, Idalberto. Gestão de pessoas. Barueri: Manole, 2014.

3. **Implementação:** execução e condução do programa de treinamento.
4. **Avaliação de resultados:** verificação dos resultados obtidos com o treinamento.

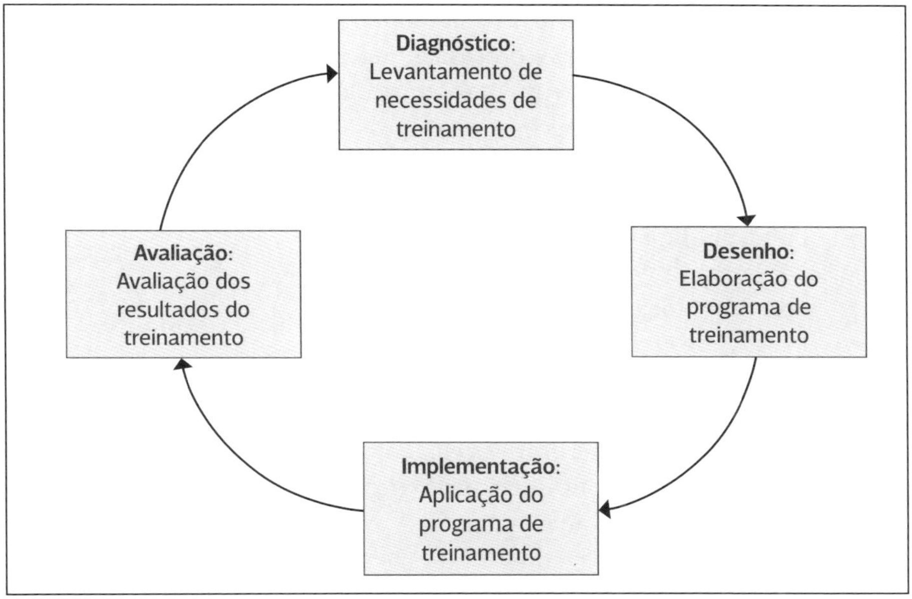

Figura 2 Etapas do processo de treinamento.[5]

Levantamento de necessidades de treinamento

É a primeira etapa do processo de treinamento, que cuida de averiguar as carências, isto é, a falta de preparo profissional das pessoas. A necessidade de treinamento é a diferença entre o que uma pessoa deveria saber, fazer e produzir e aquilo que ela realmente sabe, faz e produz. Significa um descompasso entre o que ela deveria ser e o que realmente é. Geralmente, é uma área de conhecimentos ou habilidades que uma pessoa ou equipe precisa desenvolver para melhorar ou aumentar sua eficiência, sua eficácia e sua produtividade no trabalho. À medida que o treinamento focaliza essas necessidades e as elimina, ele se torna benéfico para os colaboradores, para a empresa, para os clientes e para a sociedade.

5 Chiavenato, Idalberto. Gestão de pessoas, op. cit.

O diagnóstico das necessidades de treinamento pode ser feito por meio de:[6]

1. Indicadores *a priori*:
    - Expansão da empresa e admissão de novos colaboradores.
    - Redução do número de colaboradores.
    - Mudança de métodos e processos de trabalho.
    - Substituições ou movimentação de colaboradores.
    - Absenteísmo, licenças e férias de pessoal.
    - Entrada de novos produtos ou serviços no mercado.
2. Problemas de produtividade:
    - Baixa qualidade do trabalho.
    - Baixa produtividade.
    - Comunicações deficientes.
    - Excesso de erros e desperdícios.
    - Pouca versatilidade dos colaboradores.
3. Problemas de pessoal:
    - Relações deficientes entre os colaboradores.
    - Número excessivo de queixas de clientes.
    - Mau atendimento ao cliente.
    - Comunicações deficientes.
    - Pouco interesse pelo trabalho.
    - Falta de cooperação na equipe.
    - Erros na execução de pedidos.
4. Resultados da avaliação do desempenho do colaborador ou da equipe.
5. Mapeamento das competências requeridas para o colaborador ou para a equipe.
6. Baixo nível de alcance dos objetivos de médio e de longo prazo.
7. Utilização de indicadores ou métricas.

Conteúdo do treinamento

O treinamento é constituído por um conteúdo que deve ser aprendido pela pessoa e assimilado ao seu comportamento pessoal. Existem quatro tipos de conteúdo de treinamento:[7]

---

6 Chiavenato, Idalberto. Recursos humanos: o capital humano das organizações, op. cit.

7 Chiavenato, Idalberto. Gestão de pessoas, op. cit.

1. **Transmissão de informações e conhecimentos:** o treinamento serve para transmitir informações e conhecimentos – sobre a empresa, o trabalho, os produtos/serviços oferecidos, as regras e os regulamentos de trabalho, a clientela, os preços e as condições de venda, a concorrência, etc. Esse conteúdo de treinamento pode ser ministrado em sala de aula, em reuniões específicas, em CD ou por meio do ensino a distância.
2. **Desenvolvimento de habilidades:** o treinamento também se destina a desenvolver certas habilidades e destrezas relacionadas com: posição a ser ocupada, preenchimento de formulários de pedido, cálculos de orçamentos e preços, condições de pagamento, demonstração do funcionamento de produtos/serviços ao cliente, etc.
3. **Desenvolvimento de atitudes:** o treinamento pode visar a uma mudança de atitudes inadequadas ou negativas para atitudes favoráveis e positivas. São exemplos: desenvolvimento de atitudes de relações humanas (para melhorar o relacionamento entre as pessoas no escritório), desenvolvimento de hábitos e atitudes para com os clientes e usuários (no caso de vendedores ou SAC), etc. O desenvolvimento de atitudes visa a melhorar as maneiras de lidar com as pessoas, se comportar em determinadas situações, conduzir o processo de negociação ou de vendas, contornar dificuldades ou negativas do cliente, etc.
4. **Construção de competências:** o treinamento pode ajudar também no desenvolvimento de competências já existentes e na criação de novas e diferentes competências.

A finalidade do treinamento é manter as pessoas preparadas para o desempenho de suas posições atuais ou futuras, transmitindo-lhes informações e conhecimentos necessários, habilidades ou atitudes, de maneira separada ou conjunta, além de criar condições de competitividade à empresa. Daí a importância do treinamento. Sem ele, as pessoas ficam despreparadas para a execução de suas atividades e perdem eficiência e produtividade. O colaborador torna-se moroso na execução de seu trabalho, perde-se facilmente, erra sempre, precisa perguntar a outras pessoas, inutiliza material, perde tempo; seu trabalho perde qualidade. Isso irrita o chefe, o cliente, o usuário, o colega e o próprio colaborador.

Assim, o treinamento é importante para a empresa e para a pessoa, na medida em que proporciona excelência no trabalho, produtividade, qualidade, presteza, correção, utilização correta do material e, sobretudo, a gratificação pessoal de ser bom naquilo que se faz. De nada adiantam recursos

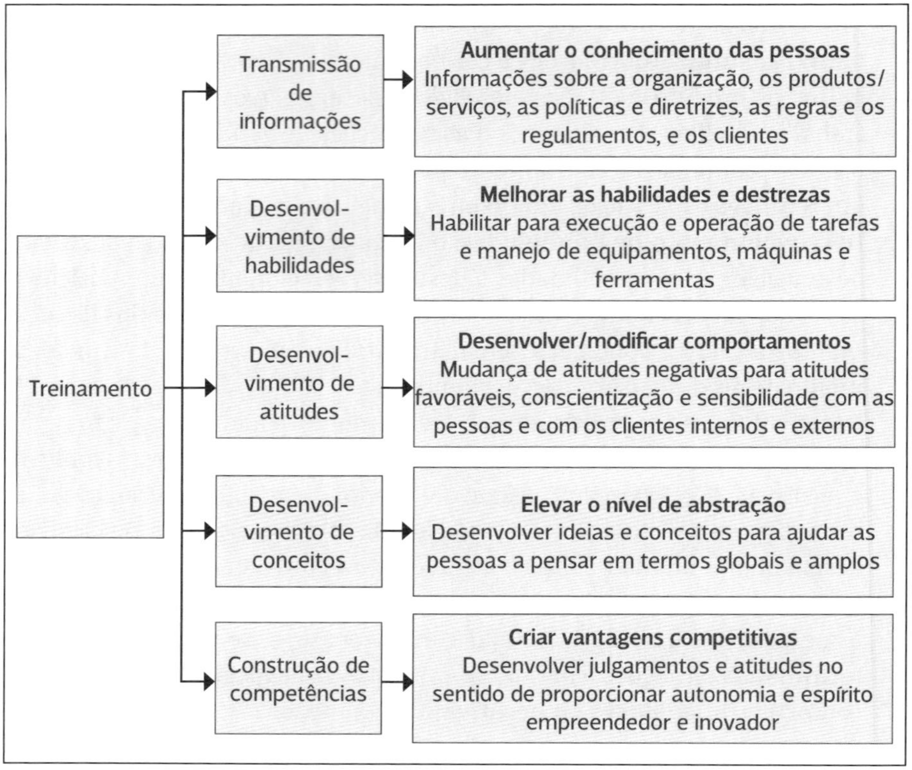

Figura 3 Tipos de conteúdo do treinamento.

empresariais – como tecnologia, máquinas sofisticadas, métodos e processos – sem pessoas treinadas e habilitadas. Seja na guerra, no futebol ou nas vendas, o treinamento é vital para a vitória e para o sucesso.

Técnicas de treinamento

O treinamento pode ser executado ou implementado por meio de várias técnicas:[8]

1. **Aulas expositivas:** um instrutor ou supervisor transmite verbalmente o conteúdo do treinamento. É a técnica de treinamento mais aplicada para a transmissão de novos conhecimentos ou informações. Geralmente, utiliza recursos audiovisuais – como lousa, retroprojetor, projetor multi-

8 Chiavenato, Idalberto. Gestão de pessoas, op. cit.

mídia, computador, DVD, etc. Pode e deve ser acompanhado de manuais ou livros contendo o assunto tratado, para que o aluno tenha acesso para consulta ou transforme em um banco de dados particular.

2. **Demonstrações:** um instrutor ou supervisor executa uma operação ou trabalho para mostrar como deve ser realizado. É a principal técnica de treinamento para a transmissão de conhecimentos sobre operação de máquinas e equipamentos, manipulação de produtos/serviços e preenchimento de formulários ou pedidos de vendas.
3. **Instrução programada:** baseia-se em grupos de informações seguidos por testes de aprendizagem que determinam se o aluno volta ao grupo anterior – se não aprendeu suficientemente – ou vai para o grupo seguinte. É uma técnica que dispensa o instrutor ou supervisor, bem como a avaliação do aprendizado. A instrução programada é feita em manuais que são entregues ao aprendiz para a leitura e para a solução dos testes.
4. **Dramatização:** técnica de treinamento ideal para a transmissão de novas atitudes e comportamentos. Trata-se da simulação de uma situação real. É a técnica ideal para cargos que exigem contato com pessoas, como vendedores, balconistas, etc. É muito utilizada para o treinamento em relações humanas, nos cursos para supervisores e gerentes sobre como lidar com os subordinados, para preparar vendedores no contato com clientes, para ensinar técnicas de venda, etc.
5. **Instrução no próprio trabalho:** aprendizagem obtida na própria atividade de vendedor, sob a orientação de um mentor ou tutor. Em geral, o vendedor começa a trabalhar acompanhando seu supervisor ou outro vendedor mais experiente. Após algum tempo de observação e análise, ele começa a vender sob a orientação do mentor ou tutor, até o momento em que possa fazer seu "voo solo".
6. **Treinamento com ajuda do computador:** o computador é uma importante ferramenta para obter o melhor rendimento, oferecendo CD-ROM, DVD, mídias gráficas, animações, filmes, áudio e vídeo.
7. **Treinamento a distância:** baseado em recursos audiovisuais, teleconferências e outros recursos multimídia enviados pela internet. Pode ser sincronizado ou assíncrono (a qualquer hora ou local).

É muito comum a utilização simultânea de várias dessas técnicas de treinamento, pois uma auxilia a outra, permitindo um efeito de sinergia no aprendizado.

Educação corporativa

As empresas estão se transformando em organizações de aprendizado. A educação corporativa focaliza o desenvolvimento dos colaboradores, com vistas a obter resultados nos negócios. O futuro está na educação, e a educação corporativa está sendo estimulada por um ambiente de negócios mutável, inquieto, inovador e revolucionário, provocado por fatores externos – como a globalização, o desenvolvimento tecnológico e a competitividade – que causam impactos profundos na gestão das empresas. As empresas que privilegiam a educação corporativa criam universidades corporativas, no sentido de incentivar a aprendizagem contínua para desenvolver atitudes, formas de pensamento, hábitos, competências e uma visão do negócio que possam dotar as pessoas de ferramentas mentais que aperfeiçoem seu trabalho. A gestão do conhecimento visa a alinhar a educação dos colaboradores aos objetivos do negócio. E isso é muito mais do que apenas proporcionar treinamento durante algumas horas de cada ano.

Avaliação do programa de treinamento

Todo programa de treinamento tem um custo elevado: em termos de investimento financeiro, tempo dos instrutores e dos aprendizes, materiais, perdas de produção enquanto os aprendizes estão sendo treinados e não desempenhando suas atividades normais, viagens e estadias em locais diferentes, etc. É preciso saber se o programa de treinamento atingiu seu objetivo e valeu a pena. A relação entre custos e benefícios é obrigatória. A etapa final do processo de treinamento é a avaliação do programa, para verificar sua eficácia e confirmar se o treinamento realmente atendeu às necessidades da organização, das pessoas e dos clientes, e se trouxe um retorno razoável do investimento.

Basicamente, deve-se avaliar se o programa de treinamento atende às necessidades para as quais foi desenhado. As principais medidas para avaliar o treinamento são:[9]

1. **Custo:** valor investido no programa de treinamento.
2. **Qualidade:** como o programa atendeu às expectativas.
3. **Serviço:** se o programa atendeu às necessidades dos participantes.
4. **Rapidez:** como o programa se ajustou aos novos desafios oferecidos.

---

9 Chiavenato, Idalberto. Gestão de pessoas, op. cit.

5. **Resultados:** quais os resultados que o programa ofereceu.

Se as respostas a essas questões forem positivas, o programa de treinamento terá sido bem-sucedido. Se forem negativas, o programa de treinamento não terá atingido seus objetivos, e o seu esforço terá sido inválido e sem efeito.

A avaliação do programa de treinamento se fundamenta nas seguintes questões: qual era o objetivo do treinamento, e em qual extensão esse objetivo foi alcançado?

Kirkpatrick (1998) sugere cinco níveis de resultados na avaliação do treinamento:[10]

1. **Reação do aprendiz:** mede a satisfação dos participantes quanto à experiência do treinamento: se o facilitador atraiu a atenção do grupo, se o participante ficou satisfeito e gostou dos exercícios, se a sala é confortável e se ele recomendaria o treinamento a outros.
2. **Aprendizado:** avalia o treinamento quanto ao nível de aprendizagem: se o participante adquiriu novas habilidades e conhecimentos e se mudou suas atitudes e comportamentos como resultado do treinamento.
3. **Desempenho:** avalia o impacto no trabalho por meio das novas habilidades de aprendizagem e da adoção de novas atitudes que mudam o comportamento. As mudanças de comportamento devem ser avaliadas por observação, avaliação 360° ou pesquisas com os colaboradores. Se não houver mudanças comportamentais, então o treinamento não está funcionando, ou há algo estranho no programa. Quando o colaborador retorna ao ambiente de trabalho, muitos fatores em conjunto podem apoiar a mudança comportamental, incluindo o papel de apoio do gerente e um clima que facilite e incentive a tentativa de um novo comportamento. O contexto de trabalho é fundamental nesses aspectos.
4. **Resultado:** mede o impacto do treinamento nos resultados do negócio da organização. O treinamento pode reduzir custos operacionais, aumentar a lucratividade, diminuir a rotatividade, reduzir o tempo de ciclo de produção ou aumentar a satisfação do cliente.

10 Kirkpatrick, Donald. Evaluating training programs: the four levels. San Francisco: Berrett-Koehler, 1998. Ver também: The Chatfield Group. Disponível em: <www.chatfieldgroup.com>. Acesso em: 13 jan. 2014.

Figura 4 Avaliação dos resultados do treinamento.[11]

5. **Retorno do investimento:** também denominado ROI (*return on investment*). Significa o valor que o treinamento agregou à organização em termos de retorno sobre o investimento feito.

É importante especificar claramente os objetivos propostos para o treinamento, e, em função deles, avaliar seus resultados. A avaliação do retorno do investimento (ROI) em treinamento requer definição prévia de indicadores e mensuradores claros e objetivos. Os indicadores apresentados podem ser úteis para verificar se o treinamento atingiu seus objetivos e se valeu a pena. Caso contrário, é preciso verificar se as necessidades de treinamento mudaram ou se o programa não foi capaz de atendê-las adequadamente.

11 Chiavenato, Idalberto. Gestão de pessoas, op. cit.

Avaliação dos resultados do treinamento[12]

Dentro de outra abordagem, a avaliação dos programas de treinamento pode ser feita em quatro níveis de abrangência:

1. Avaliação no nível organizacional, isto é, da empresa como um todo:
   - Aumento da eficácia organizacional.
   - Melhoria da imagem da empresa.
   - Melhoria do clima organizacional.
   - Melhor relacionamento entre empresa e funcionários.
   - Melhor atendimento ao cliente.
   - Facilidade de mudanças e inovação.
   - Aumento da eficiência.
   - Envolvimento dos gerentes nas práticas de treinamento.
2. Avaliação no nível dos recursos humanos da empresa:
   - Redução da rotatividade e absenteísmo do pessoal.
   - Aumento da eficácia individual e grupal dos funcionários.
   - Elevação dos conhecimentos das pessoas.
   - Mudanças de atitudes e comportamentos dos funcionários.
   - Aumento das competências das pessoas.
   - Melhoria da qualidade de vida no trabalho (QVT).
3. Avaliação no nível das atividades:
   - Adequação das pessoas aos requisitos exigidos pelos cargos.
   - Melhoria do espírito de grupo e da cooperação.
   - Aumento da produtividade.
   - Melhoria da qualidade.
   - Redução do índice de acidentes no trabalho.
   - Redução do índice de manutenção de máquinas e equipamentos.
4. Avaliação no nível de treinamento:
   - Alcance dos objetivos do treinamento.
   - Retorno dos investimentos efetuados em treinamento.

12 Chiavenato, Idalberto. Gestão de pessoas, op. cit.

Muitas empresas gastam fortunas para colocar seus colaboradores em salas de aula e constatam que nada do que eles aprendem é utilizado em seus cotidianos. Para que o ensino realmente apresente resultados concretos, as empresas estão adotando o conceito de treinamento por resultados. Isso significa reduzir ao mínimo o treinamento em sala de aula e transferi-lo para o local de trabalho. Os conceitos de treinamento são os mesmos, mas a forma de aplicá-los é diferente: é a forma direta, no dia a dia. O foco do treinamento está em assuntos práticos e nos projetos em andamento, o que permite conferir os resultados alcançados. E a maneira de avaliar a eficiência de programas de treinamento também mudou. Vendedores, gerentes, clientes, pares e todos à volta do colaborador treinado participam da avaliação. É o correspondente à avaliação do desempenho em 360°. E isso vale mais do que a nota de um professor.

O que o treinamento pode proporcionar interna e externamente[13]

Internamente, o treinamento promove:

1. Melhoria da eficiência dos serviços.
2. Aumento da eficácia nos resultados.
3. Criatividade e inovação nos produtos e serviços oferecidos ao mercado.
4. Melhor qualidade de vida no trabalho.
5. Maior qualidade e produtividade.
6. Melhor atendimento ao cliente.
7. Valor agregado.

E, externamente, contribui para:

1. Maior competitividade da empresa.
2. Melhoria da imagem da empresa.
3. Excelência nos produtos e serviços.
4. Assédio de outras organizações aos colaboradores da empresa.

Que outros aspectos podem ser acrescentados ao treinamento bem-sucedido?

---

13 Chiavenato, Idalberto. Gestão de pessoas, op. cit.

Tendências no treinamento

A ASTD americana – American Society for Training & Development – mostra quais as principais tendências atuais de treinamento e desenvolvimento:[14]

1. **Aprendizagem como estratégia empresarial:** as organizações que aprendem bem e rápido, e que posicionam a área de RH em um nível realmente estratégico, conseguem desempenhos de negócio muito melhores do que as organizações que não o fazem.
2. ***E-learning:*** a TI está derrubando tradicionais barreiras, custos, horários e limites de sala de aula, influenciando e expandido fortemente as ações de treinamento.
3. **Treinamento como consultoria de desempenho:** em vez de focar as atividades – aquilo que as pessoas fazem –, o treinamento está focando os problemas de desempenho das pessoas, das equipes e da empresa, ou seja, os resultados que elas alcançam. O treinamento é um poderoso meio de aumentar as competências das pessoas e os resultados do negócio.
4. **A liderança valoriza o estilo *coaching*:** a transição dos estilos técnicos e fechados para uma atuação mais humana e participativa está exigindo dos gestores um forte investimento em autoconhecimento e disponibilização de liderança e *coaching* para suas equipes. Aspectos como diálogo face a face, convergência, o exercício de dar e receber, retroação, discussão de fatores que prejudicam a carreira das pessoas, relacionamento interpessoal e melhoria do desempenho estão em alta.
5. **O papel do especialista em T&D está se modificando:** em vez de apenas oferecer cursos e *workshops*, ele está agora no centro do processo de aprendizagem e de inovação da empresa, para ajudar a organização e as pessoas a crescer e alcançar o sucesso, em alinhamento com a estratégia organizacional.

Essas são as boas notícias. A má notícia é que não conseguimos transformar essas tendências em práticas do dia a dia em muitas de nossas empresas. Além do mais, as organizações estão requerendo mais do que o simples treinamento. Os tempos atuais exigem novas soluções, mais amplas e profundas, como:[15]

---

14 ASTD. Disponível em: <www.astd.org>. Acesso em: 13 jan. 2014.

15 Chiavenato, Idalberto. Gestão de pessoas, op. cit.

1. **Foco em identificar e explorar capacidades distintivas:** como especialização ou maestria em aspectos básicos, para impulsionar crescimento e competitividade sustentável. Para alcançar elevado desempenho, as empresas precisam examinar onde podem explorar a sua vantagem competitiva e obter o maior efeito possível. Isso impõe a necessidade de reorganização, estruturação e flexibilização ao redor do novo foco. E as pessoas precisam, antes, estar preparadas para isso.
2. **Desenvolver sistemas multiplicadores de talentos:** como sistemas que identificam atração, desenvolvimento e retenção de talentos, para que a empresa possa atrair o capital humano certo e desdobrar e utilizar o conhecimento e as competências críticas com maior rapidez dentro da organização.
3. **Desenvolver uma cultura de inovação, aprendizado e excelência:** que motive e impulsione as pessoas, e atue como catalizadora do conhecimento e das competências essenciais.
4. **Aumentar a densidade dos relacionamentos internos:** promovendo conectibilidade, sincronicidade, convergência e solidariedade entre as pessoas, para que elas possam provocar efeitos multiplicadores em suas atividades. Colaboração e espírito de equipe são prioridades.[16]

Novos valores e atitudes em treinamento[16]

No meio automobilístico, as empresas estão buscando um novo relacionamento com o público para aumentar a satisfação dos clientes. Em geral, o objetivo é ir além da satisfação, exceder sua expectativa para tornar a experiência de comprar um produto ou serviço algo entusiástico. Para tanto, cinco valores são essenciais:

1. Compromisso com o entusiasmo do cliente.
2. Compromisso com a excelência do trabalho.
3. Trabalho de equipe.
4. Confiança e respeito pelas pessoas.
5. Melhoria contínua e incessante.

---

16 Milkovich, George; Boudreau, John. Administração de recursos humanos. São Paulo: Atlas, 2000. p. 375-6.

A transferência desses valores para o processo de produção não é fácil, e transferi-los para a área de vendas também tem sido um desafio. Foi necessário até mudar o vocabulário da empresa, com os "revendedores" virando "varejistas", as "concessionárias" virando "unidades de varejo" e os "vendedores" tornando-se "consultores de vendas". Isso exigiu uma mudança radical da imagem do vendedor de carros que faz qualquer coisa para obter vantagens em uma venda. Foi definida uma nova filosofia contida no sistema "seis passos para alcançar o entusiasmo do consumidor":

1. Ouvir o cliente.
2. Criar um clima de confiança mútua.
3. Exceder as expectativas do cliente.
4. Criar uma cultura de vencedores.
5. Fazer o acompanhamento do cliente, de forma a assegurar-se de que suas expectativas foram plenamente atingidas.
6. Melhorar continuamente a imagem da qualidade de produtos e serviços – e da empresa – perante o consumidor.

Como projetar uma abordagem de treinamento com uma relação de custo/benefício para uma nova geração de consultores de vendas da empresa?

REMUNERAÇÃO DA FORÇA DE VENDAS

Ninguém trabalha de graça. Como parceiro da organização, cada colaborador está interessado em investir com trabalho, dedicação, esforço pessoal, conhecimentos e competências, desde que receba uma retribuição adequada. Por outro lado, cada empresa está interessada em investir em recompensas para os colaboradores, desde que deles possa receber contribuições ao alcance de seus objetivos. Uma questão de reciprocidade. Uma espécie de "toma lá, dá cá". Assim, a remuneração compreende o conjunto dos vencimentos que o colaborador percebe por sua prestação de serviços, incluindo o salário como componente principal. O salário é devido e pago pela empresa em função do trabalho prestado pelo colaborador e de seu tempo à disposição da empresa. O salário, em conjunto com os diversos adicionais, como comissões, gratificações, horas extras, etc., forma a remuneração. Dessa maneira, remuneração é o gênero do qual o salário é uma espécie. A remuneração significa o preço do trabalho realizado.

O trabalho do pessoal de vendas – pelas suas condições e características – exige, na maior parte dos casos, um sistema de remuneração diferente daquele que normalmente se aplica ao restante dos colaboradores da empresa.

Sistemas de remuneração

Os três sistemas de remuneração podem ser assim expostos:

1. **Salário fixo:** sistema de remuneração pelo qual o colaborador recebe determinada quantia em dinheiro, independentemente das vendas realizadas. É o mesmo sistema aplicado à maioria dos colaboradores de outras áreas da empresa, que recebem por período, como mensalistas ou horistas.
    - Suas principais vantagens são:
        - Regularidade nos ganhos, seja em vendas altas ou baixas.
        - Uniformidade de critério de ganho com os demais colaboradores.
        - Facilidade para calcular o valor despendido com os vendedores.
    - Suas principais desvantagens são:
        - Não estimula o colaborador a aumentar as vendas.
        - Exige um controle maior sobre os vendedores, porque a eles tanto faz vender muito ou pouco.
        - Predispõe a saída de bons vendedores para outras empresas.
        - Quando as vendas diminuem, o custo de ter vendedores se eleva proporcionalmente.
2. **Comissões:** sistema que remunera o vendedor mediante determinada porcentagem das vendas líquidas realizadas ou faturadas. Trata-se de uma remuneração que varia conforme o volume de vendas efetuadas. O sistema de comissões pode ser feito de duas maneiras: comissões sobre o total das vendas ou comissões a partir de certo nível mínimo de vendas:
    - **Comissões sobre o total das vendas do vendedor:** trata-se de aplicar uma determinada comissão sobre o total das vendas realizadas pelo vendedor em certo período. Essa comissão pode ser calculada de duas formas:
        - **Comissão única:** porcentagem igual aplicada para todos os produtos, clientes ou territórios.
        - **Comissão diferenciada:** porcentagens diferentes conforme os produtos, clientes ou territórios.

- **Comissões a partir de um nível mínimo de vendas:** trata-se de aplicar uma determinada comissão – única ou diferenciada – apenas a partir de um volume de vendas previamente fixado. O vendedor passa a receber comissões quando tiver ultrapassado esse nível mínimo de vendas.

As principais vantagens do sistema de comissões são:

- Estimula o vendedor, que não tem limitação de ganhos.
- O custo de ter vendedores depende diretamente das vendas realizadas.
- O vendedor tem mais liberdade de trabalho, pois o controle da empresa não precisa ser rígido. Ele mesmo pode controlar o seu nível de atividade.
- O sistema em si não representa custo adicional relevante para a empresa, pois ele se paga em termos de maiores volumes de vendas.

As principais desvantagens são:

- Os ganhos do vendedor se tornam muito irregulares, e ele nem sempre tem condições de fazer um planejamento financeiro seguro.
- No período de férias ou de possível ausência, o vendedor nada ganha.
- Estimula o vendedor a vender o produto mais fácil, ou que lhe dê a maior porcentagem de comissão.
- Estimula o vendedor a vender para clientes que não paguem ou em situação financeira difícil.
- Não estimula o vendedor em períodos de poucas vendas.

3. **Sistema misto:** sistema de remuneração que combina os dois sistemas anteriores, aproveitando as vantagens de cada um e reduzindo as desvantagens. O sistema misto pode ser montado em três alternativas:
   - **Salário fixo + comissão:** sistema que concede ao vendedor um salário fixo, igual ou superior ao mínimo fixado por lei, e, além disso, uma comissão pelas vendas efetuadas. A comissão pode ser única ou diferenciada.
   - **Salário fixo + incentivo ou prêmio:** concede ao vendedor, além do salário fixo, um determinado incentivo ou uma gratificação que lhe permita certa quantia caso ultrapasse um volume de vendas previamente determinado.

- **Salário fixo + comissão + incentivo:** sistema em que o vendedor normalmente recebe um salário fixo mais uma comissão (única ou diferenciada, conforme o caso), e, além disso, um determinado incentivo ou uma gratificação, se ultrapassar um determinado volume de vendas.

Um sistema de remuneração de vendedores é considerado eficaz quando consegue conciliar o alcance de objetivos de vendas da empresa e a satisfação do vendedor. Trata-se de uma tarefa difícil, pois as expectativas da empresa e as dos vendedores nem sempre andam de mãos dadas.

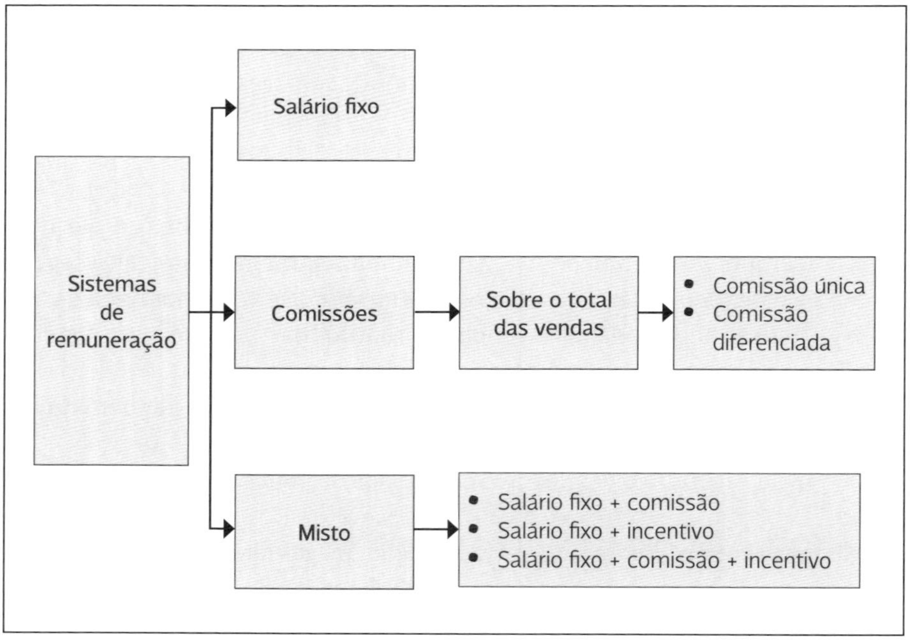

Figura 5 Sistemas de remuneração de vendedores.

As características de um bom sistema de remuneração de vendedores são:

1. **Capacidade de estimular e incentivar:** o sistema deve ter condições de motivar e incentivar os vendedores a realizar esforços pessoais acima do normal.

2. **Segurança:** o sistema deve assegurar um nível mínimo de ganhos, principalmente em épocas difíceis e de situações que escapam ao controle do vendedor.
3. **Flexibilidade:** o sistema deve ter condições de se adaptar às diferentes categorias de vendedores, aos diferentes produtos ou serviços e aos diferentes territórios. Deve também ter condições de se adaptar a situações de mercado não previstas pela empresa.
4. **Coerência:** o sistema deve visar ao alcance dos objetivos da empresa e, simultaneamente, aos objetivos pessoais dos vendedores.
5. **Facilidade de compreensão:** o sistema deve ser facilmente assimilado e compreendido pelos vendedores.
6. **Facilidade de aplicação:** o sistema não deve envolver grande trabalho estatístico ou administrativo para cálculos e pagamentos.

O sistema de remuneração a ser adotado deve ser negociado entre as partes – a empresa e o colaborador – no momento em que as metas e os objetivos de vendas são negociados. É importante que haja um verdadeiro contrato psicológico entre as partes: a empresa oferece as bases de pagamento, enquanto o colaborador se responsabiliza pelos resultados das vendas, naquilo que estiver ao seu alcance. De um lado, a empresa oferece o sistema de ganho e o suporte na forma de supervisão, liderança, informações, orientação e recursos tecnológicos. De outro lado, o colaborador oferece vontade, iniciativa, esforço pessoal, entusiasmo e busca de resultados. Quando tudo isso é previamente combinado e ajustado, o caminho estará definido para o alcance da satisfação recíproca: a empresa ganha e o colaborador também.

AVALIAÇÃO DO DESEMPENHO DA FORÇA DE VENDAS

A todo instante, cada pessoa está avaliando o desempenho de quase tudo que a cerca: o livro que lê, o filme a que assiste, o jogo de futebol, a comida do restaurante, o seu relógio, o próprio carro ou o carro do vizinho, os amigos, os confidentes, o governo, os impostos, os serviços que recebe, etc. Também as empresas estão continuamente avaliando o desempenho de uma porção de coisas: seus colaboradores, seus vendedores, seus produtos ou serviços, os distribuidores, etc. O objetivo é certamente saber se eles estão funcionando dentro das expectativas, e se colaboradores e vendedores precisam ser treinados, retreinados, promovidos, substituídos, simplesmente aconselhados ou mais bem supervisionados.

Algumas empresas utilizam, para seus vendedores, os mesmos sistemas de avaliação de desempenho aplicado aos colaboradores de escritório. Outras empresas partem para informações mais precisas sobre os vendedores, estabelecendo um sistema de avaliação capaz de detectar as diferenças que existem entre os diferentes produtos ou serviços, os territórios e os clientes.

Objetivos da avaliação de desempenho de vendedores

A avaliação do desempenho do pessoal de vendas deve atender a dois objetivos básicos:

1. **Localizar e identificar os pontos fortes e os pontos fracos de cada vendedor:** o sistema de avaliação deve localizar e identificar os aspectos fortes do vendedor, que precisam ser mais bem aproveitados, bem como os aspectos fracos, que devem ser corrigidos por meio de treinamento, supervisão mais firme, aconselhamento, etc. Isso significa que um dos objetivos da avaliação é fornecer indicações para o treinamento e para a melhoria do desempenho de cada vendedor.
2. **Avaliar o desempenho de cada vendedor para incentivá-lo:** verificar o mérito ou o merecimento de cada vendedor para recompensá-lo por meio da remuneração, concedendo prêmios ou incentivos salariais.

Critérios para avaliação de desempenho de vendedores

A avaliação do desempenho dos vendedores deve basear-se em alguns critérios capazes de distinguir o bom do mau desempenho, para identificar os vendedores que tiveram o melhor e o pior desempenho no período considerado. Geralmente, a avaliação do desempenho dos vendedores é realizada ao final de cada mês, semestre ou ano. O período mensal de avaliação é necessário para controlar a realização de cada vendedor em tempo suficiente para tomar providências corretivas, se necessárias. O período anual de avaliação coresponde ao mesmo período considerado na previsão de vendas e na determinação das cotas de vendas, que servem como parâmetro para a avaliação de cada vendedor. Enquanto a avaliação mensal é feita para sanar irregularidades do cotidiano, a avaliação anual é a definitiva do período, e serve para recompensar o mérito do vendedor.

Os principais critérios ou fatores utilizados para avaliar o desempenho dos vendedores são:

1. **Volume de vendas realizadas no período:** vendas totais que o vendedor conseguiu no período considerado pela avaliação. O volume de vendas realizado deve ser comparado com a cota de vendas determinada para o vendedor no período. Se o volume estiver acima da cota, o resultado é ótimo. Se estiver abaixo, o supervisor deve verificar as razões do atraso ou da perda de vendas.

Volume de vendas realizado	Em milhares:				
	Abaixo de R$ 1.000	De R$ 1.000 a R$ 1.999	De R$ 2.000 a R$ 2.999	De R$ 3.000 a R$ 3.999	R$ 4.000 ou mais
Pontos	0	30	60	90	100

Figura 6 Avaliação do desempenho pelo volume de vendas realizado.

2. **Cumprimento da cota de vendas:** porcentagem da cota de vendas fixada previamente que o vendedor conseguiu alcançar no período. Para cada faixa de porcentagem, o vendedor ganha pontos em sua avaliação. A figura a seguir serve apenas para ilustração, pois cada empresa deve fixar os seus próprios critérios.

% da cota alcançada	Porcentagem:				
	Abaixo de 100%	De 101 a 120%	De 121 a 140%	De 141 a 160%	161% ou mais
Pontos	0	30	60	90	100

Figura 7 Avaliação do desempenho pelo cumprimento da cota de vendas.

3. **Número de visitas realizadas:** volume de visitas que o vendedor fez (ou deve fazer) à sua clientela durante o período. Para cada faixa de número de visitas, o vendedor ganha pontos em sua avaliação.

Número de visitas realizadas	Visitas realizadas:				
	Abaixo de 10	De 10 a 19	De 20 a 29	De 30 a 39	40 ou mais
Pontos	0	30	60	90	100

Figura 8 Avaliação do desempenho pelo número de visitas realizadas.

4. **Vendas realizadas por visita:** volume de vendas feito, em média, em cada visita aos clientes. Normalmente, este critério é obtido pela equação:

$$\text{Vendas realizadas por visita} = \frac{\text{Total das vendas realizadas}}{\text{Número de visitas realizadas}}$$

5. **Relação entre despesas e vendas:** valor das despesas efetuadas pelo vendedor sobre o valor das vendas realizadas. Geralmente, o resultado é multiplicado por cem, para demonstrar a porcentagem das despesas sobre as vendas, o que representa a porcentagem das vendas que o vendedor gastou para realizá-las. Na realidade, é uma medida da eficiência do vendedor: quanto menor a porcentagem das despesas, mais eficiente o vendedor e menor o custo de suas vendas.

A avaliação do desempenho deve ser exaustivamente discutida – antes, durante e depois – com o próprio vendedor. Uma das tarefas mais brilhantes do supervisor de vendas deve ser a discussão e a troca de ideias com o vendedor a respeito dos resultados obtidos na sua avaliação, sempre no sentido de melhorar a performance e incrementar os resultados, tanto para a empresa, como, principalmente, para o próprio vendedor.

Critérios de avaliação:	Pontos:				
	0	30	60	90	100
Volume de visitas					
Cumprimento da cota					
Visitas realizadas					
Vendas por visita					
Despesas/vendas					

Figura 9 Resultados gerais da avaliação do desempenho do vendedor.

Além da avaliação quantitativa do desempenho do vendedor, é interessante notar que a avaliação qualitativa pode fornecer indicações e informações interessantes, como qual o tipo de produto mais adequado a cada vendedor, qual a equipe mais adequada e uma série de conclusões que ajudam no posicionamento adequado de cada vendedor.

Além de avaliar os resultados concretos que o vendedor oferece à empresa, a avaliação do desempenho pode – e deve – levar em conta também o seu potencial de desenvolvimento, e, mais importante, as suas competências individuais, para que elas possam ser desenvolvidas e ampliadas por meio de recursos que a empresa pode – e deve – oferecer.

Enquanto a avaliação do desempenho do vendedor está vinculada às vendas realmente efetivadas, e, portanto, ao passado, muitas empresas têm dado cada vez mais importância às competências individuais, porque estão vinculadas ao futuro que o vendedor promete com seus conhecimentos, suas habilidades, seu julgamento e suas atitudes.

Por todas essas razões, no momento de fixar metas e objetivos, além das cotas individuais ou grupais de vendas, é importante considerar os indicadores ou as métricas, para acompanhar e avaliar o desempenho e os resultados alcançados no decorrer do período considerado (semanas,

Avaliação qualitativa:	Comportamento do vendedor:				
	Sofrível	Medíocre	Razoável	Ótimo	Excepcional
Facilidade com produtos novos					
Facilidade de apresentação					
Contato pessoal					
Apresentação pessoal					
Tipo de argumentação					
Facilidade com clientes difíceis					
Facilidade com produtos complexos					
Rapidez de raciocínio					
Memória sobre clientes e pedidos					
Agendamento e *follow up*					

Figura 10 Avaliação qualitativa do desempenho do vendedor.

meses ou ano). Assim, a avaliação do desempenho – seja quantitativa ou qualitativa – deve ser constante e contínua, e não apenas periódica. Ela precisa ser feita nos momentos oportunos e nas ocasiões propícias, que devem ser repetidas tanto nos casos de sucesso nas vendas como nos casos de dificuldades.

Um aspecto primordial na avaliação do desempenho é a maneira como lidar com o avaliado. Ele deve receber retroação (*feedback*) constante a respeito

Competências individuais:	Avaliação				
	Sofrível	Medíocre	Razoável	Ótimo	Excepcional
Espírito de equipe					
Vontade de aprender					
Habilidade de comunicação					
Facilidade de relacionamento					
Capacidade de negociação					
Iniciativa própria					
Criatividade e inovação					
Liderança					
Resistência à frustração					
Tenacidade					

Figura 11 Avaliação das competências individuais do vendedor.

de seu desempenho. A entrevista de retroação deve ser realizada individualmente ou em equipe (caso as metas e os objetivos sejam grupais e solidários), de maneira objetiva e clara, para que os avaliados estejam a par da situação. O mais importante do sistema de avaliação de desempenho é exatamente comunicar e discutir com o avaliado (ou com a equipe) as providências cabíveis, seja no sentido de cumprimentar, festejar ou reforçar, seja no sentido de corrigir, ajudar ou intensificar os esforços. Motivação, entusiasmo e garra são indispensáveis para que o vendedor e sua equipe estejam sempre em alto astral.

Mais com o mesmo[17]

De nada adianta ter o presidente mais visionário, a fábrica mais eficiente ou a campanha de marketing mais pegajosa, se as pessoas não comprarem os seus produtos ou serviços. Os principais responsáveis por trazer dinheiro para as companhias – os vendedores – estão entre os profissionais menos prestigiados do mundo dos negócios. Quando as empresas precisam cortar custos, eles são as primeiras vítimas. Vendedores enfrentam rotinas extenuantes, ganham relativamente pouco e não são treinados como deveriam. Mas essa situação está começando a mudar. E o motivo para isso é econômico.

Segundo a consultoria McKinsey, um bom vendedor vende três vezes mais que um colega mediano. Em tempos de estagnação lá fora, esse é um dado que não pode passar batido – e que não pode ser ignorado por quem quer crescer no atual cenário econômico.

Quando tudo vai bem, os produtos das empresas são disputados. Quando a maré muda, e o telefone do departamento comercial teima em não tocar, é o bom vendedor que faz a diferença. Aumentar a produtividade da equipe de vendas é o jeito mais barato e menos arriscado de crescer. Mas não é nada simples.

Até alguns anos atrás, era comum ouvir que o futuro do varejo estava todo na internet (lugar em que, por definição, não há vendedores). Bastou surgirem as lojas da Apple, que contratam como atendentes jovens fanáticos por tecnologia, para responder a qualquer tipo de pergunta relacionada aos produtos, e a importância dos vendedores voltou a ficar cristalina.

Para as empresas, talvez a melhor iniciativa seja descobrir as técnicas de seus melhores vendedores – e espalhá-las pela organização. Em geral, são soluções simples, como essas coletadas com os maiores vendedores de cinco empresas líderes em seus mercados no país. Podem ser lições importantes para quem quer tirar o máximo das vendas.

- **Não despreze ninguém**: o vendedor A vende 350 televisores e aparelhos de som por mês – três vezes a média dos colegas. Diz ele: quem entra na loja quer comprar. Começa o expediente estudando as promoções do dia e o estoque, para não oferecer produtos em falta. Em um sábado, 30 minutos antes de fechar a loja, apareceu um senhor de bermuda e sandálias, e lhe perguntou onde poderia arrumar ingressos para um show. Era necessário comprar 120 reais para ganhar a entrada promocional, mas ele

17 Extraído de: Leal, Ana Luiza. Mais com o mesmo. Revista Exame, São Paulo, ed. 1031, 12 dez. 2012.

a ofereceu como cortesia. Agradecido, o cliente comprou três televisores. Aquele era um fazendeiro endinheirado, embora pudesse parecer apenas um senhor humilde.

- **Fuja do óbvio**: o vendedor B vende 796 carros em um ano – cinco vezes a média dos colegas. Para tanto, ele inventou uma promoção pessoal para atrair clientes: ao vender um carro, ele oferece ao cliente uma festa da pizza para 25 convidados. Nos quatro meses em que fez a promoção, suas vendas cresceram 30%. Foram mais de 200 festas. Ele apenas parou pois chegou a ir a sete comemorações em um mesmo sábado. Depois da pizza, ele resolveu inovar com chocolate. Se uma negociação emperrava, ele oferecia ao cliente um opcional no carro – como película para os vidros –, mas colocava uma condição: que a pessoa lhe trouxesse uma caixa de bombons em troca. Virou assunto de família e passou a ser comentado como o "maluco do bombom". E isso traz clientes. Quando o movimento da loja caiu, ele convenceu a Fiat a permitir que circulasse com uma "concessionária móvel" (um carro que ele comprou e equipou com um toldo, uma cadeira e um boneco inflável). Com tantas sacadas inusitadas, ele foi campeão de vendas, superando as metas várias vezes.
- **A venda é só o começo**: a vendedora C vende 3,6 milhões de reais em pacotes de viagens em um ano – uma média de 500 por mês. Ela é uma agente autônoma da agência de viagens CVC. Como 70% de sua clientela viaja para o exterior, ela atende o telefone 24 horas por dia. A empresa reclama que ela "mima" demais o cliente. Mas ela prefere que a acordem durante a noite a que voltem insatisfeitos. Embora não tenha responsabilidade pela solução de problemas (pois esse é um dever da operadora), sua tática funciona: 90% dos clientes voltam a viajar com ela.
- **Explorar novos mercados**: o vendedor D vende 77 imóveis por ano, o equivalente a 27 milhões de reais. O mercado imobiliário carioca vive a maior febre de sua história, e os preços na zona sul chegam a recordes que beiram o ridículo. Mas ele ignora a zona sul e prefere a zona oeste. É ali que ele garimpa salas comerciais e *flats* para sua clientela, composta em 90% por investidores que nem sequer conhecem os imóveis. Dá mais trabalho, mas ele consegue um volume de negócios muito maior do que conseguiria com famílias que compram um imóvel para a vida inteira.
- **Conheça seu público**: o vendedor E vende 53 mil reais em celulares e planos, o dobro do segundo colocado. Mesmo ganhando pouco, seu início foi dedicado a conhecer os hábitos dos clientes, fazer compras em lugares sofisticados e viajar para o exterior, para poder ter uma "conversa bacana". Hoje, é vendedor *premium* e o maior vendedor

da Vivo em São Paulo. Em um mês, ele vendeu mais do que algumas lojas inteiras. Todo o seu dinheiro é dedicado a conhecer seus clientes um pouco melhor.

É perfeitamente possível crescer sem investir, diversificar ou arriscar. Basta vender mais utilizando a mesma estrutura. Isso depende de imaginação e criatividade.

Em resumo, a organização – junto com a constante reorganização – da equipe de vendas é uma tarefa contínua e incessante, mas que traz resultados magníficos, não somente no volume de vendas, mas, principalmente, na satisfação e no entusiasmo da própria equipe, o que funciona como um reforço para a continuidade de excelentes resultados.

QUESTÕES PARA REVISÃO

1. Por que é importante a interface entre a empresa e sua clientela?
2. Quais são os meios indiretos e impessoais de comunicação com a clientela?
3. Qual interface proporciona uma comunicação mais ampla e profunda?
4. Como se faz a escolha da equipe de vendas?
5. Conceitue recrutamento do pessoal de vendas.
6. Quais as principais técnicas de recrutamento?
7. Explique os anúncios em jornais e revistas. Quando devem ser adotados?
8. Explique os anúncios no quadro de avisos da empresa e em seu site.
9. Explique as agências de recrutamento de vendedores.
10. Explique as indicações de funcionários.
11. O que é recrutamento interno? Como funciona?
12. O que é recrutamento externo? Como funciona?
13. O que é recrutamento misto? Como funciona?
14. Conceitue seleção de vendedores.
15. Quais são as principais técnicas de seleção?
16. Explique a entrevista de seleção.
17. Explique as provas de conhecimento ou de capacidade.
18. Explique a simulação ou dramatização.
19. Conceitue o treinamento.
20. Quais os possíveis conteúdos do treinamento?
21. Explique o treinamento como transmissão de informações e conhecimentos.
22. Explique o treinamento como desenvolvimento de habilidades.
23. Explique o treinamento como desenvolvimento de atitudes.
24. Explique o treinamento como construção de competências.
25. Quais as finalidades do treinamento?
26. Por que o treinamento é importante para a empresa e para o colaborador?
27. Quais as técnicas de treinamento?
28. Explique as aulas expositivas.
29. Explique as demonstrações.

30. Explique a instrução programada.
31. Explique a dramatização.
32. Conceitue a remuneração de vendedores.
33. Quais os objetivos dos sistemas de remuneração de vendedores?
34. Explique o salário fixo.
35. Explique a comissão.
36. Qual a diferença entre comissão única e comissão diferenciada?
37. O que é comissão sobre o total das vendas?
38. O que é comissão a partir de um nível determinado de vendas?
39. Explique a remuneração mista.
40. Quais os tipos de remuneração mista? Explique-os.
41. Conceitue avaliação do desempenho do vendedor.
42. Quais os principais fatores ou critérios de avaliação do desempenho do vendedor?
43. Explique os tipos de avaliação do desempenho quanto às vendas realizadas.
44. Explique a avaliação qualitativa do desempenho do vendedor.
45. Explique a avaliação com base nas competências do vendedor.

EXERCÍCIOS

1. Faça de conta que o diretor de sua empresa solicitou que você planejasse a contratação de uma equipe de vendedores para um produto novo a ser lançado em breve. Como você pensaria em sugerir a ele o plano de recrutamento e seleção dos vendedores?
2. Como montar um programa de integração para esses novos vendedores?
3. Como montar um programa de treinamento para esses novos vendedores?
4. Como montar um sistema de remuneração para os novos vendedores?
5. Como montar um sistema de avaliação do desempenho dos novos vendedores?

9

RELACIONAMENTO COM O CLIENTE

1. Atendimento ao consumidor
2. Pós-venda
3. Confiabilidade
4. Prontidão e agilidade
5. Comunicação
6. Mídias sociais
7. *Customer relationship management*
8. *Business intelligence*
9. Questões para revisão
10. Exercícios

De nada adianta apenas vender e vender. É preciso mais do que isso para conquistar o cliente, impressioná-lo e torná-lo fiel. Um cliente satisfeito, fiel e constante não se conquista com facilidade, em apenas um primeiro contato. É preciso tratá-lo com desenvoltura, acessibilidade, constância e permanência, por meio de um abrangente conjunto de meios à sua disposição. Muitas empresas investem intensivamente no cliente por vários meios, como já vimos antes. Mas é preciso também investir nas pessoas que atendem o cliente e que representam a empresa para ele. As pessoas são o principal ponto de contato entre a empresa e sua clientela. E esse delicado ponto de interface com o cliente deve merecer toda a atenção da gestão de vendas (GV). Entre essas pessoas, está o vendedor ou o representante de vendas. Mas ele não deve estar sozinho. Existe uma multiplicidade de pessoas e de meios necessários para se constituir um relacionamento excelente e duradouro com o cliente.

Toda empresa tem uma imensa variedade de pontos de contato com sua clientela, que nem sempre são devidamente explorados e intensificados. Essa interface empresa × cliente é geralmente realizada por meio de propaganda, promoção, distribuição, entrega e pós-venda. Normalmente, a interface costuma ser feita em uma só via: da empresa para o cliente, como se ele fosse um mero agente passivo das vendas, cumprindo seu papel como mero comprador. E ponto final. Todavia, a gestão do relacionamento com o cliente exige a utilização conjunta e integrada de todas as possíveis vias de se relacionar com sua clientela de maneira eficiente e eficaz, e de modo interativo e dinâmico, e não apenas impessoal e distante. O relacionamento com o cliente de hoje – o neocliente, ou "novo cliente" – precisa ser feito de maneira estratégica, interativa, inteligente e compartilhada. Trata-se de continuar conquistando o cliente e de satisfazê-lo plenamente. Sua satisfação deve ser total: antes, durante e depois do processo de venda.

O significado da palavra "não"

O relacionamento com o cliente deve ser altamente positivo, agradável, criativo e responsável. A palavra "não" deve ser evitada de todas as maneiras, pois ela tem um sentido extremamente negativo e obstativo quando se trata com o cliente. Ela não deve ser dita em hipótese alguma. Deve-se sempre procurar uma frase positiva para substituí-la, no sentido de evitar o presságio francamente negativo que ela carrega. O bom vendedor nunca diz não ao cliente. E a boa empresa também segue esse caminho.

ATENDIMENTO AO CONSUMIDOR

Com a intensificação do comércio eletrônico, a empresa precisa abrir portas e janelas para o cliente, e, se possível, integrá-lo e colocá-lo em seu interior, como fazem boa parte das empresas bem-sucedidas. Afinal, o cliente não é somente um mero consumidor, mas um *stakeholder* importante na consolidação de qualquer negócio. Os serviços de atendimento ao consumidor (SAC) representam um meio de contato direto entre cliente e empresa, uma interface importantíssima na manutenção de um excelente relacionamento com o cliente.

O consumidor também pode avaliar a empresa pelo SAC[1]

Os consumidores avaliam não apenas a qualidade do produto/serviço que compram da empresa, mas também a qualidade do atendimento, em sua experiência de compra e, principalmente, por meio do SAC, em dois aspectos básicos:

1. **Tempo**: que a empresa leva para responder de maneira satisfatória às suas reclamações ou dúvidas.
2. **Capacidade técnica**: que a empresa tem de resolver problemas relacionados com seus produtos/serviços.

Agilidade, prontidão, educação e qualidade são indispensáveis no atendimento, sob pena de colocar as vendas passadas em xeque e as futuras em queda, em virtude da insatisfação do cliente. Os profissionais de *call center* precisam receber supervisão e treinamento constantes e capazes de garantir a qualidade do SAC, para não pôr em risco o relacionamento com a clientela e, com isso, provocar queda nas vendas futuras.

Contudo, na maioria das empresas, o SAC proporciona apenas uma oportunidade para o cliente reclamar, cobrar, exigir ou perguntar por algo que não deu certo ou não ocorreu como ele esperava. É um meio simplista pelo qual a empresa escuta e toma conhecimento de algo que incomoda ou irrita o cliente. Mas, antes de atendê-lo, exige dele uma infinidade de dados, para poder localizar seu nome, sua compra ou seu pedido, o que, quase sempre, o irrita ainda mais, já que o sistema utilizado nem sempre permite sua pronta localização. Muitas vezes, o *call center* não tem o sistema de atendimento adequado ou o pessoal de atendimento devidamente treinado, orientado e preparado para enfrentar a fera do outro lado da linha. Se o cliente procura o *call center*, é porque algo não anda bem com a sua compra. No momento em que estou escrevendo este livro, ainda espero o retorno – que certamente não virá – do meu sétimo e demoradíssimo chamado telefônico para cobrar a entrega e a instalação de mais uma TV que comprei. Reclamar para quem? Para o atendente? Geralmente, o SAC é terceirizado para uma empresa, e a

1 Hercheui, Magda David. Uma estratégia de SAC complementar. HSM Management, São Paulo, jan/fev 2012. p. 91.

entrega, para outra. Imagine o que acontece nesse trio disperso e desintegrado: loja, SAC e transportadora, cada um na sua. Vendedor, telefonista e motorista do caminhão que nem se conhecem. E o cliente nunca mais irá comprar da mesma loja, que nem sequer sabe o que está acontecendo com aquilo que ela vendeu. As coisas precisam funcionar sobre carretéis, como dizia um amigo. Mas isso nem sempre ocorre. É por isso que o Procon anda cheio de reclamações de vendas mal resolvidas e problemáticas, que simultaneamente acabam com a paciência do cliente e com o prestígio e o renome de qualquer empresa. O atendimento ao cliente ainda está longe e muito aquém dos melhores padrões que poderiam ser alcançados se houvesse uma gestão eficaz. Deve ser tratado como algo estratégico para o sucesso da empresa e, portanto, uma parte do seu *core business* que não deve ser entregue a terceiros mal preparados.

PÓS-VENDA

A pós-venda envolve todas as atividades posteriores ao processo de venda. Na verdade, ela deve ser parte indispensável do processo de venda. Da mesma maneira, como toda e qualquer empresa faz um seguimento (*follow up*) de suas compras corporativas, o consumidor costuma fazer o mesmo. O agendamento da entrega daquilo que foi vendido, os serviços de assistência técnica, a resolução de possíveis problemas que independem do cliente e escapam ao seu controle, e a certeza de que as expectativas do cliente estão sendo plenamente satisfeitas são aspectos importantes no pós-venda, que influenciam poderosamente os hábitos e as decisões futuras de compra por parte do consumidor. A pós-venda deve ser encarada como um aspecto tão importante quanto a própria venda, da mesma forma como a eficiência deve ser sempre acompanhada pela eficácia.

CONFIABILIDADE

Toda empresa deve cumprir exatamente aquilo que prometeu ao cliente, ou fazer ainda mais. Afinal, a venda é uma promessa do vendedor de que o comprador ficará satisfeito com o pedido efetuado. Quando a venda ocorre bem, a entrega é feita dentro do prazo agendado e a mercadoria preenche as expectativas do cliente, ele passa a confiar na promessa do vendedor. Essas são as principais condições para alcançar a confiabilidade do cliente, e, portanto, garantir a esperança de novas vendas a ele. Se a empresa não cumpriu alguma das condições, ela está em falta e, no mínimo, deve pedir sinceras desculpas, se pretende dar continuidade ao relacionamento. Confiança é a base indispensável de qualquer negócio. Ela envolve a crença de que determinada oferta é válida e segura. É a confiabilidade que leva o consumidor a fazer outras compras com o mesmo vendedor.

Estatísticas mostram que, em média, quando uma empresa perde um cliente, ela gastará sete ou oito vezes mais do que gastaria se o mantivesse, apenas para substituí-lo por um cliente novo. É simplesmente uma questão de custo/benefício. Assim, do ponto de vista meramente financeiro, vale a pena manter um cliente atual, mesmo que o investimento seja elevado. Custa mais barato manter um cliente atual do que buscar um novo.

O novo salto do consumo[2]

A grande oportunidade das empresas não está mais no aumento do volume de vendas, mas na sofisticação dos hábitos de compra dos consumidores. E isso pode agregar 600 bilhões de reais ao consumo nos próximos 6 anos. Vários fatores estão provocando mudanças no mercado: a ascensão social faz com que o perfil de consumo das famílias no país se sofistique à medida que a faixa de renda progride. A grande maioria da população já compra bem mais do que apenas itens básicos. Alguns aspectos são evidentes: nos últimos três anos, os modelos básicos de carro – com motor 1.0 – deixaram de ser a maioria dos veículos vendidos no país; pela primeira vez, a venda de *smartphones* superou a de celulares convencionais no mercado nacional. As opções estão mais fartas e sofisticadas. A indústria de bens de consumo está colocando uma quantidade recorde de produtos novos nas prateleiras. E, na maioria das categorias pesquisadas, os consumidores estão optando por versões mais caras dos produtos. Enquanto isso, o número de novas categorias de consumo incorporadas na cesta de compras já não aumenta na mesma intensidade, e os produtos mais sofisticados ganham espaço no consumo de eletrodomésticos, celulares e automóveis. Assim, crescer em um contexto de sofisticação de consumo é uma tarefa menos óbvia do que expandir rapidamente em volume. A quantidade é importante, mas a qualidade está abrindo caminho. Lançar produtos mais sofisticados e rentáveis parece ser uma saída para mercados com vendas em queda.

---

2 Adaptado de: Ikeda, Patrícia. O novo salto do consumo. Revista Exame, São Paulo, ed. 1055, 11 dez. 2013. p. 42-51.

PRONTIDÃO E AGILIDADE

Todo cliente espera um atendimento rápido, preciso e eficaz, sem delongas e sem problemas no meio do caminho. Espera prontidão e agilidade na entrega ou em qualquer correção de possíveis atrasos ou problemas com o produto ou serviço. A prontidão é a redução do tempo no atendimento, na entrega ou no pós-venda. A agilidade é o jogo de cintura que a empresa deve ter para resolver rápida e prontamente qualquer problema que surja no meio do caminho. E, quase sempre, o problema surge na entrega do produto ou serviço. E é aí que a prontidão e a agilidade podem se manifestar de maneira mais efetiva.

COMUNICAÇÃO

Há um velho ditado popular que diz: quem não se comunica se "estrumbica". A comunicação é a chave para todo e qualquer entendimento entre as pessoas, principalmente entre as empresas e seus clientes. E o comportamento do cliente está passando por profundas mudanças, tanto no ambiente físico quanto no virtual, em meio a exigências que aumentam cada vez mais. A maior parte das tecnologias necessárias para uma comunicação mais eficaz entre empresa e clientela já está disponível para permitir um relacionamento mais duradouro e convidativo. E esse é o objetivo mais importante.

A era *on-demand* está chegando[3]

Peter Dhalström e David Edelman, consultores da McKinsey, mostram que as novas tecnologias, assim como as mudanças no comportamento dos consumidores, estão tornando as experiências de compra cada vez mais personalizadas. E isso ocorre de forma radical – em tempo real e em praticamente qualquer lugar. Os autores mostram que:

1. A velocidade com que as novas tecnologias passam a fazer parte da vida e produzem impactos profundos na experiência de consumo vai obrigar as empresas, cada vez mais, a atender a novas demandas dos clientes. O marketing *on-demand* deve estar sempre pronto a responder, e de modo relevante, para as pessoas.

---

3 Dhalström, Peter; Edelman, David. A era on-demand está chegando. HSM Management, São Paulo, nov/dez. 2013. p. 120-124. Ver também: McKinsey&Company. On-demand marketing. McKinsey Quarterly. Disponível em: <http://www.mckinsey.com/insights/mckinsey_quarterly/digital_newsstand/2013_number_2>. Acesso em: 13 jan. 2014.

2. Nesse cenário, os consumidores tenderão a avaliar as marcas por sua capacidade de produzir interações praticamente em qualquer lugar e a qualquer momento, com alto valor, de maneira personalizada e por meio de acessos simples.
3. As empresas e seus executivos têm de estar preparados para envolver os clientes de múltiplas formas, com diversos tipos de interação e com base em uma visão integrada do processo de decisão do consumidor. Para isso, devem coletar e processar dados sobre o comportamento dos clientes e desenvolver novos processos e novas habilidades em todas as áreas da organização, e não apenas na de marketing ou na de vendas.

Em razão disso, à medida que a capacidade digital se multiplicar, as demandas dos consumidores devem aumentar em quatro frentes, definidas por palavras-chave:

1. **Agora**: o consumidor vai querer interagir em qualquer lugar e a qualquer momento.
2. **Eu posso**: o consumidor vai querer fazer coisas novas com todo tipo de informação, como conta bancária, atividade física, restaurante, cinema, tráfego, desde que lhe agreguem valor.
3. **Para mim**: o consumidor vai querer que todos os dados armazenados sobre ele sejam relacionados precisamente a suas necessidades e expectativas, ou usados para personalizar suas experiências.
4. **Simples**: o consumidor vai querer que todas as interações sejam fáceis.

Essas novas demandas exigem esforços das empresas em três níveis:

1. **Interações ao longo do processo de decisão**: a empresa precisa desenhar a história de como as pessoas encontram uma marca, e os passos que dão para avaliar, comprar e se relacionar com ela. O marketing ou as pesquisas de opinião não conseguem fazer isso de maneira isolada. É um trabalho multidisciplinar, que envolve diversas áreas da empresa para influenciar a decisão do consumidor.
2. **Captação de dados e ciclo contínuo**: para conquistar um cliente, é preciso conhecê-lo, saber o que ele espera e saber o que funciona com ele. E, depois, ter a capacidade de chegar até ele com o tipo certo de interação. O caminho é oferecer um valor maior do que o comprador espera, de forma amigável.

---

3. **Entrega de novas capacidades e processos:** para oferecer novas experiências ao cliente, equipes multifuncionais – envolvendo as várias áreas da empresa, como marketing, finanças, recursos humanos, produção/operações – precisam repensar a própria empresa e como ela deve integrar todas as suas áreas para melhor servir ao cliente e para oferecer a ele uma experiência digital mais rica.

Já é hora de se preparar. Corra, que essa nova era está chegando. E atropelando muitas empresas.

MÍDIAS SOCIAIS

O uso das mídias sociais no ambiente corporativo está se intensificando a cada dia que passa. Trata-se de uma verdadeira explosão, de um fenômeno social cujo potencial não pode ser desprezado em hipótese alguma. Segundo Hercheui (2012), as empresas podem se beneficiar das mídias sociais para atender a três diferentes objetivos básicos:[4]

1. **Proteção da reputação:** melhorar a comunicação com o consumidor deve ser prioridade nas mídias sociais da empresa. A reputação da empresa é construída pelo investimento de muito dinheiro em marcas, e alguns consumidores veem, nas mídias sociais, uma poderosa ferramenta para destruir marcas sem custo algum, bastando espalhar aos amigos suas opiniões negativas sobre um produto ou empresa. Todos são livres para fazer críticas em qualquer canal de mídia social. Contudo, mesmo que a empresa não tenha uma página em uma rede social, isso não significa que os consumidores não podem usar outros canais para expressar suas opiniões a respeito dela. Para tanto, a empresa deve aproveitar melhor a Web 2.0:
   - **Ter canais adequados nas mídias sociais:** para que o consumidor possa ter um canal formal para expressar sua insatisfação. Assim, a empresa tem capacidade de dar retorno no canal sobre o qual tem algum controle.
   - **Monitorar o que os consumidores estão falando nas mídias sociais:** e responder a eles nos canais escolhidos. Apesar de possíveis

---

4 Hercheui, Magda David. 1, 2, 3 estratégias de mídias sociais. HSM Management, São Paulo, jan/fev. 2012. p. 88-92.

abusos e má fé de alguns, a empresa deixa de omitir respostas e pode ser vista positivamente ao assumir responsabilidades.

2. **Aumento das vendas:** em termos de marketing, a vantagem das mídias sociais é a sua capacidade de atingir milhões de pessoas com custos baixíssimos. Assim, devem-se:
   - **Ocupar canais de mídia social com campanhas de marketing** criativas e únicas, cuja capacidade de influência é enorme. Principalmente se a peça de comunicação tiver um diferencial, fazendo com que as pessoas recomendem o conteúdo para seus contatos nas redes sociais, de forma que a apreciação de um vídeo, por exemplo, seja convertida em consumo do produto. Para que produza aumento de vendas no curto prazo, a campanha deve ter potencial para se tornar viral.
   - **Melhorar serviços de atendimento ao consumidor em mídias sociais**, que são meios mais eficientes do que campanhas que tenham grande audiência, mas pouco impacto em termos de mudança de padrão de consumo. O SAC resolve questões privadas entre empresa e consumidor, mas, quando essas questões envolvem mídias sociais, tornam-se públicas, e se torna necessário proteger a reputação da empresa. Se o SAC irrita um consumidor, um erro exposto nas mídias sociais pode irritar uma multidão.
3. **Gestão do conhecimento e inovação:** Hercheui (2012) salienta que a estratégia de melhorar a gestão do conhecimento vem aparecendo em pesquisas sobre o uso corporativo das mídias sociais. Elas oferecem oportunidades para a documentação e para a difusão de conhecimento, bem como para a ampliação da capacidade de inovação. As mídias sociais colocam à disposição dos colaboradores três funções principais na gestão de conhecimento:
   - **Geração e documentação de conhecimentos específicos:** em ambientes que usam *wiki*, blogs e fóruns, canais que permitem que o coletivo chegue a um consenso sobre o que seria um conhecimento útil e correto a respeito de determinado assunto. As mídias sociais oferecem enorme facilidade de interação em ambientes amigáveis, sem exigir qualquer treinamento.
   - **Difusão de conhecimento específico e relevante para a empresa:** as mídias sociais são ferramentas importantes para treinamento, pois oferecem grande variedade de formas de comunicação, como texto escrito, vídeo e interação.

- **Comunicação com profissionais especializados** por meio de redes sociais, fóruns e blogs. Os colaboradores em qualquer área podem se juntar a grupos de profissionais com interesses comuns. Tal acesso pode ser feito dentro da empresa, em sua forma mais restrita, ou em níveis locais, nacionais e até globais.

Além disso, a gestão do conhecimento pode aproveitar as ideias de consumidores e fornecedores. Canais de conversação facilitam essa troca, seja respondendo a possíveis críticas, seja aproveitando sugestões e ideias inovadoras. Essa troca permite que o uso das mídias sociais se torne também uma ferramenta para criar e acelerar a inovação na empresa.

Em resumo, os principais benefícios do uso das mídias sociais são:[5]

1. Melhoria das relações com os consumidores.
2. Redução dos custos de comunicação.
3. Ampliação de acesso da empresa a conhecimento e a profissionais especializados.
4. Aumento da capacidade de inovação da empresa.

A presença da empresa no mercado[6]

O conteúdo de mensagens que a empresa deseja comunicar ao mercado deve ser transmitido por uma adequada combinação de canais. Um blog, por exemplo, pode ser complementado por vídeos, textos na Wikipedia, fóruns de discussão, grupos no Facebook, *links* no Twitter e fóruns especializados, combinando uma ampla conexão de ferramentas que permitem que a empresa utilize os melhores de todos os canais disponíveis. Esses canais devem ser escolhidos de acordo com seu conteúdo e com aquilo que a empresa conhece a respeito dessas ferramentas, seus recursos disponíveis e os espaços onde as audiências desejadas se reúnem. A empresa precisa adotar mídias sociais como um portfólio de ferramentas que se complementam para garantir sua presença no mercado.

A empresa precisa saber intensificar sua presença e a presença de seus produtos nas mídias sociais, e se aproximar cada vez mais do consumidor.

5 Hercheui, Magda David. 1, 2, 3 Estratégias de mídias sociais, op.cit., p. 89.

6 Hercheui, Magda David. 1, 2, 3 Estratégias de mídias sociais, op.cit., p. 92.

CUSTOMER RELATIONSHIP MANAGEMENT

Customer relationship management (CRM; em português, gestão do relacionamento com o consumidor) é um termo utilizado pela indústria da informação para designar metodologias, *softwares* e possibilidades que a internet oferece para ajudar a empresa na gestão de seus relacionamentos com os consumidores, de maneira organizada e integrada. O CRM permite:

1. Ajudar a empresa a habilitar sua área de marketing para identificar e focar seus consumidores, melhorar suas campanhas de marketing e gerar qualidade para impulsionar suas equipes de vendas.
2. Assistir a empresa na melhoria de televendas e da gestão de vendas pela otimização da informação compartilhada por múltiplos colaboradores, e refinar os processos existentes, como pedidos de vendas por meio de artefatos móveis.
3. Facilitar a formação de relacionamentos individuais com os consumidores, com o objetivo de melhorar a sua satisfação e maximizar a renda, identificando os consumidores mais lucrativos e oferecendo-lhes o melhor padrão de serviço.
4. Oferecer aos colaboradores da empresa a informação e os processos necessários para conhecer seus clientes, compreendendo e identificando as suas necessidades, e construindo relacionamentos entre a empresa, a base de consumidores e os demais parceiros do negócio.

A maioria das empresas utiliza seus *softwares* de CRM para ajudar na gestão de seus relacionamentos com os consumidores. A tecnologia CRM é oferecida *on-premise*, *on-demand* ou por meio de *softwares* como serviço. O CRM pode abranger três grandes áreas:

1. Automatização da gestão de marketing.
2. Automatização da gestão comercial, dos canais e da força de vendas.
3. Gestão dos serviços ao cliente.

Dessa maneira, o CRM habilita a empresa a:

1. Conhecer seus consumidores.
2. Reter consumidores oferecendo melhor experiência na relação.
3. Atrair novos consumidores.

4. Ganhar com novos clientes e contratos.
5. Aumentar a lucratividade.
6. Reduzir custos na gestão dos consumidores.

Na prática, o CRM envolve tecnologia avançada para organizar, automatizar e sincronizar vendas, marketing, serviço ao consumidor e suporte técnico.[7]

A gestão do relacionamento com o consumidor (CRM) já foi abordada preliminarmente no Capítulo 3, dedicado ao mercado. O processo de informatização e modernização está proporcionando às empresas poderosas e incríveis ferramentas tecnológicas. A adoção crescente de novas tecnologias acabou trazendo duas vantagens preciosas: a elevação da produtividade nas empresas e a criação de facilidades para os clientes e usuários. Os bancos que o digam. A expansão das comunicações e o uso crescente de novas tecnologias permitiram a integração dos serviços bancários em nosso país. O acesso fácil à conta corrente e a transações bancárias tornou-se uma operação natural e rotineira. Além disso, a internet e as redes digitais estão revolucionando os serviços e o padrão de atendimento aos usuários em direção ao *home banking* e ao *mobile banking*, graças à tecnologia da informação (TI). A mobilidade oferecida por *smartphones* e *tablets*, pela "computação em nuvem", por mesas *touchscreen* e por sistemas de identificação biométrica (como pela palma da mão, pela íris, pela voz, pela fisionomia, etc.) está trazendo inovações cada vez mais intensas. Ao utilizar seus *mobile apps* e seus artefatos móveis, a equipe de vendas os transforma em um verdadeiro escritório portátil de vendas.[8]

O conjunto de processos e tecnologias oferecido pelo CRM é capaz de gerar relacionamentos com clientes atuais e potenciais e com os demais parceiros do negócio, como intermediários, distribuidores, etc. Trata-se de uma abordagem que coloca o cliente no centro dos processos do negócio, e que permite perceber e antecipar as necessidades e as expectativas dos clientes atuais e potenciais, de maneira a criar respostas adequadas e a satisfazê-los da melhor forma possível. Tudo isso integrado em um modelo de gestão de negócios capaz de transformar dados espalhados e disseminados na organização em informações relevantes, que permitem identificar o cliente

---

7 Shaw, Robert. Computer aided marketing and selling. Nova York: Butterworth Heinemann, 1991.

8 Greenberg, Paul. CRM at the speed of light. Nova York: McGraw-Hill, 2009. p. 7.

e definir mais claramente qual é o seu perfil e como proporcionar eficácia para ele. Assim, o CRM permite perceber qual modelo de relacionamento com o cliente a empresa deve adotar, ou redesenhar os processos atuais de atendimento: como abordar o cliente; quais procedimentos devem ser gerados a partir dessa abordagem; e qual o melhor plano de relacionamento e de comunicação com ele. Tudo isso deve ser feito com foco nos processos, e não na tecnologia, que deve servir apenas como meio para melhorar o relacionamento, oferecendo um conjunto de ferramentas de apoio, como telemarketing, canais virtuais de relacionamento, terminais de ponto de venda e, sobretudo, integração com outros canais de comunicação, como telefone, celular, internet, contato pessoal, etc. Tudo isso para fidelizar os clientes atuais e conquistar clientes potenciais, buscando sua satisfação por meio do melhor atendimento de suas necessidades e expectativas.

A agência-conceito *Next* do Bradesco

O Bradesco abriu, em São Paulo, no Shopping JK Iguatemi, a agência-conceito *Next*. Lá, você é recebido por um robô, apenas para simbolizar a tecnologia do futuro. Pode ter contato com os recursos e aplicativos dos diversos *smartphones* e *tablets*, com sistemas biométricos e com os principais sistemas operacionais: iOS da Apple, Android, Windows Phone e Blackberry. Tudo no projeto *Next* foi pensado para oferecer o máximo de conforto, interfaces amigáveis, segurança e funcionalidade, com o uso de tecnologias de ponta. O visitante pode até ver os caixas eletrônicos do futuro, as mesas sensíveis ao toque, e presenciar simulações de financiamentos de curto e longo prazos de casas, carros, bolsas de estudo, sistemas de saúde e outros. E tudo isso sem uma única folha de papel.

Dissemos antes que o marketing de relacionamento está em voga. Isso significa que as empresas estão intensificando cada vez mais os seus relacionamentos com os clientes. Para tanto, elas estão utilizando a TI para desenvolver técnicas de gestão da clientela. Dentre os *softwares* utilizados para fortalecer os laços com os clientes, sobressai o CRM.

CRM

O relacionamento com o cliente é peça fundamental para facilitar o acesso às pessoas da organização, às informações relevantes e aos produtos oferecidos pela empresa. A ideia é transformar o cliente em uma parte essencial da empresa, e não simplesmente em um comprador de seus produtos. Para tanto, são necessários um sistema integrado baseado na TI e uma logística bem programada como pontos de partida para um tratamento impecável do cliente. O CRM utiliza *softwares* sofisticados para alcançar a fidelização do cliente e oferecer serviços pós-venda que possam servi-lo adequadamente. No atual cenário competitivo, a TI é o fator diferenciador. O CRM funciona como uma ferramenta valiosa, que permite envolver todos os parceiros do negócio e os clientes como uma comunidade integrada.

É impressionante o volume de dados que permeia o mundo dos negócios. São os chamados *big data*, que transitam entre todos os lugares do planeta. O crescimento da empresa, dos serviços móveis e da sua presença nas redes sociais envolve uma indescritível quantidade de dados. A abordagem analítica (*analytics*) dessa enorme massa crítica permite, por meio de tecnologias avançadas, descobrir *insights*, significados, tendências e projeções a respeito do negócio da empresa. Assim, criar um modelo de negócio cada vez mais próximo do cliente passa a ser o objetivo principal.

Big data – megadados

Dados são peças de informação formatadas de diversas maneiras. Eles podem existir em uma variedade de formas: números, palavras, textos, *bits* e *bytes* armazenados em uma memória eletrônica, ou como lembranças ou fatos memorizados na mente de uma pessoa. Nas empresas, os dados sobre produção, vendas, faturamento, pagamentos, contratos, produtos, serviços, projetos, planos, fornecedores, clientes, distribuidores, investimentos, etc. formam uma incrível coletânea de informações passadas e correntes, contidas em arquivos (databases) que formam um enorme e dinâmico repositório (metadata) que constitui a memória da organização. Lá fora, no mundo dos negócios, há uma formidável e dinâmica torrente de dados transitando ao redor do planeta, compreendendo vendas, transações e negócios, de modo incessante e constante. Assim, dá-se o nome de *big data* ao fenômeno decorrente de três características simultâneas: volume, velocidade e variedade de dados que circulam no mundo dos negócios. Essa verdadeira explosão de dados, quando bem organizada e analisada, tem um incrível potencial para resolver qualquer problema e ajudar a empresa a tomar melhores decisões, inclusive para avaliar, medir, gerenciar e melhorar a experiência do consumidor. Mais do que isso, por meio da abordagem analítica é possível fazer extrapolações incríveis a respeito de tendências sobre para onde estamos indo. E o planejamento da empresa precisa saber exatamente disso: para onde devemos ir. Uma empresa inteligente é construída com análises mais inteligentes, capazes de oferecer retroação (*feedback*) instantânea sobre o que irá atrair o olhar e o interesse dos consumidores.

BUSINESS INTELLIGENCE

A inteligência de negócios ou inteligência empresarial (BI) é um processo de coleta, organização, análise, compartilhamento e monitoramento de informações que dá suporte à gestão do negócio. Trata-se de um termo criado pelo Gartner Group para descrever as habilidades das empresas em buscar dados – geralmente armazenados em seus sistemas –, agrupá-los e transformá-los em informação relevante para ser analisada, no sentido de desenvolver percepções e significados para apoiar o processo decisório da empresa. O fato é que as empresas estão permanentemente recolhendo informações para avaliar o ambiente de negócios, completando-as com pesquisas e análises competitivas. Elas acumulam inteligência na medida em que ganham conhecimento e compreensão sobre a realidade que as cerca que sejam suficientes para sustentar sua vantagem competitiva no mercado.[9]

BI[10]

Em 1958, o pesquisador da IBM H. P. Luhn usou o termo inteligência de negócios e a definição de inteligência do dicionário Webster's: a capacidade de apreender as inter-relações dos fatos presentes, no sentido de guiar a ação dirigida para um objetivo desejado. A BI começou como um mero sistema de suporte às decisões, e acabou se transformando em uma ferramenta estratégica para melhorar as decisões da empresa, utilizando sistemas de apoio baseados em fatos concretos.

9 Rausch, Peter; Sheta, Alaa F.; Ayesh, Aladdin. Business intelligence and performance management: theory, systems, and industrial applications. Londres: Springer Verlag, 2013.

10 Luhn, Hons Peter. A business intelligence system. IBM Journal: Nova York, v. 2, n. 4, 1958. p. 314.

BI é uma ferramenta que ajuda a empresa a tomar decisões inteligentes, com base em dados e informações recolhidos pelos seus sistemas de informação, por meio de:

1. **Fontes primárias:** dentro da empresa, como dados sobre produção, vendas, faturamento, satisfação dos clientes, etc.
2. **Fontes secundárias:** no mercado, envolvendo fatores econômicos, sociais, políticos, culturais e tecnológicos, tendências, concorrência, pressões competitivas, necessidades do consumidor, comportamento do consumidor, etc.

A globalização e a evolução da tecnologia mudaram radicalmente a forma como as empresas e seus consumidores se relacionam. O cliente tem um leque de opções de produtos e serviços à sua disposição, enquanto a TI permite oferecer qualidade a um preço competitivo. Em resumo, BI é uma tecnologia que habilita a empresa a transformar dados guardados em seus sistemas em informação relevante e qualitativa para a tomada de decisões. Para tanto, integrar todos os processos que permitam acesso à informação é uma ótima forma de melhorar o negócio.[11]

A arte da guerra[12]

Em seu livro *A Arte da Guerra*, Sun Tzu, general chinês que viveu no século VI a. C., dizia que, para ter sucesso na guerra, o general deveria deter todo o conhecimento de suas virtudes e fraquezas, bem como todo o conhecimento das virtudes e fraquezas do inimigo. A falta desse conhecimento resultaria certamente na derrota. Mudando o cenário da guerra para o da competição moderna, o velho guerreiro ainda dispõe de imensa atualidade. As melhores decisões decorrem do pleno conhecimento da situação entre as pessoas envolvidas. Conhecimento é sinônimo de poder.

De um modo geral, soluções inovadoras podem garantir melhor atendimento ao consumidor. Usar a tecnologia a favor do cliente é indispensável para o

11 Rud, Oliveira Parr. Business intelligence success factors: tools for aligning your business in the global economy. Hoboken, NJ: Wiley & Sons, 2009.

12 Tzu, Sun. A arte da guerra. São Paulo: Best Seller, 2010.

sucesso da empresa por meio de melhor interação entre o agente e o usuário, de modo mais ágil e eficiente. Além disso, os colaboradores dos *contact centers* podem facilmente acessar o histórico completo do consumidor e identificar as necessidades e preferências de cada um. Sem dúvida, o contato humano é primordial, mas a tecnologia pode ajudar no atendimento, pois o consumidor está cada vez mais ligado às novas ferramentas digitais de comunicação, e requer que os problemas sejam solucionados imediatamente e sem delongas. Além das soluções tradicionais de CRM e BI, é também imperativo se antecipar às demandas do cliente e tomar decisões em tempo real. O mercado conta com tecnologias de *feedback* aos clientes em tempo real, que permitem que a empresa tenha uma visão completa do atendimento: se ele atendeu às expectativas, o que gerou insatisfação, como o atendente conduziu o processo e o que precisa ser mudado para conquistar ou fidelizar esse cliente.

O cliente está cada vez mais utilizando canais eletrônicos e se comunicando por e-mail, SMS, *chats* e redes sociais, em que se sente "todo poderoso" para emitir suas opiniões sobre qualquer marca ou empresa. Isso pode ser altamente positivo ou altamente destrutivo para a imagem da organização. Para sobreviver no mercado, é preciso investir na inteligência das operações e em uma gestão de vendas primorosa. Mas, o cliente deve ser sempre a maior prioridade! E o importante não é só atender bem os clientes: é resolver o problema de cada um deles, de forma rápida e eficaz.

QUESTÕES PARA REVISÃO

1. Qual é o significado do atendimento ao consumidor?
2. Indique os pontos fortes e frágeis do SAC.
3. Explique a questão do tempo de resposta e da capacidade técnica da empresa como elementos do SAC.
4. Comente como transformar o SAC em uma ferramenta de comunicação interativa em duas mãos.
5. Exponha a necessidade de integração entre o vendedor de uma loja, o atendente do SAC e o entregador da mercadoria ao cliente.
6. Explique as atividades de pós-venda.
7. Descreva quais os meios utilizados para aumentar a confiabilidade.
8. Como aumentar a prontidão e a agilidade em relação aos serviços focados no cliente?
9. Explique as tendências que estão ocorrendo nos meios de comunicação entre a empresa e o cliente.
10. Exponha a era do *on-demand* que está vindo por aí.
11. Como a empresa pode se beneficiar das mídias sociais?
12. Como melhorar a imagem e a reputação da empresa utilizando as mídias sociais?
13. Como aumentar as vendas utilizando as mídias sociais?
14. Como incrementar a gestão do conhecimento e da inovação utilizando as mídias sociais?
15. Quais os principais benefícios das mídias sociais?
16. Como incrementar a presença da empresa no mercado utilizando as mídias sociais?
17. Explique a importância do CRM para as vendas e para a empresa como um todo.
18. Como explorar essa formidável massa de dados que transita nos negócios atuais?

EXERCÍCIOS

1. Com que objetivos e funções você montaria um SAC?
2. Quais objetivos, indicadores e métricas você adotaria para avaliar o desempenho do SAC?
3. Como faria do SAC uma ferramenta de comunicação interativa?
4. Como você montaria uma atividade integrada de pós-venda?
5. Como você definiria objetivos e indicadores para aumentar e medir a confiabilidade de sua empresa?
6. Como você agiria para aumentar a prontidão e a agilidade de sua empresa?
7. Como você poderia preparar sua empresa para uma era *on-demand*?
8. O que você faria em relação às mídias sociais?
9. Como você poderia utilizá-las para ampliar e melhorar as ações de vendas?
10. Como você poderia utilizar o CRM em sua empresa?
11. Quais providências você adotaria para lidar com grandes volumes de dados a respeito das vendas e dos clientes?
12. Como você mediria o grau de satisfação, a retenção e a fidelização dos seus clientes?
13. E o que faria de prático e concreto com esses indicadores e métricas?
14. Como você introduziria o BI em sua empresa? Defina os passos desse trabalho.

BIBLIOGRAFIA

1. Anderson, Chris. Free – Grátis: o futuro dos preços. Rio de Janeiro: Campus, 2009.
2. As melhores empresas para você trabalhar. VOCÊ S/A, São Paulo, Abril. p. 71 e 252.
3. ASTD. Disponível em: <www.astd.org>. Acesso em: 13 jan. 2014.
4. Bhalla, Vikrom et al. High-performance organizations: the secrets of their success. The Boston Consulting Group, 2011.
5. Boyd, Harper W.; Levy, Sidney J. Promoção de vendas. São Paulo: Saraiva, 1994.
6. Boyd, Harper W.; Westfall, Ralph. Pesquisa mercadológica. Rio de Janeiro: Fundação Getúlio Vargas, 1968.
7. Branding corporativo como ferramenta de sustentabilidade. HSM Management, São Paulo, jan/fev 2012, p.30-8.
8. Burstiner, Irving. The small business handbook: a comprehensive guide to starting and running your own business. Nova York: A Fireside Book, 1989.
9. Certo, Samuel C. Modern management: diversity, quality, ethics, and the global environment. Boston: Allyn & Bacon, 1994.
10. Chiavenato, Idalberto. Administração nos novos tempos: os novos horizontes em administração. 3. ed. Barueri: Manole, 2014.

11. ______. Administração: teoria, processo e prática. 5. ed. Barueri: Manole, 2014.
12. ______. Gestão da produção: uma abordagem introdutória. 3. ed. Barueri: Manole, 2014.
13. ______. Gestão de pessoas: o novo papel dos recursos humanos nas organizações. 4. ed. Barueri: Manole, 2014.
14. ______. História da administração. São Paulo: Saraiva, 2007.
15. ______. Introdução à teoria geral da administração. 9. ed. Barueri: Manole, 2014.
16. ______. Recursos humanos: o capital humano das organizações. Rio de Janeiro: Elsevier/Campus, 2011.
17. ______. Teoria geral da administração: abordagens prescritivas e normativas. v.1. 7. ed. Barueri: Manole, 2013.
18. Chiavenato, Idalberto; Sapiro, Arão. Planejamento estratégico: da intenção aos resultados. 2. ed. Rio de Janeiro: Elsevier/Campus, 2009.
19. Corey, R. Small business marketing. Nova York: Wiley, 2013.
20. Milkovich, George; Boudreau, John. Administração de recursos humanos. São Paulo: Atlas, 2000. p. 375-6.
21. Cruz, P. Lucro em Lata. Revista Exame, São Paulo, ed. 1031, 12 dez. 2012, p. 32-3.
22. Dhalström, Peter; Edelman, David. A era on-demand está chegando. HSM Management, São Paulo, nov/dez. 2013. p. 120-124.
23. Do tamanho de um país. Visão Global. Revista Exame, São Paulo, ed. 1024, 19 set. 2012, p. 94.
24. Drucker, Peter. Management: tasks, responsibilities, practices. Nova York: Harper & Row, 1973.
25. Gartner, Pedro. Gerência de vendas eficaz. Rio de Janeiro: Zahar, 1998.
26. Greenberg, Paul. CRM at the speed of light. Nova York: McGraw-Hill, 2009.
27. Henderson, Bruce D. As origens da estratégia. In: Montgomery, Cynthia; Porter, Michael E. (Orgs.). Estratégia: a busca da vantagem competitiva. Rio de Janeiro: Campus, 1998. p. 3-9.
28. Henderson, Bruce. The product portfolio. BCG Perspectives. Disponível em: <https://www.bcgperspectives.com/content/classics/strategy_the_product_portfolio/>. Acesso em: 30 set. 2013.
29. Hercheui, Magda David. 1, 2, 3 estratégias de mídias sociais. HSM Management, São Paulo, jan/fev. 2012. p. 88-92.
30. Hercheui, Magda David. Uma estratégia de SAC complementar. São Paulo: HSM Management, jan/fev 2012. p. 91.
31. Holtje, Herbeer F.; Gagliardi, José A.; Mazzon, José A. Marketing: exercícios e casos. São Paulo: McGraw-Hill, 1992.

32. Ikeda, Patrícia. O novo salto do consumo. Revista Exame, São Paulo, ed. 1055, 11 dez. 2013. p. 42-51.
33. Kaufman, Josh. Manual do CEO. São Paulo: Saraiva, 2012.
34. Kim, W. Chon; Mauborgne, Renée. A estratégia do oceano azul: como criar novos mercados e tornar a concorrência irrelevante. Rio de Janeiro: Campus, 2005.
35. Kirkpatrick, Donald. Evaluating training programs: the four levels. San Francisco: Berrett-Koehler, 1998. The Chatfield Group. Disponível em: <www.chatfieldgroup.com>. Acesso em: 13 jan. 2014.
36. Kotler, Philip. Administração de marketing: análise, planejamento, implementação e controle. São Paulo: Atlas, 1996.
37. _______. Marketing de A a Z: 80 Conceitos que todo profissional precisa saber. Rio de Janeiro: Campus, 2003.
38. ______. Marketing: edição compacta. São Paulo: Atlas, 1998.
39. Leal, Ana Luiza. Mais com o mesmo. Revista Exame, São Paulo, ed. 1031, 12 dez. 2012. p. 48-54.
40. Leal, Ana Luiza. O melhor ano da história. Revista Exame, São Paulo, ed. 1016, 16 mai. 2012. p. 64-7.
41. Lindgren, Mats; Bandhold, Hans. Scenario planning: the link between future and strategy. Nova York: Palgrave Macmillan, 2009.
42. Luhn, Hans Peter. A business intelligence system. IBM Journal, Nova York, v. 2, n. 4, 1958. p. 314.
43. McCarthy, E. Jerome. Marketing básico. Rio de Janeiro: Zahar, 1996.
44. McKinsey&Company. Big data: the next frontier for innovation, competition, and productivity. Insights and publications. Disponível em: <http://www.mckinsey.com/insights/business_technology/big_data_the_next_frontier_for_innovation>. Acesso em: 10 out. 2013.
45. McKinsey&Company. On-demand marketing. McKinsey Quarterly. Disponível em: <http://www.mckinsey.com/insights/mckinsey_quarterly/digital_newsstand/2013_number_2>. Acesso em: 13 jan. 2014.
46. Milkovich, George; Boudreau, John. Administração de recursos humanos. São Paulo: Atlas, 2000. p. 375-6.
47. Montgomery, Cynthia; Porter, Michael E. (Orgs.). Estratégia: a busca da vantagem competitiva. Rio de Janeiro: Campus, 1998.
48. Nelson, Richard Alon. A chronology and glossary of propaganda in the United States. Westport: Greenwood, 1996.
49. Nystrom, Paul Henry (Ed.). Marketing handbook. Nova York: Ronald Press, 1998.

50. Porter, Michael E. Estratégia competitiva: técnicas para análise de indústrias e da concorrência. Rio de Janeiro: Campus, 1996.
51. Rausch, Peter; Sheta, Alaa F.; Ayesh, Aladdin. Business intelligence and performance management: theory, systems, and industrial applications. Londres: Springer Verlag, 2013.
52. Ries, Al; Ries, Laura. The fall of advertising and the rise of public relations. Nova York: HarperBusiness, 2002.
53. Ries, Al; Trout, Jack. Positioning: the battle for your mind. Nova York: Warner Books, 1982.
54. Rud, Olivia Parr. Business intelligence success factors: tools for aligning your business in the global economy. Hoboken, NJ: Wiley & Sons, 2009.
55. Sandroni, Paulo (Org.). Dicionário de Economia. São Paulo: Best Seller, 1989. p. 326.
56. Schewe, Charles D.; Smith, Reuben. Marketing: concepts and applications. Nova York: McGraw-Hill, 1980.
57. Shaw, Robert. Computer aided marketing and selling. Nova York: Butterworth Heinemann, 1991.
58. Simmons, Harry (Ed.). Sales executives handbook. Englewood Cliffs, NJ: Prentice-Hall, 1986.
59. Tata, Ratan et al. Ganhar dinheiro não basta. HSM Management, São Paulo, nov/dez. 2013. p. 136-7.
60. Teixeira Filho, Jayme. Gerenciando conhecimento. Rio de Janeiro: Senac, 2001.
61. Treacy, Michael; Wiersema, Fred. A disciplina dos líderes de mercado. Rio de Janeiro: Campus, 2001.
62. Tzu, Sun. A arte da guerra. São Paulo: Best Seller, 2011.
63. Wind, Yoram. Product policy: methods and strategy. Reading: Addison-Wesley, 1982.

Índice remissivo

E

F

G

H

I